Jahrbuch für Didaktik der Philosophie und Ethik
13 (2012)

Jahrbuch für Didaktik der Philosophie und Ethik 13 (2012)

Herausgegeben von Johannes Rohbeck

Didaktische Konzeptionen

Herausgegeben von
Johannes Rohbeck

THELEM
2013

Bibliografische Information der Deutschen Bibliothek
Die Deutsche Bibliothek verzeichnet diese Publikation in der
Deutschen Nationalbibliografie; detaillierte bibliografische Daten
sind im Internet unter <http://dnb.ddb.de> abrufbar.

Bibliographic information published by Die Deutsche Bibliothek
Die Deutsche Bibliothek lists this publication in the Deutsche
Nationalbibliografie; detailed bibliographic data is available in
the Internet at <http://dnb.ddb.de>

ISBN 978-3-942411-69-1

© 2013 w. e. b. Universitätsverlag & Buchhandel
Eckhard Richter & Co. OHG
Bergstr. 70 | D-01069 Dresden
Tel.: 0351/4 72 14 63 | Fax: 0351/4 72 14 65
http://www.thelem.de

Titelbild: »Philosoph«
© Jost Amman: Ständebuch & Philosophie, Hartmann Schopper & Jost Amman (Holz-
schneider) 1568, Holzschnitt auf Papier, Ausmaße 7,9 x 6,2 cm

Inhalt

Vorwort

Dieses *Jahrbuch* ist das Ergebnis der Sektion »Didaktik der Philosophie« auf dem XXII. Kongress der Deutschen Gesellschaft für Philosophie vom 12. bis 16. September 2011 in München. Das Kongressthema lautete »Welt der Gründe«, doch wie üblich waren die Sektionsvorträge inhaltlich nicht gebunden. Daher sind in diesem Band Beiträge zu unterschiedlichen Themen zu finden. Außerdem werden noch drei weitere Artikel veröffentlicht, um die der Herausgeber die Autoren gebeten hat.

Doch bei genauerer Betrachtung haben die hier versammelten Beiträge etwas gemeinsam, was im Titel des vorliegenden Bandes angekündigt wird. Es handelt sich durchgehend um innovative Ansätze in unserer Fachdidaktik. Im Kontext der gegenwärtigen Diskussion versteht es sich von selbst, dass zu den »didaktischen Konzeptionen« auch solche zur »Vermittlung von Kompetenzen« gehören. Einen zusätzlichen Aspekt bildet die »Kanonbildung« bei der Lektüre philosophischer Texte.

Die Präsentation neuerer fachdidaktischer Konzeptionen ist nicht zuletzt auch deshalb erfreulich, weil jüngere Autorinnen und Autoren daran beteiligt sind. Eine Ausnahme stellt der Aufsatz von Gisela Raupach-Strey dar, deren Abschiedsvorlesung hier publiziert wird. Sie legt darin die systematischen Gründe für eine Fachdidaktik Philosophie dar und zieht eine persönliche Bilanz ihres Wirkens an der Universität Halle.

Ich danke Marco Kleber für die sorgfältige Redaktion der Manuskripte und dem Verlag für die engagierte Betreuung des Bandes, namentlich Eckhard Heinicke und Eva Sturm.

Dresden, im Juli 2012   Johannes Rohbeck

Teil I
Konzeptionen der Fachdidaktik

Gisela Raupach-Strey

Fachdidaktik zwischen Widerspruch und Anspruch[1]

Fachdidaktik an der Hochschule – das gab es zu meiner Studienzeit in der zweiten Hälfte der sechziger Jahre nicht.

Zur feierlichen Immatrikulation an der Bonner Universität erschienen wir noch selbstverständlich im schwarzen Abiturkleid – wenige Semester später machte der Spruch »unter den Talaren der Muff von tausend Jahren« die Runde in der alten Bundesrepublik. Wir fingen an, mit nicht-traditionellen Lehr- und Lernformen zu experimentieren, studentische Arbeitsgruppen mußten nicht mehr verheimlicht werden. Mitbestimmung in den Universitätsgremien wurde eingeklagt. Die Tugenden der Angepasstheit, die in der restaurativen Nachkriegszeit die Erziehung bestimmten, wichen allmählich den Tugenden der Selbständigkeit und Mitverantwortung. Aus diesem Hintergrund (wenn auch nicht nur), so läßt sich wohl rückblickend sagen, erhielt der Aufbau und die Professionalisierung der Fachdidaktik in den siebziger Jahren durch meine Generation wichtige Impulse.

Philosophie wurde erst 1972 – während meines Referendariats – eingeführt und ein in den Ländern unterschiedlich benannter Ethik-Unterricht wurde ab Ende der 70er Jahre zunächst kontrovers diskutiert und erst ganz allmählich als philosophisch fundierter Ethik-Unterricht etabliert; aus historischen Gründen in den neuen Bundesländern nach der Wende. Naturgemäß fehlten jeweils die für ein ordentliches Unterrichtsfach notwendigen Bedingungen, die wir dann Schritt für Schritt zusammen mit einigen engagierten Kolleg/innen erarbeitet haben: Curricula für den Schulunterricht, dann Rahmenrichtlinien (ich habe insgesamt dreimal in solchen Kommissionen mitgearbeitet, in Hannover, in Berlin und in Halle). Materialien und Schulbücher wurden erstellt, wobei ich das Konzept, das wir mit Ekkehard Martens, Ute Siebert u. a. beim Schroedelverlag entwickelten, für das der Philosophie am angemessensten halte, weil sie mit ihrem integrierten Arbeitsteil schon zum Ausdruck bringen, daß das Ziel das gleichberechtigte philo-

1 Erweiterte Fassung der Abschiedsvorlesung vom 11.6.2012 an der Martin-Luther-Universität Halle-Wittenberg.

sophische Gespräch mit den Schüler/innen ist. Der Redakteur Joachim Siebert hat uns seitdem wohlwollend unterstützt, so daß aus diesem Kontext auch die Gründung der »Zeitschrift für Didaktik der Philosophie« (später: »und Ethik«) entstand, die bis heute vierteljährlich erscheint. Wie sich die konkrete fachdidaktische Arbeit weiter professionalisiert hat, läßt sich an den zahlreichen Artikeln in den beiden didaktischen Zeitschriften, den Dresdener Jahrbüchern, die Johannes Rohbeck herausgibt, den Bänden aus dem Siebertverlag und weiteren Veröffentlichungen ablesen, insbesondere inzwischen weitere Dissertationen. – Wesentlich für ein ordentliches Schulfach ist sodann die Lehrerbildung. In Ermangelung von Lehrer/innen mit Fakultas konzentrierten wir uns anfangs auf die berufsbegleitende Weiterbildung, die aufgrund ihrer Schmalspurigkeit auch nach dem Abschluß durch Fortbildungskurse zu ergänzen ist, und dann, von unten aufbauend, auf die Lehramtsstudiengänge an der Hochschule, im Fach Ethik in Sachsen-Anhalt für alle Schulformen. Auch die Weiter- und Fortbildungskurse habe ich an allen drei Orten (Hannover, Berlin und Halle) durchgeführt.

Manche institutionellen Klippen, aber auch soziale Hindernisse und menschliches Unverständnis waren in dieser Aufbauarbeit zu überwinden. Auch aus diesem Grunde ist übrigens die Arbeit der Fachverbände, deren Einrichtung ja eine demokratische Errungenschaft ist, sehr wichtig. Ebenso hat sich auf Initiative von Johannes Rohbeck das Forum Fachdidaktik als Zusammenschluß der Hochschul-Didaktiker unserer beiden Fächer etabliert, angebunden an die Deutsche Gesellschaft für Philosophie. Die Einrichtung von Fachseminaren für die Referendarausbildung hat bis heute leider immer noch keinen normalen Stand erreicht. –

Wie viele Sondergenehmigungen habe ich eingeholt, wenn sich für meine eigene Tätigkeit als Philosophielehrerin oder als Philosophie-/Ethik-Didaktikerin bürokratische Hindernisse in den Weg stellten – bei insgesamt fünf Bundesländern, die meine Berufsbiographie berührt, wäre dies allein ein Abend-füllendes Programm.

Ein allgemeines Beispiel für die Schwierigkeiten eines unetablierten Faches ist mir bei der Rückschau wieder eingefallen: Als nach jahrelanger mühevoller Arbeit der Kommission des Niedersächsischen Kultusministeriums die Rahmenrichtlinien Philosophie dennoch über einen langen Zeitraum nicht in Kraft gesetzt wurden, habe ich mich (ich hatte die Federführung) an einen Landtagsabgeordneten gewandt. Danach sind sie dann, wenn auch nicht ganz in der von uns vorgelegten Form, erschienen, aber dieser Schritt zur Normalität des Schulfaches war endlich getan. Ich möchte mit dieser Geschichte vor allem die jungen Leute ansprechen: Sagen Sie nicht vorschnell »Da kann man ja doch nichts machen«. Natürlich muß man die Grenzen der eigenen Möglichkeiten ausloten. Aber wenn man es wenigstens versucht, hat es doch in der Regel Wirkung. Man erreicht zwar oft nicht alles, aber die Negation von »Nichts« ist ja bekanntlich nicht »Alles«, sondern »Etwas«. Und das ist unter Umständen schon sehr viel.

Aus der Studentenbewegung haben wir wohl auch den gesellschaftskritischen Impuls mitgenommen, im Berufsleben ebenso wie als Bürgerin, das Vorgegebene dann nicht hinzunehmen, wenn es nicht sinnvoll ist, wenn einen Nachdenken und Einsicht zu anderen Überzeugungen führt. Verschleierung von nicht gerechtfertigter Macht zu hinterfragen, zu fragen nach dem Sinn der vorgegebenen Strukturen und zu prüfen, ob sie ihrem Ziel entsprechen oder vielleicht nicht mehr entsprechen. Was Kant nur dem öffentlichen Vernunftgebrauch zubilligte, haben wir auch für den Vernunftgebrauch, den er noch »privat« nannte, den Vernunftgebrauch innerhalb des Berufslebens und der Institutionen in Anspruch genommen. Adornos »Erziehung zur Mündigkeit«[2] habe ich gelegentlich (ein bißchen salopp) als meine »pädagogische Bibel« bezeichnet. Wenn man etwas eingesehen hat, gehört dazu auch der zweite Schritt, dass »Vernunft praktisch werde.« Diesen Impuls habe ich u. a. dann auch bei Leonard Nelson wiedererkannt, dem Initiator des neosokratischen Gesprächs, als ich die auf ihn zurückgehende Philosophisch-Politische Akademie und den Sokratiker-Kreis um Gustav Heckmann Mitte der 70er Jahre kennenlernte.

Die Nachdenklichkeit, die kritische Reflexion, das Philosophieren in einem weiten Sinn, das ich eben (im Schnelldurchgang auf einer Meta-Ebene) an der Entwicklung des Philosophie- und Ethik-Unterrichts aufgezeigt habe und das in verantwortlichem Tun mündet, spielt auch allgemein sowohl für das inner- wie das außerinstitutionelle Leben und Lernen eine zentrale Rolle, und eben dieser Zusammenhang gehört für mich zentral zum Bildungssinn der Fächer Philosophie und Ethik selbst.

1.   Begründung für Philosophie und Ethik als Schulfächer

Warum haben wir uns für das Schulfach Philosophie und später dann auch das philosophisch fundierte Schulfach Ethik eingesetzt? Es gibt mehrere Ebenen, diese Frage zu beantworten:

1.1 Das Kulturgutargument

Zum einen gibt es einen Traditionsbestand an Philosophie, der es wert ist, weitergegeben zu werden. Auch denjenigen, die nicht vom Fach sind, wird dazu manches einfallen: der Protagoras-Satz »Der Mensch ist das Maß aller Dinge.«,

---

2 Theodor W. Adorno, *Erziehung zur Mündigkeit. Vorträge und Gespräche mit Hellmut Becker 1959–1969*, Gerd Kadelbach (Hrsg.), Frankfurt a.M. 1971.

Platons Höhlengleichnis, die Gottesbeweise und die Theodizeefrage, Descartes
»Ich denke, also bin ich.«, die Kritiken Kants, für die die Kopernikanische Wende
eine Metapher ist, sein Aufklärungsaufsatz und sein Kategorischer Imperativ, die
elfte Feuerbachthese von Marx, Darwin und Freud als Grenzgänger, Mills Grundsatz des größten Glücks der größten Zahl, Wittgensteins Erkenntnis »Die Grenze
meiner Sprache ist die Grenze meiner Welt.« und vieles andere. Auch wenn die
Festlegung eines Kanons unter Philosophen immer strittig sein wird, lohnen solche klassischen Themen und Texte doch die Auseinandersetzung. So betrachtet
ist Philosophie ein Kulturgut, das wach gehalten werden sollte. Als solches wird
es trotz oder wegen der vielen Reformen an Schule und Hochschule nicht mehr
als Allgemeingut weitergegeben – man denke an das alte »Philosophicum« für alle
Lehramtsstudierenden und die »philosophische Vertiefung des Fachunterrichts«,
die fast völlig verschwunden sind, aber diese allgemeinbildende Funktion der
Philosophie zumindest partiell wahrgenommen hatten. Daher ist es gut, daß aus
der Philosophie ein eigenständiges Schulfach mit einem eigenen Zeitbudget und
Rahmenrichtlinien geworden ist. Dies galt nach der Wende evidentermaßen für
die neuen Bundesländer in besonderem Maße. Und ich meine, daß dieser Grund
auch heute keineswegs an Gewicht verloren hat, wenn man die szientistische
und technologische Ausrichtung nicht nur der Wissenschaft, sondern auch des
öffentlichen Lebens und insbesondere seiner Verwaltung sich vor Augen hält. Trotz
aller religiösen und philosophischen Traditionen in Europa scheint es hier einen
tief verankerten Positivismus zu geben, der aber in der Bewältigung individueller
und gesellschaftlicher Probleme nicht weiterführt. Daher sollten wir uns unsere
»Schatztruhe« der philosophischen Tradition zunutze machen; allerdings muß
sie aufgeschlossen und Stück für Stück in lebendiges Denken eingeholt werden.

1.2 Philosophieren als Kulturtechnik – oder das Sokratische Argument

Das Entscheidende ist nämlich nicht ein toter Wissensbestand, vielmehr das
selbständige Denken: »Man kann nicht Philosophie, sondern nur Philosophieren
lernen.«, formulierte Kant und sinngemäß Leonard Nelson für die heutigen Sokra-
tiker ebenso wie es weitgehender Konsens in der gegenwärtigen Fachdidaktik ist.
Selbständiges Denken beginnt mit den je eigenen Fragen, hinter denen letztlich
die Grundfragen des Menschseins verborgen sind. Diesen ureigenen Frageimpuls
in jedem Menschen gilt es durch den Philosophie- und Ethik-Unterricht freizule-
gen und zu fördern, zu kultivieren. Denn das selbständige Denken darf nicht mit
Gerede oder unverbindlichem Geschwätz verwechselt werden; es hat sich um
Klarheit und Verständlichkeit zu bemühen und der kritischen Prüfung auszusetzen.
In diesem zweiten Grund für den Philosophie-Unterricht verbindet sich also ein

anthropologisches Anliegen mit einem methodischen. Durch das Einüben von
Diskursen, an die begriffliche Klarheit, aussagenlogische Stringenz und argumentative Triftigkeit als Maßstäbe angelegt werden, werden Dispositionen geschaffen,
die den Schüler/innen gewissermaßen ein Handwerkszeug für ihre eigene künftige Auseinandersetzung mit Problemen geben, inhaltlich einen Argumentati-
onsvorrat und methodisch ein »Wissen wie« der Gedankenarbeit. Im Hinblick auf
die elementaren Schritte dazu hat Martens das Philosophieren als Kulturtechnik
bezeichnet. Dies ist die Qualifikations- oder, wie es heute heißt, Kompetenz-Ebene,
die allerdings nicht abgeschnitten werden darf von ihrem Ursprung im ureigenen
Frageinteresse des Menschen; weniger das Ergebnis, als der Prozeß hat Gewicht.
Darüber hinaus haben diese Kompetenzen auch eine politische Dimension: Sie
können genutzt werden für die vernunftgeleitete öffentliche Diskussion, von der
eine lebendige Demokratie lebt.

1.3 Das Bildungsargument

Der dritte Grund für den Philosophie- und Ethik-Unterricht ist gewissermaßen
die Rückwirkung der ersten beiden Aspekte auf das Subjekt, also den Schüler/
die Schülerin selber: Wissen und Können tragen zur Persönlichkeitsbildung bei,
wenn sie nicht isoliert behandelt, sondern in einen ganzheitlichen Lern- und
Bildungsprozeß integriert werden. Leitidee ist der mündige Mensch, der eigenständig begründete Urteile (nicht nur im Bereich von Moral und Ethik) fällen kann,
Kriterien, aber auch menschliches Einfühlungsvermögen bei Situationsbeurtei-
lungen besitzt und der Zusammenhänge herstellen kann und so auch fähig und
bereit wird, Verantwortung zu übernehmen und sich ggf. zivilgesellschaftlich zu
engagieren. Philosophische Bildung, Allgemeinbildung, Persönlichkeitsbildung
und politische Bildung fließen in dieser dritten Begründung für den Philosophie-
Unterricht zusammen – und das gilt alles gleichermaßen für den philosophisch
basierten Ethik-Unterricht.

Ich habe große Sorge, daß durch die Modularisierung und ihre Begleiterschei-
nung dieser Bildungssinn des Faches wie des Studiums völlig aus dem Bewußtsein
sowohl der Studierenden wie der Entscheidungsträger verlorengeht. Dann würde
die Universität sich nur noch für eine Ausbildung mit abprüfbaren, eher tech-
nisch verstandenen Kompetenzen instrumentalisieren lassen, und den wichtigen
Bildungsgedanken aufgeben, den man ja über Humboldt und spätere einseitige
Auslegungen hinausführen kann. Das habe ich an anderen Stellen ausgeführt[3]

3 Gisela Raupach-Strey, »Bildung zwischen Widerspruch und Anspruch«, in: Peggy H. Breitenstein,
Volker Steenblock, Joachim Siebert (Hrsg.), *Geschichte – Kultur – Bildung. Philosophische Denkrichtungen. Johannes Rohbeck zum 60.Geburtstag*, Hannover 2007, S. 193–205.

und würde hier den Rahmen sprengen. Nur die allgemeine Bestimmung von Bildung durch meinen Doktorvater Wolfgang Klafki sei dazu sinngemäß angeführt: Bildung ist die wechselseitige Erschließung von Objekt und Subjekt. Die Welt wird kategorial dem Menschen erschlossen und gleichzeitig öffnet sich der Mensch für die Welt.[4] – Mit dem Bildungsargument ist also auch Widerspruch zu aktuellen Tendenzen im Hochschulbereich anzumelden.

1.4   Das Orientierungsargument

In den vorigen drei Begündungsebenen habe ich Philosophie-Unterricht und Ethik-Unterricht nicht unterschieden, die Argumente gelten für beide. In Bezug auf den Ethik-Unterricht kommt aber eine weitere Ebene hinzu; warum also Ethik-Unterricht als Schulfach?

Das Desiderat eines Ethik-Unterricht entstand in der alten Bundesrepublik, als (in den 70er Jahren) mehr und mehr Schüler/innen sich vom christlichen Religionsunterricht abmeldeten, zunächst aufgrund von Säkularisierungsprozessen, zunehmend auch aufgrund von Migrationsprozessen, die eine Vielfalt von Religionen mit sich brachte. Dadurch wurde deutlich, daß der christliche Religionsunterricht bislang de facto eine Aufgabe für die gesamte Gesellschaft wahrgenommen hatte, die nicht einmal seine primäre ist: nämlich den ethischen Minimalkonsens zu vermitteln, der in unserer Gesellschaft als Allgemeingut respektiert wird und der die Gesellschaft ja unterhalb der Rechts- und Verfassungsebene auch zusammenhält. Aufgrund dieses Vakuums mußte für die nicht am Religionsunterricht Teilnehmenden ein Ort zur Vermittlung dieses ethischen Minimalkonsenses geschaffen werden. Für den sich zu diesem Zweck herausschälenden Ethik-Unterricht gab es zunächst unterschiedliche Konzepte, die Anbindung an die Philosophie (unter Berücksichtigung interdisziplinärer Elemente) hat sich jedoch im Laufe der Jahre durchgesetzt. Damit einher geht aber eine weiter gefaßte Konzeption des Ethik-Unterrichts: Er behandelt nicht nur Moral und Ethik als das Nachdenken über Moral, sondern nimmt die Grundfragen des Menschseins auf, die sich jedem Menschen stellen (wie die nach Anfang und Ende von Mensch und Welt, nach Schicksal, Schuld und Verantwortung und nach dem Sinn oder die Theodizeefrage, die besonders in Grenz- und Krisensituationen aufbrechen können). Probleme des Menschenbildes und des Weltbildes, erkenntnis- und sprachphilosophische Grundlagen, religionskundliche Elemente und religionsphilosophische Fragen werden einbezogen. Hinsichtlich der Weltanschauungen mußte der von außen des

---

4 Wolfgang Klafki, *Studien zur Bildungstheorie und Didaktik*, Weinheim, Basel 1963, durch ein kritisches Vorwort ergänzte Auflage 1975, S. 43 – und an vielen anderen Orten.

öfteren herangetragenen Vorstellung widersprochen werden, der Ethik-Unterricht vermittle eine atheistische Weltanschauung. Philosophie ist ihrerseits keine Weltanschauung (auch wenn sie dazu im Laufe der Geschichte verschiedentlich mißbraucht, also zu einer Ideologie gemacht wurde), sie ist vielfältig und grundsätzlich keine »Lehre«, die unbefragt vermittelt werden könnte.

Unser erstes West-Ost-Treffen zum Philosophie-Unterricht nach der Wende mündete in der »Mindener Erklärung«, die einen Pluralismus von Philosophien zugestand. Das war für die Kolleg/innen aus der ehemaligen DDR ein wichtiger und befreiender Schritt. Diese Entwicklung muß dann aber noch weitergehen: Philosophie sollte sich überhaupt vom Richtungs- und Positionsdenken lösen und die Probleme im gleichberechtigten Diskurs bearbeiten. Da die Reflexionswissenschaft Philosophie vermeiden mußte, als Ersatzreligion mißverstanden zu werden, und solchem Ansinnen notfalls auch widersprechen mußte, war es zunächst also durchaus auch eine Herausforderung, die Philosophie in die konzeptionelle Debatte um den Ethik-Unterricht einzubringen.

Trotzdem kann die Philosophie für die Orientierung durch den Ethik-Unterricht einen inhaltlichen Beitrag leisten, indem sie philosophische Ansätze, Denkmuster und Argumentationsmöglichkeiten anbietet, und sie kann einen methodischen Beitrag zur Orientierung leisten, indem sie für unterschiedliche Anschauungen (ggf. auch religiöse), die ja jeweils in ihrer Art und Weise auf die Grundfragen des Menschseins antworten, ein Forum bietet. Auf diesem Forum können zu demselben Problem unterschiedliche Anschauungen Gehör finden und im Für und Wider der Argumente unvoreingenommen diskutiert werden. Jeder Mensch braucht zumindest eine persönliche Weltanschauung, baut sich im Laufe insbesondere der Pubertät und Adoleszenz Schritt für Schritt sein eigenes Überzeugungssystem auf und muß dies zur eigenen Orientierung auch tun, andernfalls liefe er Gefahr, krank zu werden. Dabei sollte ihm die Schule Hilfestellung geben, darin liegt die pädagogische Verantwortung. Der Ethik-Unterricht kann dazu, ohne zu bevormunden, in der dargestellten Weise begleitend und unterstützend wirken, indem diese tiefer liegenden Interessen der jungen Generation ernst genommen werden, auch wenn sie ihr nicht immer bewußt sein müssen. Die eigentliche Orientierung liegt weniger in den Inhalten, als in der Methode: im Aufbau und der Einübung in dialogisch-argumentative Auseinandersetzungen sowie der Entwicklung einer entsprechenden, von gegenseitigem Respekt und Toleranz getragenen Haltung. Diesen konzeptionellen Ansatz für den Ethik-Unterricht kann man sokratisch nennen. Er mag anspruchsvoll klingen oder es auch sein; in einer Demokratie, in der das Grundrecht der Religionsfreiheit gilt und jeglicher ideologisch-diktatorischen Beeinflussung entgegenzutreten ist, scheint er mir der einzig mögliche. Umso wichtiger aber ist eine gute Ausbildung der künftigen Lehrer/innen und Lehrer, die diese Zusammenhänge mitreflektiert und angemessen praktisch werden läßt.

1.5 Ein berufspolitisches Argument

Es ergibt sich durch die Einrichtung von Philosophie- und Ethik-Unterricht als Folgewirkung noch eine berufspolitische Errungenschaft: War es bis dato für ausgebildete Philosophen fast unmöglich, außerhalb der Universität Arbeit zu finden, in die sie ihr Fach einbringen konnten, so hat sich hier ein weiteres Berufsfeld erschlossen – aber man sollte nicht meinen, daß die fachdidaktische Ausbildung dabei verzichtbar wäre.

Auch wenn Philosophie und Philosophie-/Ethik-Didaktik enger verknüpft sind als in anderen Fächern, heißt dies noch lange nicht, daß jede/r Philosoph zugleich auch schon ein guter Lehrer ist, und erst recht sollte dies für die Ausbildungsebene gelten. Dazu sind ganz allgemein Kompetenzen erforderlich, die man sich nicht anlesen kann, sondern die sich dadurch entwickeln, daß man sich eigenverantwortlich der Unterrichtspraxis aussetzt und diese reflektiert, im Dialog mit erfahrenen Praktikern, der fachdidaktischen Theorie, aber ebenso mit der Schulwirklichkeit, also einem »Zwischenfeld«. Dem von politischer Seite propagierten Quereinsteigertum von Wissenschaftlern für die Schule ist daher aus sachlichen Gründen deutlich zu widersprechen, wenn es denn die didaktische Ausbildung für überflüssig hält. Es ist zudem schwer verständlich, weil ansonsten in unserer Gesellschaft alles Fortkommen auf Ausbildung und Zertifikaten basiert. Warum sollte die Lehrerausbildung da eine Ausnahme bilden? Und warum sollte ausgerechnet für die komplexe Aufgabe des Philosophie-/Ethik-Lehrers bzw. der -Lehrerin kein »Führerschein« erforderlich sein?

Soviel zur Begründung der Fächer Philosophie und Ethik an der Schule.

2. Die gleichzeitige Entwicklung von Fach und Fachdidaktik – das Selbstverständnis der Philosophie und das Selbstverständnis der Fachdidaktik

Warum es zu meiner Studienzeit noch keine Fachdidaktik an den Hochschulen gab, hatte seinen ersten Grund darin, daß es die Fächer noch gab. Philosophie wurde erst 1972 im Zuge der von der KMK beschlossenen Oberstufenreform »ordentliches Unterrichtsfach« mit allen formalen Implikationen. Ein Grundgedanke der damaligen Reform war ja, daß jedes Fach gleichberechtigt zum Abitur führen und zur Studierfähigkeit beitragen kann. Der Philosophie war bis dahin an den Gymnasien nur ein randständiges »Orchideen«-Dasein zugebilligt worden in Arbeitsgemeinschaften gleichsam als Hobby engagierter, als skurril betrachteter Lehrer; aber als Fach unter Fächern wurde nun endlich das älteste Fach unseres Kulturkreises im Fächerkanon akzeptiert. Ein Paradoxon auch insofern, als die »Spezialistin für's

Allgemeine«, wie wir selbstironisch gelegentlich sagen, den übrigen Fächern mit
ihren je spezifischen Gegenstandsbereichen einfach nebengeordnet wurde. Jedenfalls war die grundsätzliche Anerkennung als Fach ein entscheidender Fortschritt.
Praktisch konnte damit erst die Aufbauarbeit beginnen und, dieser vorgelagert,
die Überzeugungsarbeit in den verschiedenen Institutionen und bei unterschiedlichen Gesprächspartnern.

Zu einem ordentlichen Unterrichtsfach gehört – mit Recht – die wissenschaftliche Ausbildung der Lehrenden. Unter den Hochschullehrern der Philosophie,
die damit vor eine neue Aufgabe gestellt wurden, trafen wir auf manche Skepsis
gegenüber dem Schulfach Philosophie und damit auch der Etablierung der Fachdidaktik an der Hochschule.

Ekkehard Martens hat die skeptischen Argumentation zu den drei Thesen der
Überflüssigkeit, der Nachträglichkeit und der Schädlichkeit zusammengefaßt[5]
und gezeigt, daß bei allen drei zum einen ein problematisches Philosophieverständnis und zum anderen ein verkürztes Didaktik-Verständnis zugrunde liegt.
Das problematische Philosophieverständnis, das uns in jenen Jahren an der Universität noch sehr häufig begegnete, war ein esoterisches im fachdidaktischen
Sinne (umgangssprachlich würde man sagen: elitäres), das die Philosophie für so
schwierig hielt, daß sie nur wenigen vorbehalten sein sollte. Dabei treten zudem
innere Widersprüchlichkeiten der Argumentation auf: einerseits entspringe sie
einem Naturtalent und sei daher nicht lehrbar, andererseits sei die Philosophie für
die allumfassende und allzuständige Reflexion prädestiniert und brauche daher
keine eigene Didaktik. Das Didaktik-Verständnis ist dann verkürzt, wenn es der
Philosophie als Wissenschaft das Primat einräumt und Didaktik nur als daraus
abgeleitet oder nur als Anwendung philosophischer Theorien versteht. Sie kennen
das vermutlich auch aus gängigem small-talk: »Sie unterrichten Philosophie – welche Philosophen behandeln Sie denn?« Um es vorwegzunehmen: Wir behandeln
nicht Philosophen und nicht Philosophien, sondern wir besprechen Probleme.
Das Verhältnis von Philosophie und Didaktik wurde unreflektiert nach einem
Urbild-Abbild-Muster interpretiert. Im Widerspruch zu diesem einseitig deduktiv
verstandenen Verhältnis von Fach und Didaktik wurde im Zuge der Professionalisierung der Fachdidaktik ein weitreichender Konsens entwickelt, daß weder die
Philosophie als Geschichte, noch die Philosophie als systematische Wissenschaft,
noch bestimmte philosophische Richtungen oder Schulen[6] einfach in den Schulunterricht hinein abzubilden sind oder auch nur abgebildet werden können. Das

---

5 Ekkehard Martens, *Dialogisch-pragmatische Philosophiedidaktik*, Hannover, Dortmund, Darmstadt,
Berlin 1979; auch in: Ekkehard Martens, »Didaktik der Philosophie«, in: Ders., Herbert Schnädelbach,
Philosophie. Ein Grundkurs, Hamburg 1985, S. 546–578.
6 Davon zu unterscheiden ist das von Johannes Rohbeck vorgeschlagene Projekt, philosophische
Richtungen bzw. Methoden auf ihr jeweiliges didaktische Potential hin auszuloten.

Verhältnis von Philosophie und ihrer Didaktik ist wesentlich komplexer, so daß wir zur fachphilosophischen Skepsis in Widerspruch treten mußten.

Der Diskurs berührte darüber hinaus eine tiefer liegende Ebene: Das Selbstverständnis der Philosophie stand auf dem Prüfstand. Meines Erachtens haben wir mit dem Anspruch, daß Philosophie-Unterricht auch in die Schule gehört, zu einer Weiterung des Selbstverständnisses der universitären Philosophie beigetragen, die eigentlich in ihren eigenen Ursprüngen angelegt ist, jedoch im akademischen Betrieb oft nicht mehr bewußt ist, und zwar in zweierlei Hinsicht: zum einen in Bezug auf die Lebensbedeutsamkeit ihrer Fragen und Probleme, die in ihren Anfängen aus der Lebenswelt und ihren Schwierigkeiten erwachsen und zum anderen durch den Rekurs auf den Ursprungsort der Philosophie im Dialog, insbesondere dem sokratischen. Ein noch umfassenderes, die Grenzen verschiedener Rationalitätsformen mitreflektierendes und teilweise sogar sprengendes Philosophieverständnis ist überdies im Rahmen der Kinderphilosophie apostrophiert worden, die ja zunächst unabhängig von der Fachdidaktik sich entwickelte. Ein weiteres Philosophieverständnis, das sich nicht z.B. auf den gegenwärtigen Diskussionsstand des Problems X und dessen Standardbehandlung innerhalb eines philosophischen Spezialbereichs beschränkt, wird gegenwärtig zwar nicht überall an den Hochschulen geteilt, aber nach meinem Eindruck auf viel breiterer Basis mitgetragen als vor 30–40 Jahren. Insbesondere kann man wohl in der heutigen Hochschulphilosophie von einer Liberalität in dem Sinne sprechen, daß sie in der Regel ein Nebeneinander unterschiedlicher Richtungen toleriert und nicht auf Schulenbildung um das Zentrum eines Philosophen oder einer Methode abzielt. Auch wenn man etwa an das große Feld der Anwendungsfragen denkt, läßt sich eine Öffnung des Philosophieverständnisses erkennen. Dazu tragen allerdings auch gesellschaftliche Veränderungen bei, die die Philosophie stärker nötigen, ihre Daseinsberechtigung für unsere Gesellschaft zu verdeutlichen.

Zurück zu den beiden Impulsen der Fachdidaktik zum Selbstverständnis der Philosophie: In den Annalen des Fachverbandes Philosophie läßt sich nachlesen, welchen Aufruhr sein Begründer Erwin Lebec (wohl 1970) bei den Fachphilosophen verursachte, als er in einem Vortrag für den Philosophie-Unterricht an der Schule die lebensweltlichen Bezüge einklagte, beispielsweise unter Einbeziehung der aktuellen Musik der Jugendkultur. Im Eingehen auf die Lebenswelt der Schüler/innen ist eine große Vielfalt von Varianten vorstellbar. Die Spanne von 40 Jahren Professionalisierung der Fachdidaktik kann man an diesem Beispiel auch erahnen, wenn man sich vergegenwärtigt, daß in der im letzten Jahr erschienenen Dissertation von Klaus Draken die Musik selbstverständlich als eine Medienform (unter vielen anderen) sokratisch behandelt und didaktisch reflektiert wird.

Die Lebensbedeutsamkeit ebenso wie der Dialog sind aufklärerische Elemente. Ersteres hat schon der moderne Aufklärer Kant thematisiert, indem er die Philosophie nach dem Weltbegriff von der nach dem Schulbegriff unterschied. Er versteht die Philosophie nicht beschränkt auf die Hoch-Schule, sondern läßt in der Philosophie nach dem Weltbegriff die fundamentalen Fragen zu, die sich allen Menschen stellen (zumindest irgendwann einmal in ihrem Leben), und die kaum abschließend zu beantworten sind. Wir können sie als die grundlegenden Fragen bezeichnen: Was kann ich wissen? Was soll ich tun? Was darf ich hoffen? Was ist der Mensch?

Dieses Verständnis von Philosophie als universaler Aufklärung, das die Philosophie als Wissenschaft überschreitet, ist das, das für die Didaktik des Philosophie-Unterrichts und des Ethik-Unterrichts in Anspruch zu nehmen ist, was sich ja an vielen Stellen in Rahmenrichtlinien und Schulbüchern auch spiegelt.

Der Widerspruch der Fachdidaktik zum Fach löst sich also eigentlich auf, wenn wir auf die conditio humana des Menschen als eines fragenden und sich selbst fraglichen Wesens zurückgehen. In der Praxis ist dies jeweils neu in einem Wechselbezug von Fach und Didaktik auszubuchstabieren – das allerdings ist anspruchsvoll, verlangt es doch Weitblick und Kompetenzen, die meistens in den philosophischen Fachseminaren allenfalls am Rande gefragt sind, darauf komme ich noch zurück.

Der andere Beitrag der Fachdidaktik zum Selbstverständnis der Philosophie ist die Wiederbelebung des Philosophierens im Dialog. Dabei können wir auf den antiken Aufklärer Sokrates zurückgreifen oder auf Kant, der das Philosophieren über das Philosophie-Lernen stellte, oder auf Leonard Nelson, der die neosokratische Tradition begründete. Die wohl älteste und ursprünglichste Art zu Philosophieren ist das mündliche Gespräch (nach gegenwärtigem Verständnis mit grundsätzlich gleichberechtigten Gesprächspartnern), das nicht durch eine vorgegebene Lehre bestimmt ist, sondern durch die Maieutik, die (gegenseitige) Hilfe zum Hervorbringen der je eigenen Gedanken des Gesprächspartners, und im Anschluß daran durch das Bemühen um Klarheit und die kritische Prüfung im Aufeinanderhören. Im Sokratischen Gespräch werden nicht fertige Theorien oder Gedanken »vermittelt«, sondern gemäß dem Logos-Grundsatz gemeinsam Gedanken auf ihren Gültigkeitsanspruch hin geprüft. Vermittlungsdidaktik wäre auch eine Form der Abbilddidaktik, denn sie würde nur belehren, nur Wissen als zu lernendes weitergeben – ich nenne das auch »Trichterdidaktik«. Vermittlungsdidaktik unterstellt die Gültigkeit eines Wissens, das es nur zu rezipieren gälte. Abgesehen davon, daß damit lediglich der erste von unseren drei Anforderungsbereichen für den Schulunterricht bedient würde, wäre mit dieser Methode die Durchdringung der Gedanken und ihre Verankerung im eigenen Gedankennetz und erst recht der eigenen Persönlichkeit nicht gewährleistet, ja gar nicht angestrebt. Sokrates verlangte Rechenschaft – λόγον διδόναι – gib mir deine (hoffentlich guten) Gründe an, die du für deine Behauptung anführen kannst. Dabei steht nicht

nur die Sache, sondern auch die Person auf dem Spiel[7]. Das Rechenschaft-Geben
ist die Ur-Situation des Philosophierens, die Ekkehard Martens als Lehr-Lern-
Situation beschreibt, in der prinzipiell die Schüler- und Lehrerrolle auch wechseln
kann[8]. Martens kommt zu dem Schluß, daß die Philosophie (als Tätigkeit aufgefaßt) in sich didaktisch verfaßt ist. Das ist die bekannte *Konstituierungsthese*, die
ich selber gewissermaßen für die Urbegründung der Fachdidaktik halte, und die
ich dann als Einheit mehrerer Dimensionen ausgelegt habe[9]: als Konstitution der
Unterrichtsgegenstände, als Konstitution der Lernprozesse und als Konstitution
der Lerngemeinschaft incl. einer spezifischen Lehrerrolle.

Diese drei Konstitutionsleistungen seien kurz erläutert:
Die *Unterrichtsgegenstände* werden nicht aus der Fachwissenschaft deduziert,
sondern aus dem Frage- und Erkenntnisinteresse der Lerngruppe entwickelt. Ein
Beispiel: Zum Thema Wahrheit interessiert Schüler/innen normalerweise nicht
primär, was die Korrespondenztheorie, die Kohärenztheorie, die Redundanzthe-
orie oder weitere Theorien besagen oder welchen Status die Aussage und die wahr
machende Instanz haben und wie sie in Relation gesetzt werden können, sondern
die Fragen der Schüler/innen richten sich darauf, ob eine konkrete Behauptung
wahr ist, wie man das feststellen kann, ob das auch sicher ist, und was es bedeutet, wenn man sich geirrt hat oder wenn man angelogen worden ist. Bei gründ-
licher Untersuchung lassen sich u. U. dann auch die Grundgedanken besagter
Theorien in einfacherer Sprache ansatzweise entwickeln, aber im Zentrum steht
etwas Wesentlicheres: der eigene Bezug zu dem, was Wahrheit ist oder sein könnte.
Selbstverständlich ist es ambivalent, wenn ich hier ein Beispiel gebe, allein schon
durch meine sprachliche Beschreibung mit Hilfe von Begriffen, die es auf eine
allgemeinere Ebene hebt. Aber vielleicht ist sie transparent für die intendierte Sin-
gularität der Situation, auf die die These abzielt, daß die Unterrichtsgegenstände
im Unterrichtsprozeß konstituiert werden.

Für den *Lernprozeß* selber gilt Analoges: er richtet sich nicht nach äußeren Vor-
schriften, sondern wenn er sorgfältig sokratisch entwickelt wird, trägt er sich aus
sich selbst heraus, ausgehend nur von einer Frage, einem Problem, vorzugsweise
anknüpfend an Erfahrungen der Lebenswelt, aber dann durch den gemeinsamen Denkprozeß auch darüber hinausführend. Die Anfangsfrage kann auch aus
gemeinsamer Textarbeit resultieren. Und ebenso ist durch das bloße Zusammen-
sitzen einer bestimmten Anzahl von Schüler/innen in einem Klassenraum zur

---

7 Vgl. auch bei: Jürgen Mittelstraß, »Versuch über den sokratischen Dialog«, in: Ders., *Wissenschaft als
Lebensform*, Frankfurt a.M. 1982, S. 138–161.
8 Vgl. Martens, a. a. O. (Anm. 5).
9 Gisela Raupach-Strey, *Sokratische Didaktik. Die didaktische Bedeutung der Sokratischen Methode
in der Tradition von Leonard Nelson und Gustav Heckmann*, Münster 2002, 2. Aufl. 2012, S. 329–340.

gleichen Zeit noch keine *Lerngemeinschaft* gegeben. Sie konstituiert sich erst durch die gemeinsame Denkerfahrung, durch die gemeinsame Arbeit am Problem und die Erfahrung gegenseitiger Denkhilfe, getragen von der Einstellung solidarischer Wahrheitssuche. Nach heutiger Auffassung können dann alle Beteiligten grundsätzlich gleichberechtigt an der gemeinsamen Denkarbeit mitwirken, was auch den Lehrer oder die Lehrerin menschlicher werden läßt: Er/sie muß und kann ja gar nicht »alles wissen« (Wissen ist ohnehin nicht das primäre Ziel des Ethik/Philosophie-Unterrichts), sondern nimmt sich in der Sache zurück, aber hilft der Lerngruppe, einen Denkweg zu gehen und Erkenntnisse zu gewinnen.

Die Konstituierungsthese, die den Lernprozeß selbst als Zentrum der Fachdidaktik ansieht, stellt somit den eigenständigen Anspruch der Fachdidaktik dar, sie steht im Gegensatz zu den verkürzten Vorstellungen bloßer fachorientierter Abbild- oder Anwendungs-Didaktik auf der einen Seite und auf der anderen Seite den verkürzten Vorstellungen bloßer Vermittlungsdidaktik oder der Reduktion der Didaktik auf Methodik, gar auf die methodische Trickkiste, wie sie uns ja oft entgegengetragen wird. Die spezifische didaktische Möglichkeit des Philosophie-Unterrichts liegt im Gespräch, womit allerdings ein anspruchsvolles, eminent sorgfältiges und verbindliches Miteinander-Sprechen gemeint ist.[10]

3.   Gründe für die Fachdidaktik an der Hochschule

Dennoch kann man wohl nicht behaupten, daß die Fachdidaktik *am Lernort Hochschule* von einem selbstverständlichen Konsens getragen sei. Von den einen offen oder insgeheim als unnötige Zeitvergeudung betrachtet oder als eine unangemessene Verwissenschaftlichung der pädagogischen Seite der Lehramtsausbildung, werden von anderen umgekehrt zuweilen überhöhte Erwartungen besonders an die Praktika hinsichtlich des »Unterrichten-Lernens« gestellt. Hier wirkt wohl die anders strukturierte Lehramtsausbildung in der ehemaligen DDR nach, während heute zu bedenken ist, daß zu diesem Zweck ja noch das Referendariat folgt.

Die Fachdidaktik an der Hochschule ist aber weder überflüssig noch Unterrichtstraining, ihre Einbeziehung in das Studium ist grundsätzlich eine Errungenschaft, macht sie doch deutlich, daß das Fachstudium wohl eine unabdingbare Voraussetzung für den Lehrberuf ist, aber keineswegs die einzige. Es ist etwas anderes, ob man einen Magister oder heute einen Bachelor oder Master in Philosophie erwerben will und sich dazu auf fachliche Spezialgebiete konzentrieren kann, oder ob man für den Schulunterricht gerüstet sein will. Manche Studierende über-

---

10 Diese These hatte ich schon in meinem ersten fachdidaktischen Aufsatz vertreten: Gisela Raupach-Strey, »Philosophie-Unterricht als Interaktion – Zur Praxis des philosophischen Unterrichtsgesprächs«, in: *Aufgaben und Wege des Philosophieunterrichts* N.F., Frankfurt a.M. 1977.

nehmen für sich den allgemeinen Jargon »Ich studiere *nur* auf Lehramt«. Ich habe da immer widersprochen und das Selbstbewußtsein der Studierenden zu stärken versucht, indem ich ihnen bewußt gemacht habe, daß sie nicht weniger, sondern viel mehr können müssen: Sie müssen als erstes philosophisch denken und argumentieren können, sie müssen die wichtigsten philosophischen »Klassiker« kennen unbeschadet des Kanonproblems, sie müssen einen Überblick sowohl über die Problemgeschichte der Philosophie wie über die wichtigsten theoretischen Ansätze sich erarbeiten zumindest in den einschlägigen Bereichen der Philosophie (Ethik, Anthropologie und Sozialphilosophie, möglichst auch Staats- und Rechtsphilosophie, aber auch in der Erkenntnistheorie und der Religionsphilosophie) d. h. also, daß sie schon innerfachlich den Spagat zwischen Tiefe und Breite des Studiums, die beide notwendig sind, bewältigen müssen. Hinzu kommen interdisziplinäre Randgebiete, etwa zur Psychologie, Geschichte oder Naturwissenschaften, vor allem können sie auch ohne ein solides religionskundliches Wissen später den Unterricht nicht bestreiten. Wünschenswert wäre auch der kontinuierliche Einblick in die aktuellen Diskurse der Philosophie als Wissenschaft ebenso wie eine Beschäftigung und Urteilsbildung zu aktuellen gesellschaftlichen, politischen, aber auch technischen und wissenschaftlichen Tendenzen und Problemen. Aber das sind »nur« wichtige Inhalte. Dazu kommt weiterhin die Beschäftigung mit allgemeiner Pädagogik und Didaktik und – nicht zuletzt die Beschäftigung mit den Grundfragen, aber auch Theorien und gegenwärtigen Tendenzen und Diskursen in der Fachdidaktik. Wann sonst in der Lehramtsausbildung sollten diese theoretischen Grundlagen der Fachdidaktik vorkommen, wenn nicht in der ersten Phase, in der ja der Ernst des Praxisdrucks noch nicht in dem Maße greift wie später? Schon das Referendariat setzt andere Akzente, und neben der Schulpraxis schaffen es später nur wenige, sich z. B. eine didaktische Zeitschrift zu halten und zu lesen. Man sieht im übrigen, wenn man sich diese berechtigten Desiderata vergegenwärtigt, daß die Regelstudienzeit mit Sicherheit zu gering veranschlagt ist.

Besonders bedauerlich finde ich, wenn Studierende, »weil sie doch so gut sind«, vom Lehramtsstudium abgeworben werden, manchmal gerade solche, die ich vor meinem inneren Auge gerne als künftige Lehrerin und vielleicht auch Mentorin an einer Schule in Reichweite gesehen hätte. Denn daß der tatsächlich stattfindende Unterricht nicht immer unseren Ansprüchen entspricht, ist ja selbstverständlich, und der Aufbau eines neuen Faches und seiner Dialogkultur braucht auch Zeit. Umgekehrt sollte daher die Dozentenperspektive so aussehen: Gerade die Guten brauchen wir im Schuldienst, damit die Ansprüche, die wir an den Schulunterricht in Ethik und Philosophie haben, aber auch die entsprechenden Ansprüche an die Lehrerausbildung, eingelöst und Wirklichkeit werden können, und dies nicht nur für das Gymnasium, sondern für alle Schulformen.

Viel zu wenig scheint mir bislang auch darüber nachgedacht zu werden, welche

Rolle ein *gut gestalteter* Ethik-Unterricht vor allem für den *sog.* »unteren Rand« unserer Gesellschaft spielen könnte, den abzuhängen wir uns nicht leisten können und sollten. Man denke nur an Themen wie »wahre Freundschaft«, »Konsumverhalten«, »falsche Glücksvorstellungen«, »Götzen und Heilslehren«, »Menschenwürde« und »Gewaltfreiheit«.[11]

Zur Güte des Ethik-Unterricht gehört allerdings auch eine entsprechende Stellenpolitik: Da sehr viele unserer Studierenden nach dem Staatsexamen nur in anderen Bundesländern eine Stelle fanden, konnte ich kaum ein Netzwerk von Mentor/innen aus der Nachwende-Generation aufbauen, was für Sachsen-Anhalt dringend nötig gewesen wäre und weiterhin ist. Da dies die Fachkultur und die Akzeptanz des Faches in der Öffentlichkeit betrifft, sollte auch von der Kultusbürokratie her genauer über die Tragweite solcher Stellenpolitik nachgedacht werden. Damit es nicht weiterhin immer wieder zu fragwürdiger Unterrichtspraxis und zur Überlastung der vorhandenen Ethik-Lehrer/innen kommt, brauchen wir Qualität *und* Quantität.

4. Die Aufgaben der Fachdidaktik an der Hochschule

Vielleicht wollen Sie allmählich doch genauer wissen: Was ist nun also Fachdidaktik?

Im Anschluß und Fortführung von Arbeiten von Wolfgang Klafki habe ich folgendermaßen formuliert:»Didaktik ist die Reflexion auf Konzeption, Bedingungen, Ziele, Inhalte, Methoden und Medien von Lernprozessen, deren Wechselwirkung sowie vor allem deren Legitimation.«[12]

Sie sehen, eine Definition am Anfang hätte uns wenig genützt. Fachdidaktik kann man nicht als Besitz in der Hand haben, Fachdidaktik ist nicht unmittelbar eine Lehre, eher eine vieldimensionale Tätigkeit, die reflektierend fachliche Inhalte, praktischen Unterricht, fachdidaktische und allgemeindidaktische Theorie und bei Bedarf noch manches andere verbindet mit konkreten Menschen und Situationen und deren Kontext, und die ihre Legitimation und ihren Eigenwert aus der eben dargelegten Selbst-Konstitution bezieht. Sie ist jeweils der zusammenknüpfende Knoten in einem nicht selten auch schillernden Netz von Ansprüchen, das »Zwischen« ist ihr genuiner Ort.

Historisch betrachtet ist die Fachdidaktik an der Hochschule zunächst ein Ausdruck für die Etablierung der Fächer als »ordentliche Unterrichtsfächer« mit einer wissenschaftlich verantworteten Ausbildung. In der Aufgabenbestimmung der

---

11 Ein Kooperationspartner in diesem Sinne ist vor Ort u. a. der Friedenskreis Halle.
12 Raupach-Strey, siehe Anm. 9, S. 13.

Fachdidaktik am Lernort Hochschule gibt es möglicherweise einen immer noch offenen Verständigungsbedarf. Ich habe folgende Akzente gesetzt, die sich von den Fächern her nahelegen: Zur Präsenz der Fachdidaktik an der Hochschule gehören zum einen die Seminare, die mit den grundlegenden Fragen und Problemstellungen sowie den theoretischen Ansätzen und Konzeptionen der Fachdidaktik vertraut machen und darin zu eigenständigem Denken befähigen sollen, zum anderen die Seminare, die den Studierenden Hilfestellung geben sollen, einen Weg in das Fach hinein zu finden, indem sie sich Überblicke verschaffen (dieses Zugeständnis habe ich gemacht, seit ich erkannt habe, daß die schulischen Voraussetzungen unserer heutigen Studierenden ganz andere sind als sie es in meiner Generation waren), aber vor allem sich exemplarisch befassen mit ausgewählten Themen, wie sie etwa die Rahmenrichtlinien vorsehen. Die andere Seite ist die schulpraktische Ausbildung, die in Sachsen-Anhalt im bundesweiten Vergleich besonders stark ausgebaut ist und was auch von vielen Studierenden geschätzt wird. Ich bin jedoch der Meinung, daß hier weniger mehr wäre – vorausgesetzt, die Betreuung geschieht so intensiv und personen-bezogen, daß die Studierenden auch einen Lerngewinn daraus ziehen können.

Die Praktika fordern erstmalig die Studierenden heraus, Schüler/innen philosophische Gedanken zugänglich zu machen, also eine Art Übersetzungsleistung zu vollziehen, die auf sehr unterschiedliche Weise vonstatten gehen kann. Oder umgekehrt, bei den eigenen Gedanken der Schüler/innen ansetzend, diese in ein philosophisches Gespräch, in genaue Gedankenarbeit zu überführen. Für beide Vorgehensweisen wird eine Vielfalt von Kompetenzen benötigt: Bezüge herstellen, Kontexte verdeutlichen, Beispiele finden, aus der Lebenswelt, aus der Wissenschaft, aus dem öffentlichen Leben, Konkretionen zu den Abstraktionen aufsuchen, aber auch das Grundsätzliche im Konkreten erkennen. Sie lassen sich zusammenfassen zu der Fähigkeit, hin- *und* herzugehen zwischen Konkretion und Abstraktion. Der wichtigste didaktische Grundsatz dazu stammt auch von Kant: »Gedanken ohne Inhalt sind leer, Anschauung ohne Begriffe ist blind.« Die Studierenden müssen Kreativität und Anschaulichkeit entwickeln, aber auch die Adressaten in den Blick nehmen: Empathie und Verständnis für die Schüler/innen aktivieren, Bedeutsamkeiten antizipieren, Fragen und Infragestellungen zulassen und nicht zuletzt, ungeschützt formuliert: das Wesentliche erkennen und sich darauf konzentrieren. Die Entwicklung dieser Kompetenzen ist in Nicht-LA-Studiengängen nicht vorgesehen, und auch die Hochschuldidaktik, die ähnliche Vorgänge initiieren könnte, ist bekanntlich nur spärlich ausgebildet.

Die Verantwortung der Hochschule für die berufsvorbereitenden Lernprozesse der Studierenden dokumentiert sich über die Organisation der Praktika hinaus vor allem in den Unterrichtsbesuchen. Die anfänglichen Unterrichtsversuche der Praktikant/innen habe ich als *Reflexionsanlässe* interpretiert: Sie geben Gelegenheit, im Nachgespräch didaktische Fragen auf sehr unterschiedlichen Ebenen anzusprechen. Wichtig ist der Bildungssinn des Themas und damit auch des Faches: Wozu wird dieses Thema und auf diese Weise behandelt, warum machen Sie das eigentlich? Dann kann es Anlaß geben, aufgrund der Berührung mit der Schulwirklichkeit die Berufsentscheidung, oder die Fächer- oder Schulform-Wahl zu befragen. Meistens gibt der Unterrichtsversuch auch Anlaß, die in der Vorstellung mitgebrachte, oft machtzentriert gedachte Lehrerrolle kritisch zu reflektieren, insbesondere in ihrer Passung zu einem auf freies Denken abzielenden Unterricht. Bedingungen für gelungene Gedankenarbeit werden reflektiert, aber auch hinderliche Bedingungen für nicht so gut gelungene und Alternativen durchdacht. Auch dies kann durchaus auf ganz unterschiedlichen Abstraktionsebenen geschehen. Methodische Fragen – das ist ja meist die Erwartung an die Fachdidaktik – bilden nur einen Ausschnitt, denn Methodik ist nur ein Teil der Didaktik. Es ist nicht der Sinn der Praktika, Unterrichts-Rezepte zu vermitteln oder die gesprächsfeindliche Eichung auf 45 Minuten einzuüben. Und es kommt auch nicht darauf an, eine gute Schau abzugeben. Bei allzu häufigem Methodenwechsel habe ich gerne gefragt: Und wann haben die Schüler/innen wirklich gedacht? Auch für das Abschreiben von der Tafel scheint mir übermäßig viel Unterrichtszeit verschenkt zu werden. Das muß doch das wesentliche Ziel von Ethik- und Philosophie-Unterricht sein: Fragen zu stellen, möglichst eigene, die wirklich in den Schüler/innen rumoren (es gibt keine dummen Fragen!), und an den Problemen sowohl alleine wie gemeinsam Gedankenarbeit zu leisten.

In den Auswertungsgesprächen geschieht weiterhin noch etwas Interessantes: Von der konkret erfahrenen Unterrichtssituation aus öffnet sich für die Praktikant/innen oft erst das Verständnis für die Themen, die im fachdidaktischen Seminar besprochen wurden. Ein Beispiel: Nicht selten kommt es vor, daß der Student oder die Studentin als erstes eine »Definition« präsentiert. Dabei hatte ich im Einführungsseminar immer den schönen Textauszug von Adorno[13] besprochen, in dem er den »Aberglauben an die Definition« mit guten Gründen brandmarkt. Am konkreten Fall aber läßt sich viel besser einsehen, wie unfruchtbar dieses deduktive Vorgehen meistens ist. In der Regel ist es sinnvoller, zuerst ein Problem zu erheben und gemeinsam daran zu arbeiten. Dann kann aus diesem Kontext heraus eine Definition sprechend werden – günstiger noch, sie wird von der Lerngruppe selbst formuliert. Und es ist oft gar nicht das Hauptziel des Ethik/Philosophie-Unterrichts, einen fest-stellenden Abschluß der Gedankenarbeit zu finden, sondern der dialogische Prozeß selbst, der die Schwierigkeiten der Thematik erkennen läßt und somit

---

13 Theodor W. Adorno, *Philosophische Terminologie*, Bd. 1, Frankfurt a.M. 1973; auch in: Gisela Raupach-Strey, Ute Siebert (Hrsg.), *Sprache in Praxis und Theorie*, Hannover 1978, S. 64–68.

Problembewußtsein weckt. M.a.W.: Die didaktische Theorie erhellt also die Praxis, und die Praxis läßt die fachdidaktische Theorie besser erfassen.

Wenn man es so versteht, geschieht das Wichtigste der didaktischen Arbeit in den Auswertungsgesprächen zu den Unterrichtsversuchen, die sich in den Berichten und deren Nachbesprechung nochmals reflektieren. Diese Art von Reflexion darf aber nicht verwechselt werden mit Unterrichtsbeobachtung aus der Dritte-Person-Perspektive, wie sie für empirische Bildungsforschung gebraucht wird, die eine Distanz einzieht. Hier gibt es gelegentlich eine Äquivokation von »Reflexion«, die zu Mißverständnissen führt. Ich habe auch die Nachgespräche immer als Sach- *und* Person-bezogene Gespräche verstanden, die maieutisch der künftigen Lehrer-persönlichkeit hilft, fachdidaktische Grundprobleme zu durchdenken mit Hilfe des im fachdidaktischen Seminar Besprochenen und u. U. in Spannung zu den mitge-brachten und damit bis dato nicht verknüpften Vormeinungen. Letztlich sollen die Studierenden befähigt werden, ihren je eigenen Weg zum Lehrer/Lehrerin-Sein zu finden. Praktikumsbetreuung im dargelegten Verständnis ist zeitintensiv, was bekanntlich in Kapazitätsberechnungen nicht angemessen berücksichtigt wird. Wenn man aber dieses Verständnis individueller didaktischer Wegsuche aufgäbe, wären die Schulpraktika kein Rahmen mehr für Lernprozesse der Studierenden und verlören damit ihre Legitimation als Ausbildungsbestandteil; sie würden dege-nerieren zu einem Abhaken von Stunden. Als Ausbildung »zählt« schon, wenn sie verwaltet ist – die wirklichen Lernprozesse interessieren dann nicht mehr.

5. Widersprüche zur Schulpraxis

Manchmal ist dem, was uns in der Schulpraxis begegnet, auch zu widersprechen aus fachdidaktischer Sicht. Einige Beispiele:

Nicht selten begnügt sich der Schulunterricht mit Stichpunkten, Tabellen oder gar Pfeilen – Begriffsfragmente (und deren nicht erläuterte Zeichen) sind aber noch keine Gedanken; die Weiterarbeit leidet dann meistens unter der unerkannten Mehrdeutigkeit.

Das sog. »Lehrerecho« wird selbst oft papageienhaft moniert. Freilich muß ein Lehrer in einem Unterrichtsgespräch nicht auf jede Schüleräußerung reagieren, aber der Praktikant hat vielleicht nur unbeholfen auf den empfundenen Anspruch des Schülers, gehört zu werden, reagiert. Vor allem ist eine Wiederholung dersel-ben Worte keine identische Sprechhandlung. Beispielsweise kann allein durch die Intonation aus der ursprünglichen Aussage eine Rückfrage werden: »Bist du sicher?« so dass der Schüler zum Überdenken veranlaßt wird.

Oder die Aufforderung an die Praktikant/innen, auf Bitte und Danke zu ver-zichten, sollten diese sich bitte nicht einreden lassen. Zeigen doch solche kleinen

Signale, wie Schulunterricht verstanden wird: ob als Herrschaftsinstrument oder als gemeinsame Arbeit, zu der jeder seinen Beitrag leistet – und das ist für den wahren Unterrichtserfolg entscheidend.

Oder das Verdikt von sog. »W-Fragen«, das ich oft zu hören bekommen habe. Das W im Fragewort ist aber gar kein unterscheidendes Merkmal. Sicher sind geschlossene Fragen, die nur mit einem Wort etwa beantwortet werden können (wer, wann, wo) nicht zielführend, wenn man ein Unterrichtsgespräch führen will. Worauf wir aber im Philosophie- und Ethik-Unterricht nicht verzichten können, sind die Fragen nach Erläuterungen, Bedingungen, Gründen und Zusammenhängen, die beginnen mit warum, weshalb, welche, wie. Wenn sie nur indirekt in Abhängigkeit von Operatoren daherkommen, töten sie die Lebendigkeit eines mündlichen Gesprächs. Vor allem die »Was-ist-X?«-Frage nach dem Wesen einer Sache ist ja *die* sokratische und somit genuin philosophische Frage. Hier ist aus fachlicher und fachdidaktischer Sicht evtl. auch einmal der Schulaufsicht zu widersprechen.

Ambivalent ist auch die generelle Kompetenzorientierung, wie sie seit der Nach-PISA-Phase über die Neufassung der Rahmenrichtlinien durchgesetzt wird. Zum einen scheint sie mir eine Neuauflage der Frage nach dem Wozu des Unterrichts, also der Lernziele zu sein, wie sie unsere Ausbildung in den 70er Jahren dominierte. Darin liegt eine gewisse Berechtigung, aber auch schon eine gewisse Ambivalenz, insofern die Kompetenzorientierung Tendenzen einer allzu technischen Handhabung des Unterrichts befördern kann, nur heute in komplizierterer Sprache. Was ich aber für problematisch halte, ist die output-Orientierung jeglichen Lernens – kann man sich einen stärkeren Kontrast zum sokratischen Ansatz vorstellen? Welche Blüten dies treibt, läßt sich an einem soeben erschienenen Verlagsprospekt aufzeigen. Dort wird ein Unterrichtsmaterial damit angepriesen, daß in seinem didaktischen Kommentar (sic!) »mögliche Schülerergebnisse antizipiert werden, so daß Lehrerinnen und Lehrer auch ohne zeitraubende Einarbeitung das Material sofort einsetzen können«[14]. Was hat diese Ermäßigung des Denkens für die Schüler/innen und dazu die Entlastung der Lehrenden vom eigenen Nachdenken über die Sache *und* vom Nachdenken über die Unterrichtsplanung noch mit Mündigkeit, und was hat sie mit philosophischer Bildung zu tun? Die Kompetenzorientierung in dieser verengt verstandenen, positivistisch nur das Ergebnis in den Blick nehmenden Form verfehlt eindeutig den Bildungssinn des Philosophie- und Ethik-Unterrichts. Bei solchen Signalen wird es hohe Zeit, daß sich unsere Schulen und Hochschulen auf ihren Charakter als »Bildungsanstalten« zurückbesinnen, oder es degeneriert nicht nur die Bildung zur Ausbildung, sondern selbst die Ausbildung zur Hohlform der Verwaltung von Ausbildung.

---

14 Ein aktueller Prospekt aus dem Schöningh-Verlag; Ähnliches findet sich auch bei anderen Verlagen.

6. Ansprüche der Schulpraxis

Umgekehrt leistet die Berührung mit der Schulpraxis während der ersten Ausbildungsphase aber auch Unersetzliches.

Man frage sich mal einen Moment, woran man einen ausgebildeten Lehrer erkennt. – Etwas flapsig könnte man auf einer ersten Ebene antworten: Er/sie verläßt als letzter den Raum, nachdem die Fenster geschlossen sind und das Licht ausgemacht ist. Ich meine das nicht im Sinne einer vordergründigen Disziplinierung oder gar Konditionierung. Vielmehr ist es ein Verhalten, das irgendwann einmal aus Überlegung und Einsicht entstanden ist, der sorgfältige Umgang mit der Umwelt und vor allem mit den Menschen, für die man verantwortlich ist. Die Berührung mit der Schulpraxis bringt den Studierenden das *Berufsethos* des Lehrers/der Lehrerin nahe, wie es nach meinem Eindruck die Hochschule nicht leistet. Bei Ärzten und Pflegeberufen, bei Apothekern, Rechtanwälten und Seelsorgern ist uns geläufig, was mit dem Berufsethos gemeint ist; beim Lehrberuf kommt dies oft nur indirekt bei Empörung über etwaige Zuwiderhandlungen zum Tragen. Was meine ich mit dem Berufsethos? Vor allem die Verbindlichkeit des Umgangs. Dazu gehört das Pflichtgefühl für anstehende Aufgaben. Wenn z. B. ein Praktikant eine Stunde übernommen hat, kann er nicht einfach 5 vor 12 diese Aufgabe hinwerfen, die ja in einem ganzen Netz von Mitbetroffenen steht. Man lernt Klarheit und Verständlichkeit der Sprache sowie Gerechtigkeit und Fairness sorgfältig zu beachten und nichts zu verlangen, was man nicht auch selbst einzulösen bereit ist. Weiter lernt man in der Schule auch, Bewertungen transparent zu machen, die Kriterien deutlich zu machen und für eine erfolgte Bewertung gerade zu stehen. Das setzt im Vorfeld die kritischen Selbstrückfragen voraus und deren redliche Beantwortung vor sich selbst. Es gibt auch die falsche didaktische Rücksichtnahme, eine Unredlichkeit gegenüber den Schülern oder Schülerinnen, denen wir es um ihrer selbst und künftiger Auswirkungen willen schuldig sind, keine falschen Erleichterungen vorzunehmen[15]. Und das Entscheidende: die Praktikant/innen lernen (hoffentlich), die Schüler/innen weder als Macht- noch als Trichterobjekte zu behandeln, sondern sie als Menschen und als Gesprächspartner und –partnerinnen ernst zu nehmen. Letztlich ist es die Entwicklung einer Grundhaltung, aus der sich diese Verhaltensweisen unter beständigem Einfluß von Reflexion ergeben. Diese gilt wohl für den Lehrberuf im allgemeinen, aber für unsere Fächer in potenzierter Weise, weil die Rechtmäßigkeit des Verhaltens ja zugleich auch potentieller Unterrichtsgegenstand ist. Für einen Widerspruch zwischen Denken und Handeln sind Schüler/innen besonders sensibel, und mit Recht.

Was die Schule außerdem besser sichtbar macht, ist, daß unterschiedliche

---

15 Ein Thema im ersten Jahrgang der ZDP 1978.

Lehrerpersönlichkeiten gemeinsam verantwortlich sind für den Bildungsgang der Schüler/innen, so daß sie nicht gegen-, sondern miteinander arbeiten sollten. Ein analoges Problembewußtsein für den Bildungsprozeß der Studierenden bei recht unterschiedlichen, gleichzeitig unterrichtenden Dozenten habe ich an der Hochschule selten gefunden.

Ohne schulpraktische Berührung und die das Augenmerk darauf richtende fachdidaktische Reflexion käme das Lehrerethos an der Hochschule wohl kaum vor.

7. Schlussüberlegungen

Als Fachdidaktiker/in sitzt man »zwischen allen Stühlen«. Aber da sitzen wir richtig, das »Zwischen« ist der konstitutive und legitime Ort der Fachdidaktik. Oder, um es im Hinblick auf mein Thema zu formulieren: Aus dem Widerspruch gegen verkürzte Vorstellungen von Didaktik von unterschiedlichsten Seiten entspringt der genuine Ort der Fachdidaktik als ein »Zwischen« mit eigenständigem Anspruch:

Zwischen Schule und Hochschule, zwischen Wissenschaft und Unterricht, zwischen Praxis und Theorie, zwischen Gegenstand und Prozeß, zwischen Objekt und Subjekt, Sache und Mensch, zwischen Lernenden und Lehrenden, zwischen Meinung und Überzeugung, aber auch zwischen Affirmation und Kritik, zwischen dem Singulären und Allgemeinen, Abstraktion und Konkretion, dann zwischen Esoterik (man könnte auch sagen: Exzellenz) und Exoterik, zwischen Ausbildung und Bildung – wobei alle diese Pole jeweils auch in Wechselwirkung zueinander stehen, ganz abgesehen davon, daß sie als Pole selbst ein Konstrukt sind. Dieses Zwischen ist kein defizitärer Modus von irgendetwas anderem (z. B. einer unterstellten »eigentlichen« Philosophie oder dem »eigentlichen Studium«), es hat seinen eigenständigen Wert. Das Zwischen als der konstitutive Ort der Fachdidaktik ist nicht zu beklagen; nur lässt leider eine angemessene institutionelle Einlösung bundesweit noch zu wünschen übrig.

Ich habe in der fachdidaktischen Arbeit oft die Vorstellung von zwei Foren im Hinterkopf gehabt, an jedem Ohr eins, die jeweils ihre Ansprüche stellen und vor denen *beiden* sich die Arbeit zu rechtfertigen hat, also etwa institutionell: »Schule und Hochschule« oder systematisch: »Theorie und Praxis«. Schulpraktiker werfen der Fachdidaktik gerne vor, wirklichkeitsfremde Theorie zu betreiben – ich frage mich dann immer, ob sie in ihrer eigenen Ausbildung die fachlichen, didaktischen und pädagogischen Theorien wirklich nur als zu reproduzierenden Lernstoff aufgefaßt haben, oder nicht doch auch als Wirklichkeits-erhellend und Erkenntnisfördernd. Die Fachphilosophen schauen gerne etwas abschätzig auf die Fachdidaktik, wohinter sich bei genauerem Hinsehen das alte Denkmuster verbirgt, das Empirische und Kontingente als minderwertig zu betrachten gegenüber dem

Bereich des Geistes und der Ideen, die in ihrer Hypostasierung sich von der Wirklichkeit abgeschnitten haben. Solche gegenseitige Distanzierung bringt die Fachdidaktik in ein vibrierendes Spannungsfeld. Ich habe mich bemüht, beide Foren nicht gegeneinander auszuspielen, sondern aktive Akzeptanz für das berechtigte Anliegen der jeweils anderen Seite angestrebt. Wir können weder eine praxislose Theorie wollen, noch eine theorielose Praxis, vielmehr eine theoretisch reflektierte Praxis und eine Theorie, die sich in ihrer grundsätzlichen Bedeutung erklärt und verständlich macht auch im Hinblick auf konkrete Wirklichkeits- und Praxisausschnitte. Man könnte die Fachdidaktik auch mit einer Brücke vergleichen, die die jeweiligen Pole aufeinander bezieht, ihnen ihr Eigenrecht läßt, aber sie aufeinander verweist. Die Brücke trägt sich bekanntermaßen durch die Spannung des Brückenbogens, und diesen gilt es auszuhalten, aber auch in beiden Richtungen über die Brücke zu gehen.

Eine Fachdidaktik, die nur auf einer Seite beliebt wäre und sich damit vereinnahmen ließe, wäre aus beiden Perspektiven verfehlt. Wer so etwas an sich oder anderen beobachtet, sollte wachsam sein. Fachdidaktik hat vielmehr sowohl eine *kritische* Funktion wie eine *legitimierende* Funktion zu *jeder* der beiden Seiten. Das ergibt einen doppelten Chiasmus, den man nur in der konkreten Arbeit einlösen kann bzw. dessen Einlösung immer erneut zu versuchen ist. Entscheidend aber ist, das auch als Notwendigkeit zu erkennen und zu wollen. In der alltäglichen Arbeit kam es mir oft ähnlich vor wie bei dem Bild, das viele aus den Schulbüchern für Jüngere für das *Gewissen* kennen: Auf der einen Schulter ein weißes Engelchen mit seinen Einflüsterungen, auf der anderen Schulter ein schwarzes Teufelchen mit seinen Einflüsterungen. Der Unterschied ist, daß unsere beiden Pole in der Fachdidaktik *beide* weiße Engelchen sind, aber jeweils dazu neigen, das andere anzuschwärzen und zu verteufeln. Wieso eigentlich? Auch die akademische Philosophie hat ihren Ursprung im sokratischen, ernsthaft Erkenntnis-suchenden Fragen und ist überdies auch zur eigenen Rekrutierung auf die Verankerung von Philosophie und Ethik in der Schule angewiesen. Umgekehrt wünschen wir uns doch für den Schulunterricht Lehrer/innen, die sich in ihrem Fach auskennen, die argumentieren und Sinn von Unsinn begründet unterscheiden können, die Maßstäbe haben, so daß sie den Unterricht weder der Beliebigkeit noch einem Sektierertum oder einer Ideologie ausliefern. Es sind also zwei legitime weiße Engelchen. Ich würde mir eine Bewußtseinsänderung dahingehend wünschen, daß man den jeweils anderen Pol nicht wie etwas Fremdes von sich abweist, sondern als legitimen Kooperationspartner anerkennt, indem man ihn als sachnotwendiges Komplement begreift und darüber hinaus vielleicht auch das Eigene im Anderen und das Andere im Eigenen sehen lernt, wie im bekannten Ying- und Yang-Zeichen – oder: wie in der Komplementarität der Bildfigur auf der Einladungskarte.

Erlauben Sie mir aus der Rückschau auf die Hallenser Zeit noch ein paar persönlichere Bemerkungen.

Als ich 1992 in Halle mit der didaktischen Arbeit begann, kam ich in eine Stadt, von der ich zwar wußte, daß mein Großvater Carl Strey hier die Latina besucht hat (um 1890), aber ich hatte die Stadt noch nie mit eigenen Augen gesehen. Ich war neugierig, auch neugierig darauf, was es hier vor Ort an Philosophie gegeben hat und darüber ins Gespräch zu kommen. Dazu ließ der überlastete Alltag des Universitätsbetriebes wenig Spielraum. Aber es gibt die Hallische Bibliothek, von Prof. Schenk, Frau Dr. Meyer, Herrn Kloos u. a. ins Leben gerufen, die sich mit Hallenser philosophischen Werken vor allem früherer Jahrhunderte befaßt und diese herausgibt. Und es gibt die einschlägigen Veröffentlichungen von Prof. H. C. Rauh u. a., die sich der historisch-kritischen Aufarbeitung des philosophischen Denkens in der DDR widmen, das teils in Konfrontation, teils im Schatten der Marxismus-Leninismus-Ideologie eine wenig bemerkte Vielschichtigkeit aufwies. Vielleicht könnte man für die Zukunft überlegen, regionale Anknüpfungspunkte in der Philosophie auch in die Lehrerbildung aufzunehmen, ähnlich wie über die Religionspädagogik hinaus Sachsen-Anhalt inzwischen als Lutherland wahrgenommen wird, was ja auch kein einfaches Erbe ist. Die Geschichtslosigkeit der Lehrerbildung scheint mir auf Dauer zu überdenken.

Nun zu meiner Person: Die Arbeit in der Lehrerausbildung der ersten Phase war genau die, die ich mir lange gewünscht hatte und die mir wohl auch am meisten gelegen hat. Blicke ich weiter zurück, so kann ich dankbar sein, in jungen Jahren eine sehr gute nicht nur Ausbildung, sondern auch Bildung erfahren zu haben, durch ein förderndes Elternhaus, durch ein renommiertes Bonner Mädchengymnasium, durch eine Vielfalt von gedanklichen Anregungen in einem damals noch recht freiheitlichen Studium an den drei Orten Bonn, Tübingen und Heidelberg (in dem wir uns nach gusto in anderen Fächer umschauten, was gerade der Philosophie sehr gut tut), durch das Glück kompetenter und überzeugender Ausbilder im Referendariat, und auch nach dem 2. Staatsexamen durch manche andere Persönlichkeiten, zu denen insbesondere die geradlinigen und widerständigen Menschen aus dem Sokratikerkreis der Philosophisch-Politischen Akademie und um Gustav Heckmann gehören. Manches weitere Bildungselement ließe sich benennen, was ich aber heute einmal aussprechen will:

Vor allem in der Anfangszeit der Ost-West-Zusammenarbeit sagte ich mir, daß es nicht mein Verdienst war, im Westen aufgewachsen und damit in den Genuß einer weit gefächerten Bildung gekommen zu sein. Daher wollte ich diese Art von Bildung, die vieles miteinander verbindet und die man vielleicht in einem weiten Sinn als humanistisch – auf das Humanum bezogen – bezeichnen kann, weitergeben, aber nicht »vermittelnd« (Belehrung wäre ja bzgl. Bildung sowieso ein Widerspruch in sich), sondern sie miteinander teilend, gewissermaßen sokratisch.

Nun, wieviel davon gelungen und wieviel auf der Strecke des Alltags geblieben ist, durchschaut man vielleicht selbst am schlechtesten; das mögen diejenigen beurteilen, mit denen ich gearbeitet habe, die Studierenden und die Lehrer/innen in der Weiterbildung und in der Fortbildung. Es gibt keinen Arbeitsplatz ohne Konflikte, schon gar nicht bei Philosophen, das braucht nicht verschwiegen zu werden. Aber ich bin dankbar, daß ich über insgesamt zwanzig Jahre die Möglichkeit hatte, genau diese Arbeit der Lehrerbildung in Philosophie und Ethik, die mein Anliegen war und die zu mir paßte, hier an der Martin-Luther-Universität tun zu dürfen. Mich hat immer der Gedanke getragen, daß ich mit meiner Aufgabe für die Basis da bin, eben in dem genuinen und legitimen Ort der Fachdidaktik: im Zwischen von Widerspruch und Anspruch.

Markus Tiedemann

Problemorientierung: theoretische Begründung und praktische Realisierung

1. Einleitung

Problemorientierung gehört zu den Signalworten der allgemeinen Didaktik und der Fachdidaktiken. Tatsächlich handelt es sich um ein substanzielles Prinzip und nicht um einen der vielen Modebegriffe. Mit einigem Stolz kann die Philosophiedidaktik eine gewisse Urheberschaft am Grundsatz der Problemorientierung beanspruchen. Begriff und Prinzip finden sich bereits in der dialogisch-pragmatischen Philosophiedidaktik, in der Ekkehard Martens die Philosophie als einen »problemorientierten Verständigungsprozess« versteht.[1] Im Folgenden möchte ich die Problemorientierung unter drei Aspekten thematisieren.

- Problemorientierung als philosophische Immanenz,
- Problemorientierung als historische Notwendigkeit,
- Problemorientierung als didaktische Konsequenz.

Der letzte Aspekt wird gemäß den drei Teilbereichen der Fachdidaktik noch einmal in eine theoretisch-konzeptionelle, eine methodisch-praktische und eine empirisch-kritische Ebene unterteilt.[2]

2. Problemorientierung als philosophische Immanenz

Das Problem ist der Urgrund aller wissenschaftlichen Forschung und seine sprachliche Gestalt ist die Frage. Die Idee der Kleidung wurde aus dem Problem der Kälte geboren. Es handelte sich um die Frage: »Wie beenden wir das Frieren?« Schnell ging die wissenschaftliche Progression weit über einen rein funktionalen

---

1 Ekkehard Martens, *Dialogisch-pragmatische Philosophiedidaktik*, Hannover 1979.
2 Markus Tiedemann, *Philosophiedidaktik und empirische Bildungsforschung. Möglichkeiten und Grenzen*, Münster 2011, S. 12.

Zusammenhang hinaus. Heute können wir Fragen und Probleme formulieren und erforschen, deren Lösungen keinen konkreten Nutzen für uns zu haben scheinen. Wir können uns fragen, wie ein Schwarzes Loch entsteht, ob die Zeit ein Ding an sich ist oder ob die Universalien unserer Sprache auf ideales Sein, bloße Vorstellungen oder eingeübte Sprachspiele verweisen. Das Problem, das in diesen Fragen geborgen ist, besteht darin, dass wir verstehen wollen, was wir bisher nicht verstehen konnten. Manchmal versuchen wir auch nur zu verstehen, warum wir nicht verstehen können. Aber auch das wollen wir dann verstehen. Insofern ist jede Wissenschaft immer an Problemen orientiert.

Im Laufe der Zeit haben alle Wissenschaften Traditionsbestände zusammengetragen, deren Pflege und Archivierung disziplineigenen Historikern überlassen wird. Wer nun einwendet, dass diese Historiker doch auch Wissenschaftler seien, aber nicht problemorientiert arbeiten, der irrt. Der Irrtum besteht nicht darin, dass die Historiker aller Disziplinen Wissenschaftler sind, sondern darin zu glauben, dass diese nicht problemorientiert arbeiten würden.

Natürlich könnte sich ein Historiker rein deskriptive Aufgaben stellen. Etwa könnte er die Tageszeit aller mittelalterlichen Krönungszeremonien katalogisieren. Dahinter steht aber die Frage, ob bei dieser Zusammenstellung nicht eine Auffälligkeit ins Auge springt. Wir nennen dieses Verfahren Explorationsforschung. Das Problem des Forschers ist, dass er nicht weiß, ob sich eine Auffälligkeit zeigt. Wenn ein Philosophiehistoriker sich beispielsweise fragt, in wie fern Descartes »cogito« Kants transzendentale Apperzeption beeinflusst hat, so steckt dahinter das Problem, dass er es nicht weiß. Reine Kanonpflege kann als Lehre, nicht als Forschung betrieben werden. Ohne Forschung ist Wissenschaft nicht zu denken. Für die Philosophie gilt dies in besonderer Weise, da sie als reine Kanon-Lehre ohne Forschungsperspektive ihre Identität einbüßt und zur Ideenhistorie wird. Genau dies ist es, was Kant meint, wenn er behauptet, dass nicht Philosophie, sondern Philosophieren gelehrt werden könne. Bekanntlich teilte Kant die Philosophie in vier Frage- oder Problemfelder und nicht in historische Abschnitte oder einen Autorenkanon ein.

Tatsächlich sind das Wesen der Philosophie und das ihrer Vermittlung immanent problemorientiert. Ein Potential, dass seit den sokratischen Dialogen bis in die heutige Zeit von einer *Esoterik-Exoterik-Spannung* ebenso wie von dem Gegensatz von *Wissenschaft und Aufklärung* gespeist wird.

Otfried Höffe bezeichnet die Philosophie und insbesondere die Praktische Philosophie als eine Wissenschaft, »die zur Praxis offen ist und zwar in beiden Richtungen. Einerseits hat sie von der Praxis zu lernen, andererseits sucht sie die Praxis über sich selbst aufzuklären und aufgrund einer solchen Aufklärung auch zu verbessern.«[3]

---

3 Ottfried Höffe, *Naturrecht ohne Naturalistischen Fehlschluss. Ein rechtsphilosophisches Programm,*

Nach Ekkehard Martens und Herbert Schnädelbach lässt sich Philosophie als Wissenschaft durch Objekt- und Ergebnisorientierung charakterisieren, während sie als Aufklärung von Subjekt- und Prozessorientierung geprägt wird.

»Als ›reiner‹ Typus genommen ist die ›Philosophie als Wissenschaft‹ die Philosophie, die ganz beim Gegenstand ist und in selbstvergessener Faszination sein Wesen, seine Struktur und die ihn bestimmenden Gesetze zu ermitteln sucht. [...] ›Philosophie als Aufklärung‹ hingegen meint die analysierende, interpretierende und erkennende Beschäftigung des Philosophierenden mit sich selbst. Was Aufklärung von Wissenschaft unterscheidet, ist genau dieser Selbstbezug des Subjekts. Darum ist Aufklärung mehr als bloße Informationsaufnahme und -anhäufung. Nicht der ist aufgeklärt, der alles weiß, sondern der das Gewusste in Bezug zu setzen vermag zu sich selbst.«[4]

Ähnlich dialektisch gestaltet sich das Verhältnis von Esoterik und Exoterik innerhalb der Philosophie. Elfenbeinturm und Marktplatz, Elementarphilosophie und Spitzenforschung, Philosophieren mit Grundschulkindern und akademische Disputation sind zwei Gesichter der Philosophie. Beide Gesichter gehören aber zu einem Schädel und bedienen sich inhaltlich wie methodisch eines Hirns. Ihre Gemeinsamkeit ist der problemorientierte, kritische Gebrauch der Vernunft.

Selbstverständlich findet das Forschen nicht im luftleeren Raum statt. Nach Kant gilt, dass man ohne »Kenntnisse [...] nie ein Philosoph werden könne«, »aber nie werden auch Kenntnisse allein den Philosophen ausmachen«. »Alle Systeme der Philosophie«, so Kant, seien »nur als Geschichte des Gebrauchs der Vernunft an[zu]sehen und als Objekte der Übung [des eigenen] Talents« zu nutzen. »Der wahre Philosoph muss also als Selbstdenker einen freien und selbsteigenen, keinen sklavisch nachahmenden Gebrauch der Vernunft machen.«[5] Das »sapere aude«, das problemorientierte Selbstdenken ist daher jeder Form der Philosophie als identitätsstiftende Essenz immanent.

3. Problemorientierung als historische Notwendigkeit

Die Moderne, spätestens aber die Postmoderne ist durch eine doppelte Problemorientierung geprägt. Gewaltige praktische Probleme drängen auf Entscheidungen, deren theoretische Grundlage selbst als problematisch gilt. Die Moderne ist also das Zeitalter, in dem theoretische und normative Orientierung praktisch

---

Klagenfurter Beiträge zur Philosophie, Wien 1980, S 37 f.
4 Ekkehard Martens, Herbert Schnädelbach, »Zur gegenwärtigen Lage der Philosophie«, in: Dies. (Hrsg.), *Philosophie. Ein Grundkurs*, Bd. 1., Erweiterte Neuausgabe, Reinbek 1991, S. 32.
5 Immanuel Kant, »Logik«, in: *Kants Werke*, Akademieausgabe Bd. XI, Berlin, Leipzig 1923, S. 25 f.

notwendig, aber theoretisch problematisch ist.[6] Sie ist praktisch notwendig, weil der moderne Mensch in einer wissenschaftlich-technischen Risikogesellschaft lebt. Die gewaltigen, den Globus umspannenden und Generationen übergreifenden technischen Möglichkeiten der modernen Menschheit haben einen noch nie dagewesenen Entscheidungsbedarf bewirkt. Bereits im vergangenen Jahrhundert ist der Entscheidungsdruck der Moderne unter anderem in den Thesen zum Atomzeitalter von Günther Anders[7] oder durch von Weizsäckers[8] Aussagen über das wissenschaftlich-technische Zeitalter betont worden. Anders' Lehre vom Ende der hypothetischen Fragen hebt die besondere Qualität unserer Zeit hervor. Auch Sokrates hätte sich hypothetisch mit der Frage beschäftigen können, ob Menschen geklont werden dürfen, ob Black-outbomben legitim sind oder ob die Menschheit überhaupt sein soll. Für uns heute sind dies praktische Fragen und die Antworten haben konkrete Folgen. Durch die zunehmende Interdependenz der globalen Welt wird diese Problematik verstärkt. Es ist nicht nur die Qualität unseres technischen Vermögens, es ist auch die Quantität unserer Gattung und die Dichte unseres Zusammenlebens, die uns zur Konsensfindung nötigt. Moderne Urbanität und Kommunikation vereinigt auf engsten Raum- und Zeiteinheiten Menschen unterschiedlicher Kulturen und Lebensformen. Zudem zeigen Beispiele wie die globale Klimaerwärmung oder die internationale Finanzkrise, dass auch Menschen am anderen Ende der Erde und sogar ungeborene Generationen von unserem Handeln betroffen sind.

Gleichzeitig ist theoretische und normative Orientierung in der Moderne ausgesprochen problematisch. Mentalitätsgeschichtlich ist die Moderne, spätestens aber die Postmoderne, das Zeitalter explosiven Wissensquantität bei einem gleichzeitigen Mangel qualitativer Kategorien. Die stetig wachsende quantitative Wissensflut und deren meist freie Zugänglichkeit ist einerseits ein Segen und anderseits Ursache großer Orientierungslosigkeit. Niemand ist heute in der Lage, umfassendes Wissen für sich zu beanspruchen. Ebenso wenig ist es möglich, einen notwendigen oder hinreichenden Kanon elementarer, mittlerer oder höherer Bildung zu definieren. Es mangelt an Kategorien wie »notwendig« und »hinreichend«, »richtig« und »falsch«, aber auch »gut« und »böse«.

Die moderne Kultur, so Herbert Schnädelbach, ist vollständig *reflexiv, profan und pluralistisch.*[9] Mit dieser Konzeption hatte die Aufklärung die Menschheit von zahlreichen Dogmen befreit. Die vollständige Reflexivität wendet sich jedoch auch

---

6 Markus Tiedemann, »Ethische Orientierung für Jugendliche. Der Orientierungsbedarf von Jugend und Gesellschaft und das Angebot Praktische Philosophie in der Sek. I.«, in: ZDPE 4, 2004.
7 Günther Anders, *Die atomare Drohung*, München 1981.
8 Carl Friedrich von Weizsäcker, »Der Mensch im wissenschaftlich-technischen Zeitalter«, in: Ders., *Ausgewählte Texte*, München 1987.
9 Herbert Schnädelbach, »Kant – der Philosoph der Moderne«, in: ZDP 2, 1993, S. 131–139.

gegen die Prämissen der Aufklärung selbst. Die reine praktische, aber auch die reine theoretische Vernunft ist eine regulative Idee, keine nachgewiesene Tatsache. Hieraus resultiert ein Legitimationsdefizit, das sich besonders in normativen Diskursen bemerkbar macht. Mit Rückgriff auf die Konzeptionen von Karl Otto Apel[10], Jürgen Habermas[11] oder Vittorio Hösle[12] könnte der hier konstatierte Verlust der Letztbegründung bestritten werden. Postmoderne Denker wie Lyotard[13] und Zygmund Bauman[14] haben indes gezeigt, dass auch das postmoderne Wissen und die postmoderne Ethik auf Metaerzählungen beruhen, die sie selbst nicht begründen können. Dies gilt auch für den Diskurs, der sich selbst zwar als faktisch wirksam, nicht aber als normativ gesollt zu legitimieren vermag. Die Moderne wirft also den Einzelnen und das Kollektiv auf die individuelle Urteilskraft zurück und destruiert zugleich die Hoffnung auf eine finale, allgemeingültige Lösung.

Soziologisch hat vor allem Ulrich Beck herausgearbeitet, dass die moderne Menschheit notwendige Entscheidungen treffen muss, ohne über hinreichendes theoretisches und normatives Wissen zu verfügen. Es handelt sich daher um problemorientierte Risikoabwägungen.[15]

4. Problemorientierung als fachdidaktische Konsequenz

Philosophiedidaktik ist eine theoretisch-konzeptionelle, eine methodisch-praktische und eine empirisch-kritische Wissenschaft. Die Konsequenzen der Problemorientierung lassen sich nun auf allen drei Ebenen verdeutlichen.

---

10 Karl-Otto Apel, »Das A priori der Kommunikationsgemeinschaft und die Grundlagen der Ethik«, in: Ders., *Transformation der Philosophie*, Bd. 2, Frankfurt a. M. 1973, S. 358–436.
11 Jürgen Habermas, »Die Philosophie als Platzhalter und Interpret«, in: Ders., *Moralbewußtsein und kommunikatives Handeln*, Frankfurt a. M. 1983.
12 Vittorio Hösle, *Die Krise der Gegenwart und die Verantwortung der Philosophie. Transzendentalpragmatik, Letztbegründung, Ethik*, München 1990; Ders., *Philosophie der ökologischen Krise*, München 1991, S. 73.
13 Jean-Francois Lyotard, *Das postmoderne Wissen. Ein Bericht*, Peter Engelmann (Hrsg.), 3. Auflage, Wien 1994, S. 14.
14 Zygmunt Bauman, *Postmoderne Ethik*, Hamburg 1995, S. 127 ff.
15 Ulrich Beck, »Risikogesellschaft. Überlebensfragen, Sozialstruktur und ökologische Aufklärung«, in: *Aus Politik und Zeitgeschichte. Beilagen zur Wochenzeitung Das Parlament*, B 36, 1989, S. 4–7.

4.1 Konsequenzen der Problemorientierung auf der theoretisch-konzeptionellen Ebene

Auf der theoretisch-konzeptionellen Ebene sei zunächst vermerkt, dass der Richtungsstreit zwischen Kanonorientierung und Problemorientierung in Gestalt der Martens-Refus-Debatte konstitutiv auf die Fachdidaktik wirkte.

Martens vertrat die Ansicht, dass Philosophie »nicht um ihrer, sondern um unserer selbst«[16] willen praktiziert werde und daher als Unterricht stets in dialogischer Auseinandersetzung mit lebensweltlichen Problembezügen zu realisieren sei. Ein klar kompetenzorientiertes Philosophieverständnis, dass Autoritäten der Philosophiegeschichte zu Dialogpartnern erklärt, die nur dann gehört werden, wenn von ihnen ein konkreter Beitrag zur Problemlösung zu erwarten ist.

Refus warf Martens dagegen »Verzicht« auf Traditionswissen und Genese vor.[17] Der Problembezug bei Refus ist von mentalitätsgeschichtlicher Natur. Es handelt sich um die Sinn- und Identitätskriese, des modernen Mensch im Allgemeinen und der Schüler im Besonderen, die durch Nachvollzug der geistesgeschichtlichen Genese bewältigt werden soll.

Zugespitzt lässt sich der Unterschied eines problemorientierten Unterrichts nach Martens und Refus wie folgt karikieren.

- Martens betritt die Klasse und sagt: *»Da wir in der letzten Stunde darüber gestritten haben, ob man wissenschaftlich über Gott sprechen kann, habe ich Euch heute einen Auszug aus Kants Kritik der reinen Vernunft mitgebracht.* (Gemeint ist die vierte Antinomie) *Mal sehen, wie ihr über Kants Problembewertung denkt.«*
- Refus betritt die Parallelklasse und sagt: *»Ich habe Euch die Kritik der reinen Vernunft mitgebracht. Jetzt habt ihr ein Problem!«*

Selbstverständlich ist diese Zuspitzung nicht fair. Auch Rehfus sieht eine »Problemeröffnungsphase« vor, in der die Schülerinnen und Schüler für ein Thema gewonnen werden sollen. Martens hat die Einbeziehung von Traditionswissen schon deshalb immer bejaht, um der Gefahr einer rein dialogischen Selbstbespiegelung Herr zu werden.

In der Unterrichtspraxis mögen die Konzepte von Martens und Refus also weit weniger krass auseinandergefallen sein. Übergeordnetes Bildungsziel ist für beide die autonome Urteilskraft. Auf dem Weg dorthin setzt Rehfus allerdings auf die Kenntnis der Geistesgeschichte, Martens auf die Schulung des Selbstdenkens.

16 Ekkehard Martens, *Dialogisch-pragmatische Philosophiedidaktik*, Hannover 1979, S. 72.
17 Wulf Rehfus, »Thesen zur Legitimation von Philosophie als Unterrichtsfach am Gymnasium«, in: *Aufgaben und Wege des Philosophieunterrichts* 9, 1976, S. 5–25, hier: S. 12.

Klassiker der Ideengeschichte sind für Martens willkommene aber nur mögliche Dialogpartner, für Rehfus hingegen notwendiger Gegenstand. Auf der anderen Seite ist der Dialog als Unterrichtsmethode für Rehfus willkommen und möglich, für Martens aber unverzichtbar. Nach Rehfus dient die Problemeröffnungsphase dazu, das Erkenntnisinteresse für ein Problem der Geistesgeschichte zu wecken und so eine bereits vorbereitete Unterrichtseinheit zu beginnen. Nach Martens dient die Eröffnungsphase dazu, das Problembewusstsein der Schülerinnen und Schüler zu wecken, zu erfassen und zu formulieren. Erst dann kann die Unterrichtsplanung beginnen, deren Angebote sich an dem formulierten Erkenntnisinteresse zu messen haben.

Heute ist Philosophiedidaktik weitgehend kompetenzorientiert, ohne sich auf einen verengten Begriff von Methodenkompetenz oder Kompetenzrasters reduziert zu haben. Philosophieren ist demnach eine intellektuelle Orientierungstechnik.[18] Auch diesem Verständnis ist die Problemorientierung immanent.

Schon Kant hat in seiner kleinen Schrift »Was heißt: sich im Denken Orientieren?«[19] den Begriff der Orientierung nicht als Übernahme vorgegebener Positionen oder als platonische Schau absoluter Wahrheiten, sondern als autonomen Akt der Urteilskraft verstanden. Der Begriff der Orientierung macht aber auch deutlich, dass es sich um mehr handelt als um selbständigen Aktionismus. Orientierung ist die Bestimmung des eigenen Standortes sowie davon unterschiedener Koordinaten, um auf dieser Basis eine begründete Entscheidung über Verbleib oder Fortbewegung zu treffen.

Erforderlich ist also die Kenntnis von Koordinaten, die Fähigkeit zu navigieren, und die Bereitschaft, sich beider zu bedienen. Die von Martens etablierten Kategorien von Wissen, Können und Haltung[20] lassen sich als drei Komponenten eines u. a. von Weinert geprägten Kompetenzbegriffs verstehen.

Nach Weinert[21] sind Kompetenzen »die bei Individuen verfügbaren oder durch sie erlernbaren kognitiven Fähigkeiten und Fertigkeiten, um bestimmte *Probleme* zu lösen, sowie die damit verbundenen motivationalen, volitionalen und sozialen Bereitschaften und Fähigkeiten, um die *Problemlösungen* in variablen Situationen erfolgreich und verantwortungsvoll nutzen zu können«.

---

18 Vgl.: Tiedemann, Markus, *Ethische Orientierung für Jugendliche. Eine theoretische und empirische Untersuchung zu den Möglichkeiten der praktischen Philosophie als Unterrichtsfach in der Sekundarstufe I*, Münster 2004, S. 63.
19 Immanuel Kant, »Was heißt: sich im Denken Orientieren?«, in: Ausgabe der Königlich Preußischen Akademie der Wissenschaften, Berlin 1902, 1919, S. 146.
20 Ekkehard Martens, *Philosophieren mit Kindern. Eine Einführung in die Philosophie*, Stuttgart 1999, S. 12.
21 Franz E. Weinert, »Vergleichende Leistungsmessung in Schulen – eine umstrittene Selbstverständlichkeit«, in: Ders. (Hrsg.), *Leistungsmessungen in Schulen*, Weinheim, Basel 2001, S. 27 f.

– Die Kategorie *Wissen* steht somit für jene Kenntnisse, die erforderlich sind,
   um die Komplexität eines Sachverhaltes oder Problems erfassen zu können.
– Die Kategorie *Können* steht somit für die Fähigkeit, einen Sachverhalt oder
   ein Problem analysieren, bewerten, darstellen und gestalten zu können.
– Die Kategorie *Haltung* steht somit für die Bereitschaft, sich der erworbenen
   Kenntnisse und Fähigkeiten zur Bearbeitung eines Problems oder Sachverhaltes zu bedienen.

Die Schulung des Philosophierens als intellektuelle Orientierungstechnik findet
ihre Entsprechung in den didaktischen Konzeptionen von Volker Steenblock und
Ekkehard Martens.

Steenblock tritt einer Verabschiedung des Bildungsbegriffs ebenso entschieden
entgegen wie der Annahme eines konservativen, humanistischen Bildungskanons.[22]
Neben einer »metaphysischen Abrüstung« fordert Steenblock vor allem eine analy-
tische Differenzierung des Bildungsbegriffs und schlägt eine Unterscheidung zwischen Bildungsobjekten, Bildungssubjekten und Bildungsprozessen vor. Die Philosophie, so Steenblock, »sollte sich darum nicht zu schade dafür sein, ihre Anteile
an Kategorien und Gehalten zu reklamieren, in denen Menschen sich ausdrücken
und entfalten können«.[23] Das didaktische Selbstverständnis des philosophischen
Bildungsprozesses ist somit das einer Vermittlungsstruktur zwischen Lernsubjekten
und Bildungsinhalten. Erfolgreich ist diese Vermittlung nur, wenn Bildungsinhalte
nicht als Selbstzweck verstanden werden, die dem Lernenden als »Bleisatz« oder
als »selbstreferentielle«[24] Vorgabe der Vergangenheit zu überreichen sind. Auf der
anderen Seite darf das Lernsubjekt und sein Bildungsprozess nicht als ahistorischer
Akt verstanden werden: »So, wie sie bestimmten Kontexten entstammen, müssen
Bildungsgehalte auch in stets neuen Zugriffen und neuen Selbstverständigungs-
prozessen aktualisiert werden: Genau dazu fordert Bildung auf.«[25]Den Akt des Bildungsprozesses versteht Steenblock in sokratischer Tradition als »Arbeit am Logos«.

Im Einklang mit Steenblocks Philosophieverständnis als Selbstverständigungs-
prozess steht Ekkehard Martens These von der Philosophie als elementarer Kulturtechnik humaner Lebensgestaltung.[26] Philosophie bzw. Philosophieren ist eine
*Kultur*technik, da sie ein Merkmal menschlicher Kultur im Allgemeinen und der
griechisch-europäischen Kultur im Besonderen ist.[27] Kultur*technik* ist Philosophie

---

22 Vgl. Tiedemann, a. a. O.. (Anm. 18), S. 78 ff.
23 Volker Steenblock, »Philosophische Bildung als ›Arbeit am Logos‹«, in: Johannes Rohbeck (Hrsg.),
Methoden des Philosophierens, Jahrbuch für Didaktik der Philosophie und Ethik Bd. 1, Dresden 2000, S. 21.
24 Gernot Böhme, »Philosophie als Arbeit und Bildung«, in: Karl Reinhard Lohmann, Thomas Schmidt
(Hrsg.), *Akademische Philosophie zwischen Anspruch und Erwartung*, Frankfurt a. M. 1998, S. 105.
25 Steenblock, a. a. O. (Anm. 23), S. 21.
26 Volker Steenblock verweist ausdrücklich auf die Nähe der beiden Theorien. Vgl. ebd. S. 19, 24.
27 Vgl. Ekkehard Martens, *Methodik des Ethik- und Philosophieunterrichts. Philosophieren als elemen-*

als *Handwerkskunst oder Kunstfertigkeit,* sowie als *Materialkunde oder als Topik relevanter Gesichtspunkte und Deutungsmuster.*[28]

Gemeinsam bergreifen Martens und Steenblock Philosophie also vor allem als Akt intellektueller Orientierung. Für den Unterricht bedeutet dies einen Primat des geschulten und problemorientierten Selbstdenkens gegenüber einer Lehrsatz-Philosophie.

4.2 Konsequenzen der Problemorientierung für die methodischpraktische Ebene

Der Didaktiker hat allerdings nicht nur allgemeine Unterrichtsprinzipien zu legitimieren, er muss auch Methoden ihrer Realisierung explizieren. Wie die Frage die sprachliche Gestalt des Problems im Allgemeinen ist, so ist die Leitfrage die didaktische Gestalt des problemorientierten Unterrichts. Die Leitfrage ist nichts anders als die Ausformulierung des Problembezugs, die begriffliche Fixierung eines substanziellen Problems und des damit verbundenen Erkenntnisinteresses. Ist dies gelungen, folgt ein Unterrichtsgang der von verschiedenen Autoren mit unterschiedlichen Begriffen als »Problemschleife«[29], »Methodenschlange«[30] oder »Bonbon-Modell«[31] beschrieben wird. Die immanente Problemorientierung des Geschehens kann indes als fachdidaktischer Konsens angesehen werden.

Nach der Fixierung des Problems folgt »eine *intuitive Problemlösungsphase* und anschließend die Konsultation von Experten, das heißt von philosophischen Texten, die eine begrifflich-diskursive Lösung des Problems anbieten. Diese Lösung wird *erschlossen* und das erworbene Textverständnis *gefestigt,* um anschließend in einem *Transfer* vertieft zu werden. Am Ende steht die kritische *Bewertung* des Lösungsangebotes, ggf. auch eine *eigene Positionierung* zu dem Problem, die nun nicht mehr intuitiv, sondern argumentierend unter Bezugnahme auf das erarbeitete Lösungsangebot erfolgt.«[32] Während der Unterrichtseinheit ist die Leitfrage der rote Faden, der Rettungsanker oder der archimedische Punkt des problemorientierten Bildungsgeschehens. Damit ist sie auch die Bedingung der Möglich-

---

tare Kulturtechnik, Hannover 2003, S. 30 f.

28 Ebd.

29 Vgl. Ekkehard Martens, »Didaktik der Philosophie«, in: Ders., Herbert Schnädelbach (Hrsg.), *Philosophie. Ein Grundkurs,* Bd. 2, Reinbek bei Hamburg 1991, S. 772 ff.; vgl. auch Volker Steenblock, *Philosophische Bildung. Einführung in die Philosophiedidaktik und Handbuch: Praktische Philosophie,* Berlin 2007, S. 136 ff.

30 Ekkehard Martens, *Methodik des Ethik- und Philosophieunterrichts. Philosophieren als elementare Kulturtechnik,* Hannover 2003, S. 57.

31 Vgl. Rolf Sistermann, »Konsumismus oder soziale Gerechtigkeit?«, in: ZDPE 1, 2005, S. 16–27, hier: S. 26; Ders., »Unterrichten nach dem Bonbon-Modell«, in: ZDPE 4, 2008, S. 299–305.

32 Roland W. Henke, »Ende der Kunst oder Ende der Philosophie? Ein Beitrag zur Diskussion um den Stellenwert präsentativer Materialien im Philosophie- und Ethikunterricht«, in: ZDPE 1, 2012.

I. Finden und/oder Eröffnen von Problemräumen

II. Artikulation von Erkenntnisinteresse, Problembewusstsein und vorläufigen Urteilen

II. Gemeinsame Problemorientierung

Leitfrage(n)

Kaffeefiltermodell

keit dafür, dass Klassen zu einer Forschungsgemeinschaft, einer community of inquiry[33] werden.

Leider fallen Leitfragen aber nicht vom Himmel. Ebenso wenig können sie autoritär gesetzt werden ohne die oben genannten Vorteile ad absurdum zu führen. Im Folgenden sollen daher drei Unterrichtseinstiege demonstriert werden, deren Problemorientierung in der Formulierung von Leitfragen mündet. Hierbei werden offene Unterrichtseinstiege, Einstiege mit thematischer Steuerung und Einstige mit materieller Vorgabe unterschieden. Allgemein folgt jeder problemorientierte Unterrichtseinstieg einer Art Kaffeefiltermodell.

Bevor also die Leitfrage wie Kaffeecreme aus dem Filter tropft, müssen zuerst drei Phasen durchlaufen werden. In der ersten Phase wird ein Problemraum eröffnet oder entdeckt. Der notwendige Impuls muss bei weitem nicht immer von der Lehrperson erfolgen. Sodann werden in der zweiten Phase Problemdeutungen, Erkenntnisinteresse und vorläufige Urteile formuliert. Schließlich erfolgt in der dritten Phase jene Begriffs- und Formulierungsarbeit, in der die gemeinsame Problemorientierung in Form einer oder mehrerer Leitfragen fixiert wird. Der offene Unterrichtseinstieg ist das idealtypische Modell der Problemorientierung.

---

33 Matthew Lipman, *Thinking in Education*, 2. Auflage, Cambridge 2003, S. 22.

- In Phase eins werden den Schülerinnen und Schülern nahezu unbegrenzte Auswahlmöglichkeiten zur Verfügung gestellt. Typische Aufgaben in derartigen Phasen lauten:
  Bringt Zeitungsauschnitte, Romanpassagen, Liedertexte, Bilder, Briefe, Zitate usw. mit, von denen ihr glaubt, dass sie ein philosophisches Problem zum Ausdruck bringen.
- In Phase zwei wird nun eine Auswahl getroffen.
  Entscheidet euch für eine der Anregungen. Formuliert, welches philosophische Problem eurer Meinung nach darin zur Sprache kommt. Formuliert, wie ihr derzeit das Problem oder die Frage bewertet. Versucht euer Erkenntnisinteresse in einer eigenen Frage zu formulieren.
- In der dritten Phase kommt es vor allem darauf an, die Quantität der Themen zu reduzieren und das Erkenntnisinteresse zu bündeln. Mögliche Arbeitsschritte könnten sein:
  Stellt euch gegenseitig eure Fragen und euer Erkenntnisinteresse vor. Wer von der Frage eines anderen fasziniert ist, darf sich dessen Vorschlag anschließen. Bei ähnlichen Fragestellungen solltet ihr versuchen, eine Formulierung zu finden, mit der sich alle Beteiligten identifizieren können.
  In der Regel führt dieses Verfahren zu einer deutlichen Reduzierung, nicht aber zu einer eindeutigen Entscheidung der gesamten Lerngruppe. In diesem Fall bietet es sich an, eine Art Wahlkampf durchzuführen.
  Die Vertreter der verbliebenen Fragestellungen haben nun zehn Minuten Zeit. In dieser Zeit könnt ihr einen Wahlkampfauftritt vorbereiten. Die Sprechzeit für jede Gruppe beträgt maximal fünf Minuten. Der Auftritt sollte dafür genutzt werden, das vorgeschlagene Problem möglichst scharf zu formulieren und das Interesse möglichst vieler Klassenmitglieder zu wecken.
  Am Ende des Wahlkampfes erfolgt eine schlichte Abstimmung. Die »unterlegenen« Themenvorschläge sind nicht etwa verloren, sondern kommen in den Themenspeicher und können nach Beendung der beschlossenen Unterrichtseinheit erneut vorgeschlagen werden.

Der Vorteil dieser Themenfindung besteht zum einen in seiner zeitlichen Gestalt. In der Regel können alle drei Phasen inklusive des Beschlusses der Leitfrage innerhalb einer Doppelstunde realisiert werden. Wesentlich entscheidender ist jedoch, dass das Verfahren selbst immanent philosophisch ist. Die Schülerinnen und Schüler arbeiten an Begriffen und Formulierungen, sie artikulieren erste Deutungen und Vorurteile, sie üben sich in Rede, Gegenrede und Argument. Kurz: Sie philosophieren gemeinsam über die Qualität ihrer Problemorientierung.

Wie wünschenswert und überzeugend offene Unterrichtseinstiege sind, so selten sind sie auch. Die allermeisten deutschsprachigen Rahmen- und Lehrpläne haben längst auf einen festen Textkanon verzichtet. Gleichwohl werden verbindliche Themenfelder formuliert, die im Laufe eines Bildungsganges zu bearbeiten sind. Diese Vorgaben erscheinen sinnvoll um eine Reduzierung der fachlichen Bandbreite zu verhindern.

Auch müssen Mitbestimmung der Schülerinnen und Schüler sowie die gemeinsame Formulierung von Leitfragen nicht aufgegeben werden. Das Verfahren bleibt identisch, allein die Breite des Angebotes wird von vorn herein reduziert. Eine entsprechende Aufgabenstellung könnte lauten:

> *Bringt Zeitungsauschnitte, Romanpassagen, Liedertexte, Bilder, Briefe, Zitate usw. mit, von denen ihr glaubt, dass sie ein erkenntnistheoretisches (oder eben ethisches, anthropologisches oder metaphysisches) Problem zum Ausdruck bringen.*

Auch können Schülerinnen und Schüler durch gezielte Impulse wie Gedankenexperimente, Zitate, Bilder usw. auf entsprechende Felder »gelockt« werden. Wichtig ist nur, dass Transparenz herrscht. Die Lehrerin oder der Lehrer sollten also offenlegen, welches Themenfeld sie durch ihren Impuls eröffnen wollen. Innerhalb des vorgegebenen Themenbereiches kann die Entwicklung der Leitfragen erneut nach dem Kaffeefiltermodell erfolgen.

Bei Unterrichtseinheiten mit materiellen Vorgaben ist Problemorientierung bei weitem am schwierigsten zu realisieren. Gleichwohl sind diese nicht immer zu vermeiden. Beispielsweise könnten zentrale Prüfungsanforderungen die Kenntnis spezieller Texte erzwingen. Sodann sind Kanonvorgaben längst nicht aus allen Rahmenplänen der Länder oder den schuleigenen Curricula verschwunden. Insbesondere Platons Höhlengleichnis und Kants Schrift »Was ist Aufklärung?« halten sich hartnäckig. Auch aktuelle Vorgaben können einen speziellen Gegenstand erzwingen. In Deutschland gibt es zahlreiche Albert-Schweizer-Schulen. Es wäre interessant zu wissen, wie viele Lehrerinnen und Lehrer aufgrund des schuleigenen Curriculums oder aktueller Projektwochen dazu verpflichtet werden, Schweizers Popularphilosophie zu thematisieren.

Gleichwohl kann auch unter derart engen Vorgaben ein Teil der Problemorientierung gerettet werden. Als Beispiel kann hier Platons Höhlengleichnis dienen, das wie erwähnt zu den Klassikern der curricularen Vorgaben zählt. Es ist nun möglich, den Text abzuarbeiten und dann etwa zum Linien- oder Sonnengleichnis fortzuschreiten. Das Gleichnis kann aber auch als Impuls zur Problemorientierung verwendet werden. Folgende Schritte wären möglich:

Zunächst wird das Höhlengleichnis bis zum Ausstieg aus der Höhle inszeniert. Zwei bis drei Schüler werden als Gefangene an die Wand gesetzt, der Overheadprojektor kann als Feuer dienen und der Schattenwurf lässt sich beispielsweise mit Hilfe von Playmobil-Figuren erzeugen. Die Frage »*Sollte man die Gefangenen befreien?«* berührt die normative Ebene des Höhlengleichnisses und lädt zu Kontroversen ein.

Die erkenntnistheoretische Ebene lässt sich unter anderem durch ein Experiment bedienen. Die Klasse wird in drei Gruppen aufgeteilt, von der jede die Verantwortung für einen ehemaligen Gefangenen übernimmt. Die Aufgabe lautet: »*Versucht dem Befreiten zu beweisen, dass unsere Welt wirklicher ist als die Schattenwelt.*« Diese Aufgabe hat es in sich, wenn man bedenkt, dass komplexer nicht wirklicher bedeutet. Oberstufenkurse können sich hiermit sehr schwer tun, während Viertklässler in der Regel schnell eine Lösung finden. Sie schlagen vor, die Figur in der Dunkelheit zu betasten oder von allen Seiten anzustrahlen, so dass kein Schatten, wohl aber die Figur wahrgenommen wird. Wenn die Figur ohne den Schatten, der Schatten aber nicht ohne Figur sein kann, so die Argumentation, darf die Figur einen höheren Grad an Wirklichkeit für sich beanspruchen. Von diesem Abbildverhältnis lässt sich die gesamte platonische Ideenlehre erschießen. Auf diesem Wege fortzufahren, würde bedeuten, das Interesse der Schülerinnen und Schuler mit hoher Wahrscheinlichkeit geweckt zu haben.

Problemorientiertes Erarbeiten von Leitfragen hat indes nicht stattgefunden. Dies ist aber immer noch möglich. Eine entsprechende Aufgabe oder Hausaufgabe könnte lauten:

Glaukon: »Ein seltsames Bild beschreibst du da, Sokrates, und seltsame Gefangene.«
Sokrates: »Sie sind uns ganz ähnlich.«
Stimmt Ihr Sokrates zu?
Versucht Eure Überlegungen und Gedanken zum Höhlengleichnis in einer oder mehreren Fragen zu formulieren.

Anschließend kann der Kaffeefilter wieder zum Einsatz kommen.

4.3 Die Konsequenzen der Problemorientierung für die empirisch-kritische Ebene

Selbstverständlich können die Auswirkungen der Problemorientierung auf den Philosophie- und Ethikunterricht auch empirisch untersucht werden.

Beispielsweise ließe sich die Prognose untersuchen, dass problemorientierter Unterricht statistisch mehr Schülerinnen und Schüler zum kritischen Denken befähigt als eine kanonorientierte Beschulung. Quantitativ ließe sich die schlichte Anzahl von leitfragengeleiteten Unterrichtseinheiten erfassen. Qualitativ wäre zu untersuchen ob und in welchem Grad Schülerinnen und Schüler den behandelten Stoff in Verbindung mit ihren Leitfragen zu bringen vermögen.

Zusammenfassend möchte ich auf ein interessantes Phänomen aufmerksam machen. Wenn man Kinder fragt, was diese in der Schule gemacht haben, so erhält man in der Regel eine klare Antwort. Wenn Sie aber fragen, warum dieses oder jenes erarbeitet oder behandelt wurde, so herrscht nicht selten Ratlosigkeit. Wenn Sie aber auch auf die zweite Frage auch eine substanzielle Antwort erhalten, so ist die Wahrscheinlichkeit hoch, dass die Kinder einen problemorientierten und damit guten Ethik- oder Philosophieunterricht erhalten.

Christa Runtenberg

Philosophie- und Ethikunterricht für Kinder und Jugendliche – »integrativ«!

Fachdidaktische Anknüpfungspunkte einer *angewandten Philosophie*

Im vorliegenden Text wird dafür argumentiert, die Implementierung eines Wahl- oder Pflichtfaches Philosophie bzw. Ethik in allen Schulen in allen Bundesländern in Deutschland voran zu treiben. Es wird aufgezeigt, dass die Bezugswissenschaft Philosophie inhaltlich und methodisch besondere Anknüpfungspunkte für die Ausgestaltung eines *integrativen* Unterrichtsfachs Philosophie bzw. Ethik bietet. Besonders der Blick auf das Selbstverständnis der *Angewandten Philosophie* zeigt, dass das Philosophieren als elementare Haltung und Tätigkeit des Nachdenkens und Urteilens zur philosophischen Bildung von Kindern und Jugendlichen in einem integrativen Unterricht schon ab der Grundschule ermöglicht werden kann.

1. Implementierung eines Schulfaches Philosophie bzw. Ethik ab Klasse 1

Die *Deutsche Gesellschaft für Philosophie*, das *Forum Fachdidaktik der Philosophie und Ethik* und die Fachverbände des Philosophie- und Ethikunterrichts in Deutschland engagieren sich gegenwärtig dafür, die immer noch vorliegenden Einschränkungen zur Weiterentwicklung des Philosophie- und Ethikunterrichts aufzuheben und in allen Bundesländern ein echtes Wahlfach ab der 1. Klasse einzuführen. Denn für Kinder und Jugendliche ist, so der einhellige Konsens, ethische und philosophische Bildung unverzichtbar, damit sie sich in der pluralistischen, demokratischen Gesellschaft durch ihr eigenes Denken orientieren und ihr Leben selbstbestimmt gestalten können. Die Fächer Philosophie und Ethik tragen zur Förderung von Wahrnehmungs-, Deutungs- und Argumentationskompetenz bei; als wichtigste Bildungsintention formulieren sie die Förderung kritischer Reflexions- und Urteilskompetenz. Deshalb sollten die Fächer als Wahl- oder Pflichtfach gleichberechtigt an allen Schulen, schon ab der Grundschule, eingerichtet und auch dann angeboten werden, wenn kein Religionsunterricht stattfindet.

Für sinnvoll erachtet wird von Vielen die Orientierung des Philosophie- bzw. Ethikunterrichts an der Philosophie als *eine* der wichtigen Bezugswissenschaften. Dabei soll sich die Orientierung nicht nur auf die philosophische Ethik beziehen, sondern auf die *Philosophie insgesamt.* Diese Orientierung an der Bezugswissenschaft Philosophie ist bereits, auf unterschiedliche Weise, zum Beispiel in den Rahmenplänen der Fächer in Mecklenburg-Vorpommern[1], Berlin[2] oder Nordrhein-Westfalen[3] umgesetzt. Formuliertes Bildungsziel in den genannten Rahmenplänen ist die an Kants Begriff des Philosophierens und seiner Forderung nach Mündigkeit und Autonomie angelehnte Förderung des selbstständigen Denkens und Urteilens. Philosophieren, das altersgerecht lernorganisatorisch umgesetzt wird, ist zu verstehen als Haltung und Tätigkeit des Nachdenkens, des kritischen Denkens und Urteilens.[4] Wie eine solche Orientierung genauer aussehen kann, ob sie sich vor allem auf den Problembezug der Philosophie bezieht, ob sie eher methodisch oder auch inhaltlich umzusetzen ist, wird innerhalb der Fachdidaktik Philosophie und Ethik diskutiert. In Frage steht, wie der Schulunterricht Perspektiven der Bezugsdisziplin Philosophie angemessen integrieren kann.

2. »Integrativer« Philosophie- und Ethikunterricht – die Idee der »didaktischen Transformation«

Prominent und vielfältig umgesetzt ist das Konzept des Philosophierens als elementare Kulturtechnik mit dem »integrativen Methodenparadigma«, das Ekkehard

---

1 Ministerium für Bildung, Wissenschaft und Kultur (Hrsg.), *Rahmenplan.* »*Philosophieren mit Kindern*«. *Regionale Schule. Verbundene Haupt- und Realschule. Hauptschule. Realschule. Gymnasium Integrierte Gesamtschule. Jahrgangsstufen 5/6,* Schwerin 2001. Ministerium für Bildung, Wissenschaft und Kultur (Hrsg.), *Rahmenplan.* »*Philosophieren mit Kindern*«. *Regionale Schule. Verbundene Haupt- und Realschule. Hauptschule. Realschule. Gymnasium Integrierte Gesamtschule. Jahrgangsstufen 7–10,* Schwerin 2002. Siehe hierzu auch: Christa Runtenberg, »Philosophieren mit Kindern – das Fach in MV«, in: Marie-Luise Raters (Hrsg.), *Werte in Religion und Ethik. Modelle des interdisziplinären Werteunterrichts in Deutschland und der Schweiz,* Dresden 2011, S. 79–88.
2 Senatsverwaltung für Bildung, Jugend und Sport Berlin (Hrsg.), *Rahmenlehrplan für die Sekundarstufe I. Jahrgangsstufe 7–10. Schule mit sonderpädagogischem Förderschwerpunkt. Hauptschule. Realschule. Gesamtschule Gymnasium,* Berlin 2006.
3 Ministerium für Schule und Weiterbildung des Landes Nordrhein-Westfalen (Hrsg.), *Kernlehrplan Sekundarstufe I in Nordrhein-Westfalen. Praktische Philosophie (KLP-PP),* Düsseldorf 2008. Siehe hierzu auch: Melanie Horn, Christa Runtenberg, »Praktische Philosophie in Nordrhein-Westfalen«, in: Marie-Luise Raters (Hrsg.), a. a. O. (Anm. 1), S. 69–78.
4 Siehe hierzu auch Immanuel Kant, »Nachricht von der Einrichtung seiner Vorlesungen in dem Winterhalbenjahre 1765–66«, in: Ders., *Ausgewählte Schriften zur Pädagogik und ihrer Begründung. Ausgewählte Pädagogische Schriften,* Besorgt von Hans-Hermann Groothoff unter Mitwirkung von Edgar Reimers, Paderborn 1963, S. 67–74.

Martens begründet hat.[5] Gegen ein reduziertes Unterrichtsfach Ethik und für einen »*integrativen Philosophieunterricht*« argumentiert auch Johannes Rohbeck.[6] »Integrativ« bezieht sich in seinem didaktischen Modell auf eine »*angemessene Orientierung*« der Schulfächer an der Bezugswissenschaft Philosophie. Angemessen ist die Orientierung dann, wenn sie sich an den Ideen der europäischen Aufklärung einer Erziehung zur Mündigkeit, an *Problemen und Fragen* der Ethik und angewandten Ethik sowie an der Philosophie insgesamt ausrichtet.[7] Ein Fach, das Kritikfähigkeit und eigene Orientierung ermöglichen will, muss, so Rohbeck, die Reflexion wirtschaftlicher, sozialer und kultureller Gegebenheiten und ihrer wissenschaftlichen Verarbeitung aufnehmen. Hier kann die Philosophie insgesamt als Bezugswissenschaft mit ihrer Tradition, ihren verschiedenen Disziplinen und ihren Methoden den notwendigen Standard der Problematisierung und Begründung gewährleisten. Zum »*Philosophischen Orientierungswissen*« gehören »Weltbilder, Zielvorstellungen, Vorstellungen über übergreifende Zusammenhänge, also Grundorientierungen, die ebenso eine politische, anthropologische, historische, erkenntnistheoretische, naturphilosophische und metaphysische Dimension haben«[8].

Dieses philosophische Orientierungswissen muss fruchtbar gemacht werden für die Lernprozesse in den Schulfächern. Dazu muss die Schüler- und Problemorientierung des Unterrichts angemessen verbunden werden mit der *altersgerechten didaktischen Transformation* philosophischer Themen, Fragestellungen, Methoden und Deutungsangebote.[9] Didaktische Transformation bezieht sich auf Inhalte, Methoden, Medien, Fragestellungen der Philosophie, die auf den Unterricht »übertragen« werden. Diese Transformation ist weder als deduktives Verfahren zu verstehen, bei dem die Philosophie als akademisches Fach im Unterricht bloß abgebildet wird, noch ist es als induktives Verfahren auf zu fassen, bei dem sich die Unterrichtsbezüge aus der Unterrichtspraxis ergeben. Vielmehr werden im Rahmen einer »Strategie des didaktischen Diskurses« auf »abduktive« und pragmatische Weise Auswahl und Modifikation des Übertragenen bestimmt. Unter Abduktion versteht Rohbeck – in Anlehnung an den amerikanischen Pragmatisten Charles Sanders Peirce und die neuere Diskurstheorie – das »geregelte Verfahren der Anwendung eines allgemeinen Prinzips auf eine konkrete Situation. Dabei wird das Prinzip der Situation angepasst, wie es sich zugleich rückwirkend im Prozess dieser Anpassung verändert.«[10] Das Übertragene gewinnt seine Bedeutung erst in dem Prozess wechselseitiger Kontextualisierung, im Verfahren der Übertragung in

5 Ekkehard Martens, *Methodik des Ethik- und Philosophieunterrichts. Philosophieren als elementare-Kulturtechnik*, 3. Aufl., Hannover 2007.
6 Johannes Rohbeck, *Didaktik der Philosophie und Ethik*, Dresden 2008.
7 Ebd., S. 16; S. 23–40.
8 Ebd., S. 39.
9 Ebd., S. 12 ff.
10 Ebd., S. 14.

einen spezifischen unterrichtspraktischen Kontext. Aus didaktischer Perspektive wird die akademische Philosophie nach unterrichtspraktischen Potentialen durchforstet; wie das Gefundene eingesetzt werden kann, wird vom unterrichtspraktischen Kontext bestimmt und entsprechend modifiziert. Rohbeck veranschaulicht das Modell mit dem Bild philosophischer Karten: diese philosophischen Karten, auf denen Inhalte, Medien, Methoden der Philosophie zu finden sind, werden, je nach Kontext, in dem sie innerhalb bestimmter Diskurse stehen, immer wieder neu gemischt und ausgespielt.[11]

Diese Methode erinnert an das kohärentistische Vorgehen der Angewandten Ethik, die moralische Prinzipien und Begründungsansätze auf praktische Anwendungsfragen bezieht. Kohärentistische Begründungsmodelle gehen einen Mittelweg zwischen deduktivistischen und kontextualistischen Modellen und favorisieren ein »Hin« und »Her« zwischen der Ebene der Theorie bzw. eines übergeordneten Prinzips und der Anwendungssituation. Im kohärentistischen Beurteilungsverfahren wird die Geltung einer Aussage aus ihrer systematischen Stellung in einem Überzeugungssystem mit verschiedenen Begründungsebenen, durch ein Netz von Perspektiven, hergeleitet. Bezugspunkt dafür ist der Gedanke des Überlegungsgleichgewichts von John Rawls: Überzeugungen werden durch eine wechselseitige, dynamische Überprüfung und kontextorientierte Abwägung gerechtfertigt.[12]

Ein solches Vorgehen im didaktischen Kontext zu nutzen, um relevante Kategorien für die Vermittlung von Philosophie an verschiedenen Lernorten zu gewinnen, ist sehr instruktiv. Das von Rohbeck begründete Konzept des integrativen Philosophie- und Ethikunterrichts und sein Verfahren der didaktischen Transformation implizieren wesentliche Aspekte, die auch dem Selbstverständnis aktueller Angewandter Philosophie entsprechen: die Problemorientierung, die Förderung kritischen Orientierungswissens im Sinne eigenständiger Reflexions- und Urteilsfähigkeit und das kohärentistische Verfahren der Umsetzung. Deshalb ermöglicht der Blick auf das Selbstverständnis der Angewandten Philosophie[13] die Frage nach der angemessenen Verbindung von wissenschaftlicher Philosophie und Philosophie- und Ethikunterricht neu aufzugreifen und die Implementierung eines Schulfachs ab Klasse 1 argumentativ zu untermauern.

---

11 Ebd., S. 13.
12 Siehe hierzu Johann S. Ach, Ludwig Siep, »Ethik – Zur Einführung«, in: Johann S. Ach, Kurt Bayertz, Ludwig Siep (Hrsg.), *Grundkurs Ethik. Grundlagen*, Paderborn 2008, S. 9–30, hier: S. 17 ff. Siehe auch Kurt Bayertz, »Was ist angewandte Ethik?«, in: Ebd., S. 165–179, hier: S. 174 ff.
13 Auf Anknüpfungspunkte Angewandter Philosophie für die Fachdidaktik hatte E. Martens 1988 hingewiesen. Siehe hierzu: Ekkehard Martens, »Rehabilitierung der Angewandten Philosophie. Zum Beispiel Computer-Ethik«, in: ZDP 1988, S. 204–210.

3. Das Selbstverständnis Angewandter Philosophie

Die Angewandte Philosophie, besonders die Angewandte Ethik, ist kein neuer Teilbereich der Philosophie. Angewandte Philosophie, auch Angewandte Theoretische Philosophie, gewinnt aber gegenwärtig angesichts aktueller und drängender Probleme und Schlüsselthemen der modernen Gesellschaft neue Aktualität und kann als prosperierender Teilbereich der Philosophie charakterisiert werden. Die Angewandte Philosophie wird verstanden im Sinne einer Öffnung der rein wissenschaftlichen Beschäftigung mit philosophischen Themen hin zu Fragen der Orientierung der Wissenschaften und der Öffentlichkeit durch Philosophie; sie stellt sich der philosophischen Reflexion lebensweltlich relevanter Fragen. Angewandte Philosophie problematisiert Schlüsselthemen der modernen Gesellschaft wie Fragen zum Umgang mit der menschlichen Natur und seiner Um- und Mitwelt, mit modernen Technologien, zum Zugang zu Informationen und Bildungsgütern, zum Umgang mit Expertenwissen oder der Verteilung von Ressourcen.[14] Angewandte Philosophie bringt ihr inhaltliches und methodisches Know-how ein, um die Orientierungsfunktion kritischer Philosophie auszufüllen. Sie fördert kritisches Orientierungswissen, indem sie ihre analytischen Möglichkeiten und ihre Expertise in aufgeklärte öffentlichen Diskussionen einbringt. Es geht der *Angewandten Philosophie* weder um die Vermittlung oder Popularisierung philosophischer Lehren, noch um kurzatmige Stellungnahmen und Gutachten zu tagespolitischen Themen. Der Anspruch der Angewandten Philosophie ist es, philosophische Grundlagenreflexion mit der Analyse, Reflexion und Kommentierung aktueller, öffentlich relevanter Themen zu verbinden. Ihr Ziel ist es, komplexe Zusammenhänge deutlich zu machen, Lösungsvorschläge für konkrete Probleme abzuwägen oder auch vorzuschlagen und zu begründen[15], den epistemischen Status und die Verlässlichkeit von Expertenwissen zu prüfen und, ganz im Sinne kantischer Selbstaufklärung, die kritische Urteilsfähigkeit von philosophischen Laien zu fördern.[16]

Die Angewandte Philosophie enthält damit innovatives Potential; sie stößt auf Seiten der Öffentlichkeit auch auf großes Interesse und ist für die Philosophie von großer Relevanz. Sie ist andererseits auch innerhalb der Philosophie nicht unumstritten; ihr Profil ist noch unscharf, und besonders der Begriff der »Anwendung« wird unterschiedlich gefasst. Der Begriff der »Anwendung« ist ein »mehrstelliger Relationsbegriff: Jemand (A) wendet etwas (P) in einer bestimmten Situation (S)

---

14 Vgl. hierzu: Jörg Hardy, »Grundlagen und Ziele der Angewandten Philosophie«, in: Oliver Scholz, Jörg Hardy (Hrsg.), *Jahrbuch für Angewandte Philosophie* (im Erscheinen).
15 Siehe hierzu auch Kurt Bayertz, a. a. O. (Anm. 12), S. 173 f.
16 Hardy, a. a. O. (Anm. 14).

mit einem bestimmten Ziel (Z) auf etwas anderes (F) an«[17]. Was unter »Anwendung« genau zu verstehen ist und wie das Verfahren zwischen den verschiedenen Ebenen der Argumentation verlaufen sollte, ist zwischen denjenigen, die Angewandte Philosophie betreiben, durchaus umstritten. Gegenüber stehen sich das Kaskadenmodell, das Flickenteppichmodell und das interaktive Modell.[18] Grundsätzlich aber werden philosophische Prinzipien, Methoden, Theorien etc., die in der akademischen Grundlagenforschung oder in der Angewandten Philosophie entwickelt wurden, eingesetzt, um aktuelle Fragen zu reflektieren. Die theoretischen philosophischen Grundlagen verschiedener philosophischer Disziplinen mit hohem wissenschaftlichem Standard werden verbunden mit der Reflexion realer lebensweltlicher Probleme. Orientierungswissen wird generiert (z. B. Begriffsklärungen, Argumentationsstrategien, Argumenttypen, Kritikdimensionen, Güterabwägungsverfahren, Chancen- und Risikoanalysen) und offen gelegt; die Reflexionen werden der Öffentlichkeit zugänglich gemacht; und auf diese Weise wird die philosophische Reflexionskompetenz der philosophierenden Laien gefördert.

Wichtige Säulen der Angewandten Philosophie sind die u. a. die Angewandte Politische Philosophie, die Angewandte Rechtsphilosophie, die Angewandte Wissenschaftstheorie und Angewandte Erkenntnistheorie. Auch innerhalb der Theoretischen Philosophie, z. B. der Angewandten Erkenntnis- und Angewandten Wissenschaftstheorie, wird eine Öffnung von Grundsatzfragen zur Reflexion lebensweltlich relevanter Fragen für instruktiv gehalten.[19] Die Angewandte Erkenntnistheorie erprobt zum Beispiel die Resultate der Erkenntnistheorie anhand von lebensweltlichen Problemen der modernen Informationsgesellschaft. Reflektiert werden z. B. folgende Fragen: Was ist eigentlich ein Experte? Wie erkennt ein Laie, wer ein Experte, eine Autorität ist? Wie gehen wir mit Zeugnissen als Erkenntnisquellen und Medien als zeugnisgebende Instanzen um? Im Bereich der Angewandten Wissenschaftstheorie liegt ein Schwerpunkt auf der Frage nach der Deutungsmacht der Naturwissenschaften im Hinblick auf das menschliche Selbstverständnis. So werden z. B. nano- und biotechnologische Neuerungen und ihr Einfluss auf Deutungsmuster reflektiert. Eine andere Frage ist, was Wissenschaft von Pseudowissenschaft unterscheidet.

Die Angewandte Ethik ist eine weitere wichtige Säule der Angewandten Philosophie. Angewandte Ethik ist der Versuch, generelle moralische Prinzipien in einem speziellen Gegenstandsbereich anzuwenden. Es geht z. B. um die Reflexion von Fragestellungen und Argumentationsstrategien der Medizin-, Umwelt-, Technik-,

---

17 Johann S. Ach, »Bioethik als Angewandte Philosophie«, in: Christa Runtenberg, Johannes Rohbeck (Hrsg.), *Angewandte Philosophie*, Jahrbuch für Didaktik der Philosophie und Ethik Bd. 12, Dresden 2012.
18 Vgl. hierzu: Borchers, a. a. O. (Anm. 12). Diese Modelle entsprechen weitestgehend den Modellen in der Angewandten Ethik: dem Deduktivismus, dem Kontextualismus, dem Kohärentismus.
19 Siehe hierzu Hardy, a. a. O. (Anm. 14).

Tier- oder Forschungsethik, die jeweils auch einer angemessenen Methode bedürfen. Aktuelle Beispiele sind die Frage nach der ethischen Bewertung der Forschung mit humanen embryonalen Stammzellen, die Frage der ethischen Bewertung der Präimplantationsdiagnostik, der Rechtfertigung von Tierversuchen oder des ärztlich assistierten Suizids. Zentrale Argumente sind z. B. SKIP-Argumente, Dammbruchargumente, das Argument der Menschenwürde, der Autonomie und das Argument der Natürlichkeit.

Die philosophierenden Laien, denen das Orientierungswissen zur Verfügung gestellt wird und die dieses als Rüstzeug des eigenen Denkens nutzen, entwickeln Kompetenzen wie logisches Denken, rationales und konsistentes Argumentieren, begriffliche Differenzierung, Vertrautheit mit paradigmatischen philosophischen Konzeptionen, die Fähigkeit zur Identifizierung und Artikulation von Fragestellungen und Problemen, die Vertrautheit mit grundlegenden Sachverhalten; sie lernen den Wechsel der Perspektiven und die Wahrnehmung verschiedener Perspektivenwechsel sowie die advokatorische Wahrnehmung unzureichend repräsentierter Interessen und Standpunkte. Dieses Orientierungswissen der Angewandten Philosophie kann im Philosophie- und Ethikunterricht aller Altersstufen eingebracht werden.

4. Anknüpfungspunkte für den Philosophie- und Ethikunterricht

Zentrale Fragestellungen, paradigmatische Argumentationsstrategien und Methoden, das Orientierungswissen der Angewandten Philosophie können für das Philosophieren mit Kindern und Jugendlichen fruchtbar gemacht werden und grundlegende philosophische Kompetenzen fördern. Die Angewandte Philosophie stellt eine Fundgrube für die Gewinnung von Fragestellungen, Methoden, Kompetenz-Modellen oder Lernperspektiven des Philosophie- und Ethikunterrichts dar, die in einem integrativen Unterricht umgesetzt werden können. Das Modell der didaktischen Transformation ermöglicht die altersgerechte Umsetzung des Philosophierens in den verschiedenen Jahrgangsstufen. In Verbindung mit einem problemorientierten und gradualistischen Verständnis des Philosophierens als elementarer Tätigkeit und Haltung des Denkens und Urteilens lassen sich Anknüpfungspunkte für einen Schulunterricht generieren, der bereits ab der Grundschule implementiert werden kann. Denn grundsätzliche Fragen nach der Erkenntnis von Wirklichkeit, nach der Aussagekraft von Medien, nach dem Aussagewert von Zeugnissen, nach dem Umgang mit Tod und Sterben, nach dem Umgang mit Tieren und Pflanzen oder nach dem, was eigentlich Freundschaft und Liebe ist, beschäftigen auch junge Menschen. Der problemorientierte und reflexive Grundzug eines Schulfaches Philosophie oder Ethik, das an der Angewandten Philosophie als Bezugsdisziplin orientiert ist, ermöglicht es, an konkreten lebensweltlichen Erfahrungen der Schüler und Schülerinnen anzuknüpfen, diese mit vielfältigen Deutungsangeboten zu verknüpfen und mit philosophischen Methoden zu bearbeiten.[20]

Die Orientierung an philosophischen Fragestellungen und Deutungsangeboten, an philosophischen Grundkompetenzen sowie die kompetenzorientierte Arbeit mit Methoden und Medien entsprechen in besonderer Weise dem Bildungsziel, die Reflexions-, Argumentations- und Urteilsfähigkeit des einzelnen im Interesse autonomer Denk-Orientierung und Lebensgestaltung zu fördern. Ein so konzipiertes integratives Schulfach kann das philosophische Bildungsideal der Aufklärung fördern und altersspezifisch aktualisieren. Dies sollte so früh wie möglich und so breit wie möglich geschehen, denn eine solche philosophische Bildung fördert Kinder und Jugendliche darin, ihr jeweils eigenes Leben als ein reflektiertes und selbstbestimmtes Leben zu gestalten.

---

20 Eine Möglichkeit der Umsetzung findet man z. B. im Schulbuchkapitel: »Hände weg von der Natur – Wie sollten wir mit anderen Lebewesen umgehen?«, in: Rolf Sistermann (Hrsg.), *weiterdenken. Ethik/Praktische Philosophie. Band A, ab Jahrgangsstufe 5*, Braunschweig 2009, S. 112–137.

Franz Zeder

Skeptisches, narratives und literales Philosophieren im Philosophieunterricht

Das Vordringen der Neuen Medien auch in den Philosophieunterricht, der Primat handlungsorientierter Didaktiken in der Lehrerausbildung sowie die Einführung von kompetenzorientierten Bildungsstandards im Hinblick auf die sogenannte »Zentralmatura« lassen erwarten, dass sich der bislang dialogisch strukturierte Philosophieunterricht in einen antwortorientierten und e-learning-kompatiblen transformieren wird. Dies hätte nicht nur Vorteile. Zur Disposition stünde jene Offenheit des Philosophierens, die bisher den Philosophieunterricht als einen Ort des Lernens außerhalb geschlossener Wissenssysteme ausgezeichnet hat.

In der Philosophie ist Wissen etwas Relatives, daher die Permanenz der Skepsis aus dem Philosophieunterricht nicht wegzudenken. Hingegen eignet er sich nur bedingt für ganzheitlich-handlungsorientierte Unterrichtsformen, denn nicht »das Lernen mit allen Sinnen« ist die ihm gemäße Methode, sondern das Denken (die Skepsis der Philosophie), allenfalls auch das Lesen (die Literarität der Philosophie) und das Schreiben (Literalität der Philosophie). Aus diesem Grund plädiert das Referat für »das skeptische Philosophieren« mit dem Fokus auf der Problemorientierung, für ein »narratives Philosophieren« im Verbund mit der Literatur und für ein »literales Philosophieren« als schreibprozesshaftes Denken.[1]

1. Skeptisches Philosophieren

Der Philosophieunterricht ist nicht der Ort eines umfassenden philosophischen Wissens. Weder die systembildenden Philosophien eines Spinoza, Kant oder Hegel[2]

1 Das Referent schöpfte seine Erfahrungen aus einer vieljährigen Unterrichtstätigkeit im Fach »Psychologie und Philosophie«, sowohl in der Schule als auch in der Lehrerausbildung, und verdankt Anregungen und Erkenntnisse auch den nachfolgenden Institutionen bzw. Projekten: Philosophisches Institut der KFU Graz/Seminar: »Philosophie via Literatur«, Fachdidaktikzentrum der GEWI Graz, IMST-Projekt ID 243, Internationale Philosophieolympiade 2011.
2 Ekkehard Martens, *Methodik des Ethik- und Philosophieunterrichts. Philosophieren als elementare Kulturtechnik*, Hannover 2003, S. 21 f.

noch das moralphilosophische Puzzlespiel von John Rawls' Gerechtigkeitstheorie oder das fragende Suchen nach den letzten Gründen des Seins passen in den Organisationsrahmen des Zweistundenfachs.

Die Frage nach der Präferenz eines ästhetisch-fragmentarischem Philosophierens vor einem systematisch-szientistischen stellt sich auch innerhalb der akademischen Philosophie. In Fortsetzung der Habermas'schen Nietzsche-Kritik attackierte jüngst Axel Honneth den »philosophischen Essayisten« und »poetischen Philosophen« Peter Sloterdijk, und der Herausgeber der Berliner Zeitschrift Merkur provozierte mit der These, dass heute der essayistische Strang der philosophischen Tradition (Montaigne, Nietzsche) und sogar das intellektuelle Anregungspotential theoriegesättigter literarischer Texte der systematischen Philosophie (Descartes, Hegel) den Rang abgelaufen habe[3].

Didaktisch betrachtet wird Bescheidenheit zur Tugend, wenn sie einem verständnisorientierten Unterricht dient, von dem nicht zuletzt die Autonomie der Schüler profitiert. »Philosophieren lernen« heißt, so Kant, die Jugend »zur künftig reifern eigenen Einsicht auszubilden«, ohne dass man »sie mit einer dem Vorgeben nach schon fertigen Weltweisheit hintergeht, die ihnen zugute von anderen ausgedacht wäre«[4]. Die überhaupt schlechteste Lösung wäre die kleingehackte Enzyklopädie, die den Unterricht aus tabellarischen Übersichten bestreitet und zu einem historischen Kaleidoskop mit einigen wenigen philosophischen Brosamen umfunktioniert.

Daher zählt auch der »Mut zur Lücke« zu den didaktischen Tugenden.

Eine realistische Einschätzung der Ziele und Ausgangsbedingungen des Philosophieunterrichts macht toleranter, ebenso der dialogische Unterricht mit hoher interaktiver Praxisrelevanz. Der Lehrer gibt sich keiner Illusion hin, er weiß, dass der philosophische Novize über einen begrenzten Fragehorizont, über erkenntnishindernde Vorurteile oder über eine endenwollende Mitdenkbereitschaft verfügen kann. Auch die wissenschaftliche Erforschung des Unterrichts sollte dies wissen, zumal der Zweifel auch vor der Philosophiedidaktik nicht Halt macht. Er hinterfragt den oft vorschnellen Optimismus, der auf didaktischem Wege den Unterricht zu optimieren verspricht, und fordert auf, die eigenen Ausgangs- und Grundbedingungen zu hinterfragen[5].

Ein kompetenzmodellierter Unterricht rührt nicht an solche Aprioris der Philosophiedidaktik. Er intendiert Handlungsanweisungen für überprüfbare Kenntnisse

---

3 Karl Heinz Bohrer, »Welche Macht hat die Philosophie heute noch?«, in: *Merkur* 734, 2010; Volker Gerhardt, »Die Macht liegt in der Vielfalt«, in: *Merkur* 739, 2010, S. 1173–1184.
4 Immanuel Kant, *Die drei Kritiken in ihrem Zusammenhang mit dem Gesamtwerk*, zusammengestellt von Raymund Schmidt, Stuttgart 1975, S. 74.
5 Franz Zeder, *Skeptische Philosophiedidaktik. Über Begriffe, Probleme und Themen des Philosophieunterrichts*, Graz 2008 (Unpubl. Habilitationsschrift).

und Fertigkeiten, inklusive der Testkriterien für einen objektivierbaren Lernerfolg. Wer lange genug unterrichtet hat, erkennt darin die Wiederkehr des technokratischen Verständnisses von Unterricht, mit den lernzielorientierten Curricula, die heute als *learning for the test, multiple choice, e-learning* usw. eine Renaissance erfahren. Das funktioniert mittlerweile so geschmiert, dass darüber die Philosophie auf der Strecke bleibt. Es besteht eine Tendenz, sie durch Lebensdiätetik zu ersetzen, d. h. dadurch, dass man den Philosophieunterricht auf ein »apothekarisches Niveau« herunterfährt[6]. In den Lehrplänen finden sich dazu die entsprechenden Lehrzielvorgaben wie »Kommunikation«, »Medienkompetenz« und sogar »Gesundheit«, ohne sich viel Gedanken darüber zu machen, dass die Philosophie kein Lebensmittel ist. Sie ist nicht nur vermeidbar, denn niemand wird gezwungen, sich philosophische Gedanken zu machen, sie ist nach den Kriterien einer gelingenden Lebenspraxis manchmal sogar schädlich, weil sie Problemlösungen aufschiebt, hinauszögert oder verhindert. Was nicht heißt, dass man die philosophischen Probleme überhaupt loswerden könnte. Stets meldet sich der Zweifel zu Wort und treibt im leidenschaftlichen Bemühen um haltbare Antworten von einer Frage zur anderen.

Während daher eine handlungsorientierte Didaktik dem Philosophieunterricht einen normativen Handlungsbegriff mit klaren Zieldefinitionen implementiert, setzt sie sich über das Faktum hinweg, dass die Philosophie ein reflexives Denkangebot ist, das mit Begriffen und nicht mit Handlungskonzepten operiert[7]. Der Kognitionspsychologe Alexandr R. Lurja wies zu Recht darauf hin, dass, wer Begriffe zu Handlungskomplexen uminterpretiert und nicht zu logischen Begriffsschemata zusammenfasst, sich vom philosophischen Denken entfernt. Eine handlungsorientierte Herangehensweise würde zum Beispiel in der Wortliste Hacke-Säge-Baum-Rohrzange als übergeordnete Sinneinheit nicht den Begriff »Werkzeug« ermitteln, unter Ausschluss des Baumes, sondern »Holzfällen« unter Ausschluss der »Rohrzange«[8].

Wäre demnach eine Philosophie, die »handlungsorientiert« erlernt würde, eine Holzfällerphilosophie? Es gibt den begründeten Verdacht, dass Phantasiereisen, Theater spielen, meditative Kunstbetrachtung und im Internet Surfen für sich genommen philosophiefremde Tätigkeiten sind. Die Frage ist nunmehr, ob dies auch auf das Lesen von Romanen zutrifft.

6 Peter Sloterdijk, *Du musst dein Leben ändern. Über Anthropotechnik*, Frankfurt a.M. 2009, S. 17.
7 Marcel Remme, »Handlungsorientierte Didaktik – ein Modell für den Philosophie- und Ethikunterricht?«, in: ZDPE 3, 2008, S. 243–260.
8 Alexandr R. Lurija, *Die historische Bedingtheit individueller Erkenntnisprozesse*, Berlin 1986.

2.　Narratives Philosophieren

Ein Aphorismus aus den *kritischen Fragmenten* Friedrich Schlegels lautet:»In dem, was man Philosophie der Kunst nennt, fehlt gewöhnlich eins von beiden; entweder die Philosophie oder die Kunst.«[9]

Die Frage drängt sich auf und wurde auch schon mehrfach gestellt, ob dies ebenso für eine »literarische Philosophie« gilt. Wittgensteins Satz »Philosophie dürfte man eigentlich nur dichten« verneint sie[10], auch namhafte amerikanische PhilosophInnen, wie Rorty und Nussbaum, affirmieren die philosophische Funktion von Erzählungen[11]. Demnach kommen nicht nur symbolisch-diskursive Medien als Orte des Philosophierens in Frage, sondern auch symbolisch-präsentative[12]. Zahllose Beispiele, von den philosophischen Poemen der Vorsokratiker bis zu Jeffrey Eugenides' letztem, von Roland Barthes und Jacques Derrida mitdiktiertem Romanbestseller, legen davon Zeugnis ab.

Skeptischer beurteilt eine streng szientistische Auffassung von Philosophie das inklusive Verhältnis zwischen Philosophie und Literatur. Das Fiktive der Literatur sei keine Sache der philosophischen Wahrheit, so lautet ein häufiger Einwand, sondern der scheinhaften Kunst: *Fabula non est argumentum*. In diesem Sinn gelten als »periphilosophisch« nicht nur die popularisierenden Darstellungen der Philosophie im Gang einer netten Rahmenhandlung wie in *Sophies Welt*[13], auch das Pathetische und Hermetische im verstiegenen »Dechten« (Dichten und Denken) wird vielfach wegen der inkommensurablen und intersubjektiv schwer überprüfbaren Sprechweise als literarisches Sprachspiel gesehen und aus der Philosophie exkommuniziert. Unter dieses Verdikt fällt jegliche Himmelfahrt des Denkens, sei sie auch von höchstem Niveau wie die poetischen Wortgebärden der Heideggerschen Philosophie oder die Derridas`schen strukturalistischen Interpretationen.

Die Ungeklärtheit mag der Grund sein, warum die Philosophiedidaktik selbst den Begriff der »narrativen Identität« in den Mittelpunkt stellt. Personen sind, so die These im Anschluss an Wilhelm Gapp[14], das Produkt ihrer vielfältigen Lebens-

---

9 Friedrich Schlegel, *Werke in einem Band*, Wolfdietrich Rasch (Hrsg.), Wien, München 1971, S. 6.

10 Michael Collel, »Fachdidaktische Bedingungen, Potentiale und Grenzen fiktionaler Texte im kompetenzorientierten Philosophieunterricht«, in: ZDPE 2, 2009, S. 141–149, hier: S. 141.

11 Cora Diamond, »Martha Nussbaum and the need for novels«, in: Ludwig Nagl, Hugh J. Silverman (Hrsg.), *Textualität der Philosophie. Philosophie und Literatur*, Wien, München 1994, S. 67 ff.

12 Barbara Brüning, *Philosophieren in der Sekundarschule. Methoden und Medien des Philosophierens*, Weinheim 2003, S. 113 f.

13 Mathias Tichy, »Die Unvermeidbarkeit von Distanz. Zur Kritik einer Konvergenzillusion in der philosophischen Literatur für Jugendliche«, in: ZDPE 2, 2010, S. 114 ff.

14 Wilhelm Gapp, *In Geschichten verstrickt. Zum Sein von Mensch und Ding*, Hamburg 1953.

geschichten[15]. Die näherliegende Auslegung – die auch dem *crossing borders* näherliegende – wird aufgrund der angegebenen Schwierigkeiten, das Dichterische vom Denkerischen abzugrenzen, eher zaghaft angesprochen. Dabei läge sie auf der Hand, denn beim »Philosophieren mit Romanen« denkt man ja nicht sofort an das Aufspüren einer impliziten Ethik in literarischen Texten[16] als vielmehr an die literarische Erzählung als Resonanzraum für Philosophisches.

Es scheint evident, dass die Literatur per Anschaulichkeit und Plastizität didaktisch eingängigere Möglichkeiten der Philosophievermittlung anzubieten hat als die »reine« Philosophie. Ganz im Sinne des aufklärerischen *prodesse et delectare* würde die trockene Lakonie der philosophischen Sätze leichtfüßiger und dadurch propädeutischer. Um den Preis, dass zum Nachteil einer kohärenten Erzählstruktur der Gang der Handlung retardiert, wird den Lesern des Romans ein philosophischer Mehrwert zuteil. Das demokratische *how* to-Amerika hat das bereits in den fünfziger Jahren begriffen und einen Reader zusammengestellt »to introduce students to philosophy through the medium of selections of good literature«[17]. Nach Meinung der Verfasser ermögliche diese »gute Literatur« einen nichtakademischen Zugang zur Philosophie, die ihrer Natur nach ohnehin näher bei der Poesie sei als bei der Wissenschaft. Studierende könnten nunmehr das Hindernis der fachphilosophischen Terminologie (»regrettable language habits«) umgehen und vom Erfahrungsgewinn durch anschauliche Metaphern und Vergleiche profitieren. Mit diesem induktiven Zugang zur abstrahierenden Philosophie sei ein erster Anstoß getan »to go on to more detailed studies in philosophy«[18].

An introduction to philosophy through literature kümmert sich nur rudimentär um Probleme der Abgrenzung. Der Grad der philosophischen Sättigung der Texte wird nur ansatzweise differenziert, einige sind philosophische Abhandlungen oder auch Gedichte puren poetischen Zuschnitts. Die Philosophie kann aber in vielfältiger Weise in die Literatur einwandern. Sie kann ein essentieller oder ein peripherer Bestandteil sein, entweder explizit präsentiert oder auf eine subtile Weise in den Text verwoben. Da der Künstler nach Nietzsche »ein Genie der Mitteilung« ist, besteht Grund zur Hoffnung auf eine virtuos in Szene gesetzte Form der Philosophievermittlung. So hat man Thomas Manns *Doktor Faustus* (1947) den Titel »Nietzsche als Roman« gegeben[19], und ein rezentes Modell für eine solche

---

15 Regina Ammicht Quinn, »Wer bin ich?«, in: ZDPE 2, 2010, S. 126 ff; Hille Haker, »Narrative Ethik«, in: ZDPE 2, 2010, S. 74 ff.
16 Margarete Knoedler-Pasch, »Philosophieren mit Romanen: Erzählen als Abbitte«, in: ZDPE 2, 2010, S. 83 ff.
17 Robert C. Baldwin, James A. S. McPeek, *An introduction to philosophy through literature*, New York 1950, S. V.
18 Ebd., S. 7.
19 Liisa Saariluoma, *Nietzsche als Roman. Über die Sinnkonstituierung in Thomas Manns »Doktor Faustus«*, Tübingen 1996.

indirekte Vermittlung eines kanonisierten philosophischen Wissens *via* Literatur
entpuppte sich sogar als Bestseller. Umberto Ecos *Der Name der Rose* (1982) bot
neben einer spannenden Handlung den Lesern eine Einführung in subtile Fragestellungen der scholastischen Sprachphilosophie.

Doch ist das Lesen von Texten nicht der einzige Weg zur Philosophie, und vielleicht
nicht einmal die *via regia*. Philosophie kann nämlich auch selber geschrieben werden.

3. Literales Philosophieren

Das »literale« (nicht: literarische) Philosophieren bezeichnet die Verschriftlichung phi-
losophischer Gedanken und Argumente[20]. Die didaktisch interessanteste Form dieses
Philosophierens ist derzeit das Verfassen eines philosophischen Essays. Von anderen
Schreibformen, vor allem interaktiven wie Mails, Foren udgl., wird hier abgesehen.

Mit dem literalen Philosophieren findet die Basiskompetenz Schreiben Eingang
auch in den Philosophieunterricht und trägt der Forderung Martin Seels Rechnung,
wonach »Philosophie geschrieben werden muss«[21]. Der philosophische Essay
erfüllt darüber hinaus eine poietische Unterrichtskomponente, die von der hand-
lungsorientierten Didaktik zur Bedingung eines für die Schüler befriedigenden
Unterrichts gemacht wird, nämlich die Herstellung eines herzeigbaren Produkts.

Für einen schriftgestützten Philosophieunterricht lassen sich auch sonst starke
Gründe angeben. Zusammengefasst in drei Hauptargumente sind dies

3.1 Das denkökonomische Argument:

Plauderndes Philosophieren verliert sich im zerstreuten und weglosen Denken,
da das vielstimmige Gespräch zwar einen perspektivischen Reichtum birgt, aber
auch sehr schnell den Gedankenfluss chaotisiert. Demgegenüber strukturiert und
konserviert ihn das Schreiben. Dieses bietet sowohl im Prozess als auch im Produkt entscheidende Vorteile gegenüber der verklingenden Rede: Prozessorientiert
aufgrund der Strukturierung, produktorientiert aufgrund eines jederzeit aktuali-
sierbaren Denkergebnisses.

---

20 Johannes Rohbeck, »Literarische Formen des Philosophierens im Unterricht«, in: ZDPE 2, 2004,
S. 90–101, hier: S. 90 ff.
21 Martin Seel, *Theorien*, Frankfurt a.M. 2009.

3.2 Das philosophieinterne Argument:

Die zentralen Philosophie-Kompetenzen Bewusstheit und Abstraktheit sind kognitiv-analytische Fähigkeiten, die besser im Schreiben als im Sprechen realisiert werden können. »Das Denken in fixierten Gestalten, in Identitäten, in allgemeinen Ordnungen und Beziehungen wird erheblich erleichtert durch Literalität«, sagt der Innsbrucker Medienphilosoph Reinhard Margreiter im Anschluss an Eric A. Havelock. »Sie fördert die Ausbildung und den Gebrauch von *Allgemeinbegriffen* und deren systematischer Verknüpfung auf der Ebene von *Theorien*.«[22]

Demnach wäre aber das Philosophieren überhaupt eine schreibaffine Disziplin des menschlichen Geistes, und Platons Einwände im *Phaidros* (274 b – 277 a) verkämen zu einer Fußnote der europäischen Philosophiegeschichte.

3.3 Das pädagogische Argument:

Schreiben gibt redeunsicheren Schülern eine Gelegenheit, sich in einer größtmöglichen Ausführlichkeit auszudrücken. Endlich bekommen auch diejenigen eine Chance zur Artikulation, die sonst im wirren Durcheinander der gesprochenen Rede sich ins Schweigen zurückziehen. Diese mögen ab und an sogar zu jenen denkstarken Schülern zählen, die sonst im sophistischen Machtspiel der rhetorischen Überlistung vor den Robusten und Durchsetzungsfähigen das Feld räumen. In diesem *survival of the loudest*-Szenario ist, wer schweigt, zwar nicht verdächtig, aber nur, sofern er bereit ist zu schreiben. Das Verdachtsmoment bekommt Gewicht, wenn zuletzt auch auf dem Papier kein erwägenswerter Gedanke steht.

Das Verfassen eines philosophischen Essays geschieht als Behaupten, Meinen, Begründen, Fragen, Zweifeln, Vorstellen entlang der elementaren Erkenntnisformen Begriff, Urteil, Schluss. Hinzu kommt der sprachliche Faktor. Wobei nicht die Bombastik geschraubter philosophischer Formulierungen das Ziel sein kann, sondern konzise Gedanken, die nach dem Prinzip der Klarheit vor allem eine konsistente Begrifflichkeit aufweisen, die unter Umständen durch einleitende Definitionen sicherzustellen ist.

Aber nicht nur die Schüler sind beim Essayschreiben gefordert. Schreiben und Zurückschreiben sind komplementäre Bestandteile eines auf gedanklichen Austausch angelegten Schreibprozesses. Während die Schüler die Produzenten philosophischer Gedanken sind, übernehmen die Lehrer die Rolle des verstehenden und kommentierenden Begutachters[23]. Beides ist alles andere als leicht. Unter

---

22 Reinhard Margreiter, *Medienphilosophie. Eine Einführung*, Berlin 2007, S. 107.
23 Franz Zeder, »Was ist ein philosophischer Essay?«, in: M. Fürst, W. L. Gombocz, C. Hiebaum (Hrsg.), *Analysen, Argumente, Ansätze. Beiträge zum 8. Kongress der ÖGP in Graz*, Frankfurt, Lancaster 2008, S. 497–504.

Umständen haben sogar die Lehrer den größeren Unterweisungsbedarf, denn eine ausgefeilte Feedback-Kultur erfordert eine hohe Sprach- und Gedankensensibilität. Im Unterschied zu einem elektronischen Korrekturprogramm, das die Texte entindividualisiert, hat der Lehrer den gedanklichen Gestus und den stilistischen Duktus der Schülertexte mittels flexibler Kriterien zu ermitteln. (Hinsichtlich dieser Flexibilität lässt die standardisierte Zentralmatura nichts allzu Gutes erwarten.) Es kann notwendig werden, sich auf völlig falsche Überlegungen affirmativ einzulassen, da diese argumentativen Sackgassen doch immerhin das Produkt einer aufwändigen Gedankenarbeit sind und vielleicht einen produktiven Umweg bilden zu einer zuletzt trittfesten Argumentation.

Einen Rahmen für diese intellektuellen Schreibversuche bildet seit einigen Jahren der schulübergreifende Essaywettbewerb IPO (Internationale Philosophieolympiade). Den Teilnehmern werden vier philosophische Zitate angeboten, um über eines einen philosophischen Essay zu schreiben. Erwartet wird ein philosophischer Bezug in Form einer analytisch-argumentativen Begriffsarbeit. Wichtiger als eine gelehrte philosophische Referenz ist der Eindruck, der Text sei eine sprachlich und gedanklich gelungene Manifestation einer persönlichen Stellungnahme, die überzeugend begründet wird. Obwohl ein Minderheitenprogramm, das vor allem die Zielgruppe der Hochbegabten anspricht, imponiert das Ausmaß der Beteiligung und überzeugen intellektuelle Höhenflüge, zu denen die FinalistInnen bei dem in Klausur abgehaltenen Schlussbewerb imstande sind. Der elitäre Gestus kann aber auch aufgebrochen werden, indem im Vorfeld Lerngruppen kollektiv zum »literalen« Philosophieren stimuliert werden. Nach dem Verfassen der Essays, in Klausur oder als Hausübung, wird das von ihnen Geschriebene vom Lehrer kommentiert und in einem anschließenden Workshop ausführlich nachdiskutiert.

In das Essayschreiben ist somit, um zum Ausgangspunkt unserer Überlegungen zurückzukehren, nach der Phase der monologischen Gedankenarbeit auch das Dialogische eingeschlossen, und es stimuliert sowohl ästhetische als auch systematische Momente des Philosophierens. Denn der Text soll aus der Leidenschaft des Denkens heraus funktionieren, ohne jedoch die Grundregeln einer diskursiv und argumentativ kontrollierten Gedankenentwicklung außer Acht zu lassen. Als ein idealtypisches Modell für diese Literalität des Philosophierens, gleichzeitig als ein Beweis für seine Literarizität, können die Schriften Nietzsches dienen. Sie demonstrieren den Zusammenhang zwischen Stil und Gedanken, indem sie ein spielerisch-experimentelles Denken vorführen, eine überzeugende ästhetische Stimmigkeit aufweisen und über einen hohen Authentizitätsfaktor verfügen. Nietzsches Texte argumentieren nicht nur, sie sind auch voller Expression – voller Verdacht und Gewissheit, Beweis und Vermutung, Frage und Antwort.

Markus Bohlmann

Didaktik der philosophischen Gegenstände

Ein dritter Weg zwischen argumentativ-diskursiven und
präsentativen Formen im Unterricht

Markus Tiedemann hat in Ausgabe 1/2011 der Zeitschrift für Didaktik der Philoso-
phie und Ethik unter dem Titel »Mal mir was!« mit einem »Zwischenruf« eine breite
Debatte über den Kern des Philosophischen im Philosophieunterricht ausgelöst.[1]
Stein des Anstoßes war die Formulierung von »Präsentationsleistungen als gleich-
gestellte Leistungen« und von »Darstellungskompetenzen« als selbstständiges
Unterrichtsziel im neuen Rahmenplan Philosophie für die Gymnasiale Oberstufe
in Hamburg.[2] Von außen betrachtet mag vielleicht nicht ganz einleuchten, warum
Tiedemann hierauf so scharf reagierte. Schließlich kennen wir aus der Philosophiegeschichte mehr als genug Beispiele für Philosophen, die Schwierigkeiten hatten,
ihre Konzepte und Argumente allgemeinverständlich darzustellen, sich zu erklären
und ihre Ideen zu präsentieren. Manchen wurde dabei Absicht unterstellt. Einige,
wie etwa Derrida, gaben sogar offiziell zu, dass es Absicht war.[3] Das aber meint
Tiedemann hier nicht. Es geht tatsächlich bei den oben genannten Kompetenzen
nicht darum, die auf klassisch philosophischem Wege, etwa durch das Lesen von
Texten oder das reine Denken, gewonnene Einsichten auszudrücken und zu vermitteln. Stattdessen hat sich in den letzten Jahren völlig davon ab ein Bereich des
Philosophieunterrichts entwickelt, der etwa durch das Malen von Bildern, durch
Fotografieren oder durch Theaterspielen philosophiert. Es geht hier nicht darum
eine Collage über den kategorischen Imperativ zu erstellen. Das Bild, das Foto,
das Spiel *selber* ist schon Philosophie. Die zugegeben unglücklich formulierten
»Darstellungskompetenzen« des Hamburger Rahmenplans zielen hierauf ab und

---

1 Markus Tiedemann, »›Mal mir was!‹ Ein Zwischenruf«, in: ZDPE 1, 2011, S. 78–80.
2 Christian Gefert, Martina Dege, Hans Christof Kräf, *Rahmenplan Philosophie. Bildungsplan Gymnasiale Oberstufe*, Hamburg 2009, S. 8, 11.
3 Derridas Text war nicht Ausdruck seiner Philosophie, das Lesen war schon selber das Philosophieren,
daher waren Derridas Texte deutlich uneindeutig. Vgl.: Jacques Derrida, »›Die alte neue Sprache‹
entsiegeln«, in: Ders., *Auslassungspunkte*, Wien 1998, S. 125–141.

schreiben so eine neue Art des Philosophierens in die Zielvorstellungen des Philosophieunterrichts ein, die sich in der Art und Weise wie mit Kindern philosophiert wird, schon längst fest etabliert hat.

Diese neue Art des Philosophierens hat sich mehr oder weniger durch die Hintertür eingeschlichen. Der diskursiv-argumentative Teil des Unterrichts wird schon länger durch präsentative Formen ergänzt, auch um den Unterricht insgesamt zugänglicher zu machen. Susanne Nordhofen hat in Anlehnung an Susanne Langer und Ernst Cassirer 1998 dann zum ersten Mal darüber hinaus argumentiert, dass nonverbal-symbolische Formen wie etwa Bilder nicht nur einen leichteren Zugang zur Lebenswelt der Kinder bieten, sondern auch zusätzlichen philosophischen Wert haben. Nordhofen nannte diesen neuen Ansatz eine »Didaktik der symbolischen Formen«.[4] Dass Bilder philosophischen Gehalt haben können, kann man sich leicht an einem Beispiel klarmachen. Nehmen wir einmal die Kippbilder und Experimente zur Emergenz in der frühen Gestaltpsychologie. Wäre die ganze Denkrichtung des Konstruktivismus ohne diese Bilder je entstanden? Ich bezweifle, dass bloße Worte hier so effektiv gewesen wären. Christian Gefert hatte sich 2002 in Anlehnung an Derrida auf ganz ähnliche Weise für den Einsatz von performativen Formen ausgesprochen.[5] Auch diese Idee leuchtet schnell ein. Kann man das, was Kierkegaard über die Angst sagt oder Satre über den Ekel, nicht viel besser verstehen, wenn man diese Zustände spielt, als dass man einen Text über sie liest? Die Langeweile in Becketts »Warten auf Godot« wird doch viel besser deutlich, wenn man sie am eigenen Leib erfährt, oder? Zugegeben, den Text von Beckett zu lesen ist selber auch langweilig, Theaterspielen könnte hier doch aber wunderbar eine zusätzliche Reflexionsebene aufmachen.

Nichtsdestotrotz, diese Art des Philosophierens wirkt befremdlich auf geschulte Philosophen. Philosophie ist in der hegelschen Definition »Arbeit am Begriff« und diese Arbeit hat ihre Werkzeuge und ihr Material: Die Sprache. Aus diesem Grund war es Susanne Nordhofen 1998 bei der theoretischen Grundlegung der »Didaktik der symbolischen Formen« wichtig, dass man die neue Kinder-Philosophie auf der alten Klaviatur spielen kann. Sie sollte kein Fremdkörper im klassischen Philosophieunterricht sein oder diesen gar vollständig ersetzen. Die Lösung ist eigentlich schon durch den Bezug auf Cassirer gegeben: Bild, Ton und Spiel sind auch Symbole, sie können in Semantiken geordnet werden und transportieren Sinn. Die Konsequenz hieraus ist, dass man mit einem Bild auf die gleiche Art und Weise Philosophieren kann wie mit einem Text. Das Bild kann uns also auch etwas

4 Susanne Nordhofen, »Didaktik der symbolischen Formen. Über den Versuch, das Philosophieren mit Kindern philosophisch zu begründen«, in: ZDPE 2, 1998, S. 127–132.
5 Christian Gefert, *Didaktik theatralen Philosophierens. Untersuchung zum Zusammenspiel argumentativ-diskursiver und theatral-präsentativer Formen bei der Texteröffnung in philosophischen Bildungsprozessen*, Dresden 2002.

Bestimmtes sagen. Nordhofen macht nur eine Einschränkung: »Die Rationalität nicht-sprachlicher geistiger Ausdrucksformen ist nicht defizitär, sondern anders«.[6] Sie buchstabiert aber nicht weiter aus, wie diese andere Rationalität aussieht. Und genau das ist das Problem, das Markus Tiedemann am Ende seiner Kritik in einem Gedankenexperiment wieder aufgreift:

> Ich stelle mich an eine Wand und halte ein von mir gemaltes Bild hoch. Sie werden mir nun mitteilen, warum mein Bild für eine gewisse philosophische Idee als differenziert, transparent oder überzeugend gelten kann oder welche Argumentation ich gerade entfalte. All dies tun Sie selbstverständlich sprachlos. Sie entwerfen ebenfalls ein Bild. Ich antworte Ihnen erneut mit einem Bild, einer Geste oder einem Ton usw. Wer gewillt ist, diesen Prozess als Akt philosophischer Bildung anzuerkennen, mag von der Gleichberechtigung präsentativer und diskursiver Formen sprechen. Wer dies – zu Recht – nicht tut, sollte präsentative Formen als wertvolle, aber nicht immanent philosophische Ergänzungen und auch nicht als notwendige philosophische Kompetenz des Unterrichts betrachten.[7]

»Können Bilder Argumente sein?« lautete die Preisfrage des Forschungsinstituts für Philosophie 2011. Das allein zeigt schon, wie umstritten diese Frage in der Fachphilosophie selbst heute noch ist. Beim Philosophieren mit präsentativen Formen wird hingegen seit dem Ende der 90er Jahre vorausgesetzt, dass Bilder Argumente sein können. Tiedemann hingegen setzt genau das Gegenteil voraus – Bilder können keine Argumente sein.

Ich werde im Folgenden innerhalb dieser Debatte differenziert argumentieren. In einem ersten Schritt will ich zeigen, dass Rationalität und mit ihr auch der philosophische Gehalt nicht durch Sprache alleine und auch nicht durch den Akt der Präsentation alleine in die Philosophie und den Philosophieunterricht kommt, sondern immer erst durch einen Bezug zur Wirklichkeit. Das mache ich an einem Beispiel aus Sokrates Menon.

In einem zweiten Schritt kritisiere ich auf dieser Grundlage sowohl diskursiv-argumentative als auch präsentative Formen des gegenwärtigen Philosophieunterrichts. Ich argumentiere, dass in der theoretischen Grundlegung des Philosophieunterrichts durch die gängigen philosophischen Schulen, die als dessen Inspirationsquelle dienen, schon ein Hang zur Ästhetisierung des praktisch-ethischen Denkens vorgegeben ist. Ich zeige einen anderen Weg und schlage vor, Philosophie als Gegenstandswissenschaft zu begreifen. Sie wäre demnach, wie Wilfrid Sellars

6 Nordhofen, a. a. O. (Anm. 4), S. 132.
7 Tiedemann, a. a. O. (Anm. 1), S. 80.

sagt, diejenige Wissenschaft, die beschreibt »how things in the broadest possible sense of the term hang together in the broadest possible sense of the term«[8]. In Anlehnung an die neueren Arbeiten von Axel Honneth argumentiere ich, warum eine solche Wissenschaft philosophische Bildung als kritische Auseinandersetzung von Ich und Gesellschaft eher fördert als einschränkt.

In einem dritten Schritt stelle ich diese neue Art des Philosophierens im Unterricht vor. Sie arbeitet ebenfalls mit nonverbalen Formen, deren philosophischer Gehalt sich aber gerade dadurch ergibt, dass sie keine bloßen Symbole sind. Ich schlage ein Philosophieren mit Gegenständen vor. Dabei beziehe ich mich auf den deutschen Materialismus Mitte des 19. Jahrhunderts, ein philosophisch-naturwissenschaftliches Diskursfeld, das unter den für die Philosophiedidaktik relevanten Denkschulen bisher keine Rolle spielt.[9] Ich stelle jeweils einen Philosophen vor und einen Gegenstand, an dem er philosophierte: Hegel und die Knospe, Feuerbach und das Wasser, Moleschott und das Phosphor, Stirner und das Eigentum, Marx und die Familie.

1. Erster Teil: »Rechtfertige dich!«, »Mal mir was!« und »Zeig mir was!«

Tiedemann hat seinen Zwischenruf in der ZDPE in seinem letzten Satz sehr prägnant pointiert: »Sokrates Appell lautet: ›Rechtfertige dich!‹ Er lautet nicht: ›Mal mir was!‹«[10] Tatsächlich kann Sokrates als die Galionsfigur eines argumentativ-diskursiven Unterrichts gelten. Es geht in den platonischen Dialogen immer um einen durch sprachliche Rationalität vollzogenen erzieherischen Akt. Sokrates vertreibt mit dem Elenchos, einer sophistischen Fragetechnik, Fehlvorstellungen. Mit der Mäeutik, einer auf Selbstbeobachtung und zwingende Rationalität basierenden Fragetechnik, hilft er dann in einem zweiten Schritt den in jedem Menschen eingeborenen ewigen Ideen per Wiedererinnerung ans Tageslicht. Der Unterschied zwischen den ewigen Ideen und den Mondkälbern ist, dass die ersteren eben gerechtfertigt werden können, die letzteren nicht. Darum gilt der sokratische Imperativ »Rechtfertige dich!« für beide Schritte. Unterrichtsziel ist dabei immer das delphische »Erkenne dich selbst!«. Die hier praktizierte Form sprachlicher Rationalität ist in der Philosophiegeschichte perennierend. Die Wittgensteinsche Sprachphilosophie, in der Tatsachen durch Sprache geschaffen werden, führt zu ähnlichen Praktiken des Philosophierens, genau wie die durch Gadamer geprägte

8 Wilfrid Sellars, »Philosophy and the Scientific Image of Man«, in: Ders., *Science Perception and Reality*, Atascadero 1991, S. 1–40, hier: S. 37.
9 Vgl. Johannes Rohbeck, »Didaktische Potenziale philosophischer Denkrichtungen«, in: ZDPE 2, 2000, S. 82–93.
10 Tiedemann, a. a. O. (Anm. 1), S. 80.

Hermeneutik oder der Habermassche Diskurs mit seiner im Aufbau der Sprache verwurzelten Rationalität.

Aber selbst Sokrates, dieses Paradebeispiel guter Philosophie, kommt an entscheidender Stelle nicht mit der rein sprachlichen Form aus. Das folgende ist aus Platons Menon und eine der meistzitierten Stellen der Philosophie und Pädagogik:

> Sokrates: Wieviel nun zweimal zwei Fuß sind, das rechne aus und sage es.
> Knabe: Vier, o Sokrates.
> Sokrates: Kann es nun nicht einen anderen Raum geben, der das Doppelte von diesem wäre, sonst aber eine ebensolcher, in dem alle Seiten gleich sind wie in diesem?
> Knabe: O ja.
> Sokrates: Wieviel Fuß muß der halten?
> Knabe: Acht Fuß
> Sokrates: Gut! Nun versuche auch, mir zu sagen, wie groß jede Seite in diesem Viereck sein wird. Nämlich die des ersten ist von zwei Fuß; die aber jenes doppelten.
> Knabe: Offenbar, o Sokrates, zweimal so groß.
> Sokrates: Siehst du wohl, Menon, wie ich diesen nichts lehre, sondern alles nur frage? Und jetzt glaubt er zu wissen, wie groß die Seite ist, aus der das achtfüßige Viereck entstehen wird. Oder denkst du nicht, daß er es glaubt?
> Menon: Allerdings.[11]

Ich kann nicht mit der gleichen Bestimmtheit wie Menon sagen, dass ich gesehen habe, wie Sokrates arbeitet. Ich kann noch nicht einmal sagen, dass ich überhaupt verstanden habe, worum es hier geht. Das liegt daran, dass Menon und ich gerade unterschiedliche Dinge sehen. Menon steht mit Sokrates und dem Knaben am Strand von Attika. Während Sokrates spricht, zeichnet er das geometrische Problem in den Sand. Ich hingegen sehe nur Symbole auf Papier, die das gesprochene Wort wiedergeben. Die philosophische Bedeutung dieser Passage wird mir durch die in der Sprache liegende Rationalität hier gerade nicht deutlich. Menon hingegen leuchtet der philosophische Gehalt unmittelbar ein. Ich denke, erst dadurch, dass Sokrates seine Idee in den Sand zeichnet, entsteht überhaupt die argumentativ-diskursive Form und der philosophische Kern dieser Passage kann sich entfalten. Das Vehikel der Philosophie ist hier also gerade nicht sprachlich.

Mit dieser Einschätzung bin ich übrigens nicht alleine. Gunther Eigler hat in der von ihm herausgegebenen Werkausgabe der Wissenschaftlichen Buchgesellschaft den Übersetzungstext von Friedrich Schleiermacher durch eine Zeichnung

---

11 Platon, »Menon«, in: Ders., *Werke in acht Bänden. Zweiter Band*, Gunther Eigler (Hrsg.), Friedrich Schleiermacher (Übers.), Darmstadt 1973, S. 505–600, hier: S. 544, 82e-d.

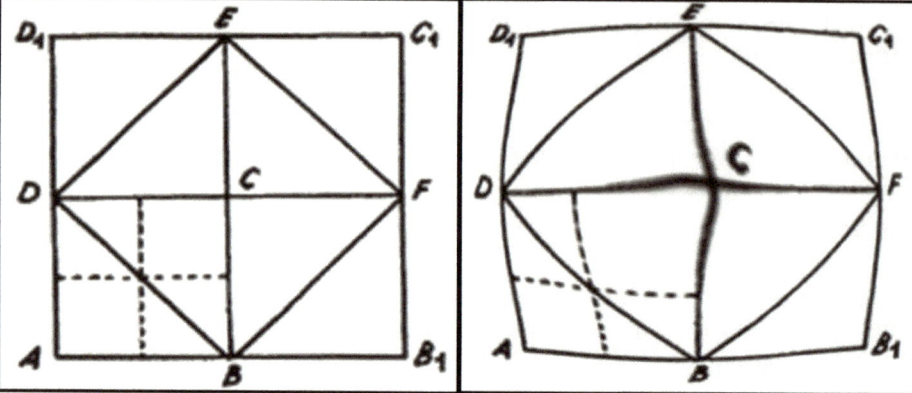

Abb 1: Die Zeichnung aus der von Gunther Eigler bei der Wissenschaftlichen Buchgesellschaft herausgegebenen Werkausgabe. Die geometrische Lösung der Verdopplung des Flächeninhalts des Quadrats leuchtet sofort ein, denn das Dreieck DCB ist genauso groß wie das Dreieck DAB.

Abb. 2: Die gleiche Zeichnung auf einem Sandhügel. Die Lösung leuchtet nicht mehr ein. Der Flächeninhalt des Dreiecks DCB ist deutlich größer als der des Dreiecks DAB. Die symbolische Bedeutung des Bildes hat sich dabei nicht verändert.

ergänzt. Das machen viele neuere Herausgeber dieses Textes. Sie findet sich bei Eigler direkt unter der zitierten Passage und man kann sie hier in Abb. 1 sehen. Die von Schleiermacher selbst herausgegeben Werkausgabe hatte noch keine solche Zeichnung. Ganz Idealist dachte Schleiermacher wohl, die Ideen und Argumente sprächen an dieser Stelle für sich.[12]

Nutzt Sokrates also hier entgegen seines eigenen idealistischen Programms präsentative Formen, um Sinn zu transportieren? Sokrates zeichnet in den Sand, das ist einerseits ein Performativ im Gefertschen Sinn. Er erklärt immer wieder zwischendurch und fragt, bevor er weiterzeichnet. Sokrates und der Knabe haben sogar ein Publikum, nämlich Menon, der gleich mitgebildet wird. Andererseits entsteht ein Bild, also genau solch eine symbolische Form wie Nordhofen sie gemeint hat. Beide Formen tragen dazu bei, dass der philosophische Gehalt sowohl vom Knaben als auch von Menon verstanden wird. Das Bild steht symbolisch für Relationen, die sich in Sokrates' Geist vorgeformt haben, aber auch das Performativ, durch das die Problematik Stück für Stück entfaltet wird, hilft beim Verständnis. Nichtsdestotrotz: Entscheidend für das Verständnis ist etwas anderes, nicht die Rationalität der Sprache, des Performativs oder des Bildes. Stellen wir uns vor, der

---

12 Vgl. Platon, *Platons Werke. Zweiten Theiles Erster Band*, Friedrich Schleiermacher (Hrsg.), 3. Aufl., Berlin 1856, S. 221–270, hier: S. 248.

attische Sand wäre an diesem Tag nicht so glatt gewesen. Sokrates Zeichnung hätte dann möglicherweise ausgesehen wie Abb. 2. Dann ist das Problem nur noch mit nicht-euklidischer Geometrie lösbar, die weder Sokrates noch der Knabe verstanden hätten, sondern erst Carl Friedrich Gauss im 19. Jahrhundert. Sokrates Versuch, die eingeborenen Ideen zu zeigen, wäre ceteris paribus gescheitert, wenn sich die Relationen nicht so im durch die Meeresbrandung glattgezogenen attischen Sand gefunden hätten. Erst der Bezug zur Wirklichkeit stiftet die Rationalität. Sokrates Appell müsste an dieser Stelle also nicht nur »Rechtfertige dich!« und »Mal mir was!« lauten, sondern vor allem: »Zeig mir was!«.

2. Zweiter Teil: Die neue Sachlichkeit der Philosophie – die alte Unsachlichkeit des Philosophieunterrichts

Nicht nur in unserem Sokrates-Beispiel funktioniert Philosophie auf solche Weise. Ethik und Sozialphilosophie wären kaum aussagefähig ohne ihre plastischen Beispiele und Gedankenexperimente unter den Standardbedingungen der Wirklichkeit. In der theoretischen Philosophie wird mit Hilfe von Bayesschen Netzen über Kausalität nachgedacht. Und selbst die Formalismen der Logik sind gegenständlich in der Klötzchenwelt.

Es gibt heute zahlreiche Fragen über die Welt, die sich zu stellen lohnen, die aber von der Naturwissenschaft nicht beantwortet werden können. Es entstehen zunehmend wieder Lehrstühle für Naturphilosophie und Metaphysik – Themen, die tot geglaubt waren.[13] Und selbst auf den klassisch idealistischen Gebieten der Philosophie wird heute mit neuer Sachlichkeit philosophiert. Die meisten Philosophen, die heute in der Philosophie des Geistes arbeiten, bezeichnen sich selber als Materialisten.[14]

Ganz anders sieht es im Philosophieunterricht aus. Tiedemann nennt als Beispiel einen Lehrer, der das Thema Zeit über Collagen seiner Schüler erarbeiten möchte.[15] Natürlich gibt es ein Phänomen des subjektiven Zeitempfindens, das schon Bergson in der Trennung von Zeit und Dauer abtrennte und für die Philosophie reservierte. Hier aber spricht heute auch die Psychologie ein Wort mit. Daneben gibt es in der aktuellen Wissenschaftstheorie aber auch eine Debatte über Raum-Zeit-Theorien auf dem aktuellen Stand der Forschung der Philosophie

---

13 Vgl. Christian Kummer, *Was ist Naturphilosophie und was kann sie leisten?*, Freiburg 2009; Kit Fine, »What is Metaphysics«, in: Tuomas E. Tahko, *Contemporary Aristotelian Metaphysics*, Cambridge 2012, S. 8–25.
14 Vgl. Robert C. Koons, *The waning of materialism*, Oxford 2010, S. IX.
15 Tiedemann, a. a. O. (Anm. 1), S. 79.

und Physik.[16] Philosophie kann also auch Aussagen treffen über die Zeit, die keine bloße Empfindung ist. Beide Debatten haben einen Gegenstand und Bezug zur Wirklichkeit. Die reine Ästhetik der Kollage bleibt hingegen weit hinter der Aussagefähigkeit der philosophischen Disziplin zurück.

Matthias Tichy beschrieb in seiner Erwiderung auf Tiedemanns Zwischenruf in der folgenden Ausgabe der ZDPE eine Szene vom »Hamburger Philosophielehrertag 2009«. Ein Biologe und eine Philosophin planten dort Unterrichtsstunden zum Thema »Willensfreiheit«. Während der Naturwissenschaftler den aktuellen Forschungsstand der Neurobiologie vorstellte und Arbeitsaufträge erteilte, bildete die Philosophiekollegin eine Redaktion mit ihren Schülern. Sie sollten einen Zeitungsbeitrag unter grobem Bezug zum Thema Willensfreiheit erarbeiten.[17]

Was ist hier passiert? Gerade im Kontrast zur Naturwissenschaft wurde sich offenbar noch stärker in präsentative Formen geflüchtet. Tichy interpretiert die Szene als Beispiel der »Verselbständigung von Präsentationsleistungen«.[18] Ich hingegen möchte argumentieren, dass die Flucht in rein ästhetische präsentative Formen bereits in der gängigen argumentativ-diskursiven Praxis des Philosophieunterrichts angelegt ist. Das hängt mit dem hier zugrunde gelegten Wissenschaftscharakter der Philosophie zusammen. Heutiger Philosophieunterricht begreift Philosophie meist als nomothetische Wissenschaft. Wie in der Rechtswissenschaft geht es hier um erkenntnisgeleitete normative Setzungen.[19]

Der heutige Philosophieunterricht steht dabei sehr stark in einer bestimmten deutschen Philosophietradition, in der die Philosophie als kritische Praxis schon länger mit der Kunst Hand in Hand geht. Ich will kurz drei Namen nennen, um das zu verdeutlichen:

1. Kant, der das Verständnis des »Philosophierens als Praxis« prägte. Er definierte die Urteilskraft, die man braucht, um Entscheidungen in der Gesellschaft zu fällen, ganz analog zum ästhetischen Urteil.

2. Gadamers Hermeneutik, in der davon ausgegangen wird, dass man mit philosophischen Werken wie mit Kunstwerken in einen Dialog treten kann. Dieser Dialog führt zur Horizonterweiterung vor allem in ethisch-politischen Kontexten.

3. Adorno, bei dem wegen des allgemeinen Verblendungszusammenhangs in der Gesellschaft kaum mehr Aussagen getroffen werden können, insbesondere

---

16 Vgl. Holger Lyre, »Philosophische Probleme von Raumzeit-Theorien«, in: Andreas Bartels, Manfred Stöckler, *Wissenschaftstheorie. Ein Studienbuch*, Paderborn 2007.
17 Matthias Tichy, »Bilderdenken. Zu Tiedemanns Kritik an der Verselbständigung präsentativer Formen im Philosophieunterricht«, in: ZDPE 2, 2012, S. 244–251, hier: S. 244 f.
18 Ebd., S. 245.
19 Wilhelm Windelband, *Geschichte und Naturwissenschaft*, 3. Aufl., Straßburg 1904.

nicht von positiven Wissenschaften. Adorno sieht den einzigen sicheren Standpunkt für eine Kritik der Gesellschaft auf dem Boden nicht-identischer Kunst.

Diese Namen und ihre entsprechenden philosophischen Denkschulen bilden auch heute noch das Fundament des Philosophieunterrichts.[20]

Meiner Vermutung nach ist dadurch schon in der argumentativ-diskursiven Praxis des Philosophieunterrichts ein Hang zur Transzendierung und Ästhetisierung angelegt. Das ist geradezu notwendig, wenn Philosophie in kantischer Tradition eine leere Praxis ist, deren fester Grund sich nicht auf dem Feld befindet, das sie beackert.

Ich vertrete hingegen Hegels Auffassung, dass Philosophie selber ein Inhalt ist. Nun könnte man vermuten, dass die klassischen Zieldimensionen des Philosophieunterrichts, die Herausbildung des Selbstbildes der Schüler und die Kritik der Gesellschaft damit in den Hintergrund rücken, weil Philosophie in diesem Sinne ja Sachaussaugen trifft und so vermeintlich keine ethisch-politische Orientierung mehr bietet. Ist es nicht nötig zur Kritik in Opposition zu den positiven Wissenschaften und der gegenwärtigen Gesellschaft zu treten? Das Gegenteil ist der Fall, wie Axel Honneth in »Das Recht der Freiheit« in Abgrenzung zu den ersten beiden Generationen der Frankfurter Schule betont.[21] Werte und Normen sind einer sozialen Wirklichkeit inhärent, die nicht trennbar von einer »objektiven« Dingwelt ist. Menschen kommunizieren, interagieren und finden sich selber in der Auseinandersetzung mit Sachen. Deutlich und provokant ist das Beispiel des Konsums. Hat sich für frühere Generationen der Frankfurter Schule eine ethisch-politische Einstellung erst durch Konsumverweigerung gezeigt, geht Honneth davon aus, dass man ohne die Sachen, die man konsumiert, gar keine stabile Identität herausbilden kann. Selbst die romantische Zweierbeziehung wird erst im Konsum gestiftet, denn die Dinge, die man gemeinsam gekauft hat, werden zum intrinsischen Bestandteil dieser Beziehung.[22] Nichtsdestotrotz: Gesellschaftskritik ist *gerade deshalb* möglich, weil in den Bedingungen der Möglichkeit der sozialen Wirklichkeit, der Reziprozität der sozialen Grundform, auch das Maß des Zuviels an Konsum angelegt ist, das von außen nicht einsehbar ist.

Statt einer Philosophie der bloßen Symbole, die eine Signifikantenkette aufspannt, an deren Ende nur noch die Kunst steht, plädiere ich also dafür, dass Philosophie ein Inhalt ist und dass Philosophieunterricht sich an philosophischen Gegenständen entfaltet.[23] Eine Auseinandersetzung mit diesen Gegenständen

---

20 Vgl.: Rohbeck, a. a. O. (Anm. 9).

21 Vgl.: Axel Honneth, *Das Recht der Freiheit. Grundriss einer demokratischen Sittlichkeit*, Frankfurt a.M. 2011.

22 Ebd., S. 360 ff.

23 Derrida, auf den sich in der aktuellen Debatte immer wieder berufen wird, ging auch von einer

kann und sollte auf aktuellem Forschungsstand geschehen. Ich will dennoch an dieser Stelle fünf Beispiele aus der philosophischen Tradition anführen. Dadurch will ich dreierlei zeigen:

1. Die Vorstellung von Philosophie als Gegenstandswissenschaft ist in der philosophischen Tradition tief verankert, obwohl sie im Philosophieunterricht keine Rolle spielt.
2. Ein philosophischer Gegenstand kann sich auf unterschiedlichste Weise konstituieren. Tatsächlich führten die fünf im Folgenden behandelten Philosophen implizite Debatten um die Gegenständlichkeit in der Philosophie – darum soll es auch im Folgenden gehen.
3. Philosophie als Gegenstandswissenschaft ist weit entfernt von einem naiven Materialismus. Philosophische Gegenstände erhalten ihre Festigkeit nicht durch ihre Relation zu einer äußerlich objektiv gegebenen Welt. Dennoch sind sie auch nicht nur fluide Konstrukte des Geistes. Sie sind Gegenstände dritter Ordnung.

3. Dritter Teil: Philosophieren mit Dingen an fünf Beispielen

Hegel, Feuerbach, Moleschott, Stirner und Marx – ich hatte diese fünf Philosophen unter dem Lemma »Deutscher Materialismus Mitte des 19. Jahrhunderts« zusammengefasst. Ein gängigerer Begriff und vielleicht für eine Organisation in Denkschulen passender ist wohl der Begriff Junghegelianer. Ich habe hier aber aus zwei Gründen den Begriff »Materialismus« vorgezogen. Erstens führe ich Moleschott mit auf, um zu zeigen, dass an der Debatte um philosophische Gegenständlichkeit auch Naturwissenschaftler teilgenommen haben. Prominente andere Namen wären Carl Vogt oder Ludwig Büchner. Diese Akteure philosophieren, sie sind aber keine Fachphilosophen und sehen sich auch in keiner Kontinuität zu Hegel, obwohl sie an Feuerbach anschließen. Zweitens habe ich den Begriff »Materialismus« hier verwendet, weil er tatsächlich einen gemeinsamen Nenner dieser Denker ausmacht. Jeder von Ihnen erfüllt die drei Kriterien eines jeden philosophischen Materialismus, wie Bayertz sie aufstellte:

Gegenständlichkeit aus. Für ihn gab es kein Bezeichnetes mehr, sondern nur noch Bezeichnendes. Das Wort Hund verweist auf Weiteres, ebenso wie der Begriff Hund. Das nennt Derrida die Signifikantenkette. Sie ist aber auflösbar indem man begreift, dass jedes aufgeschriebene Wort, selber nicht nur ein Symbol ist, sondern auch ein Gegenstand. In der Entwicklung der frühen Schriften kann man genau die Abstraktion verfolgen, die Derrida dekonstruiert. Vgl.: Jacques Derrida, »Semiologie und Grammatologie. Gespräch mit Julia Kristeva«, in: Ders., *Positionen*, Wien 1986, S. 52–82.

- *Realismus.* Es gibt eine Welt und keine verborgene Welt dahinter.
- *Monismus.* Geist und Welt sind nicht voneinander getrennt.
- *Antiasketismus.* Bedürfnisbefriedigung ist ethisch positiv.

Außerdem erfüllen Hegel, Feuerbach, Moleschott, Stirner und Marx alle die Kriterien der spezifisch modernen Spielart des Materialismus:

- *Naturwissenschaft.* Physiker, Chemiker, Biologen und Mediziner werden als strategische Partner begriffen. Ihre Ergebnisse bieten philosophische Implikationen und umgekehrt.
- *Theorie.* Während der antike Materialismus direkte Lebenshilfe bot und so unmittelbar ethisch orientiert war, ist der moderne Materialismus erst in der Konsequenz der Bedeutung seiner theoretischen Aussagen politisch und ethisch.[24]

Dies sind wahrscheinlich auch Grundüberzeugungen, die man teilen muss, um mit Dingen zu philosophieren.

Hegel und die Blüte. Der erste Philosoph in der Reihe dieser Materialisten ist Georg Wilhelm Friedrich Hegel, der in der Retrospektive oft dem Idealismus oder der deutschen Spekulation, also eher Schelling und Fichte, zugeordnet wird, als der Tradition seiner Schüler, insbesondere weil sowohl Feuerbach als auch Marx prominent mit ihm gebrochen haben. Diese Brüche haben aber eher mit der Art und Weise der Gegenständlichkeit seiner Philosophie zu tun, als mit einem grundsätzlich anderen Fokus des Philosophierens. Die Junghegelianer Feuerbach, Stirner und Marx sind immer noch Hegelianer, insbesondere in der Tradition der Jenaer Realphilosophie, die nicht nur die Gegenstände in die Philosophie holte, sondern auch die soziale Wirklichkeit.

Der Hegelsche Gegenstand, den ich an dieser Stelle bemühen möchte, stammt aber nicht aus der Realphilosophie, sondern aus Paragraph 343 der Naturphilosophie in der Enzyklopädie der philosophischen Wissenschaften. Hegel zitiert dort über weite Passagen die Pflanzentheorie von Carl Heinrich Schultz »Die Natur der lebendigen Pflanze«.[25] Auch die Conclusio der Passage ist ein Schulze-Zitat: »Das Wachstum der Pflanze ist ein ewiges Hinzubilden neuer vorher nicht vorhandener Teile«.[26] Stängel-Zweig-Knospe-Blüte, das ist kein Prozess in Metamorphosen. Stattdessen ist das Alte immer noch da. Die Blüte erscheint so aber als Konsequenz

---

24 Kurt Bayertz, »Was ist moderner Materialismus?«, in: Ders., *Weltanschauung, Philosophie und Naturwissenschaft im 19. Jahrhundert. Band 1: Der Materialismus-Streit,* Hamburg 2007, S. 50–70.

25 Vgl. Carl H. Schultz, *Die Natur der lebendigen Pflanze. Erster Theil. Das Leben des Individuum,* Berlin 1823.

26 Georg W. F. Hegel, *Enzyklopädie der philosophischen Wissenschaften im Grundrisse (1830). Zweiter Theil. Die Naturphilosphie. Werke Band 9,* Frankfurt a. M. 1970, S. 373, 343 Zusatz.

des Stängels, sie ist zwingend in der Entwicklung angelegt, obwohl sie selber in Form, Farbe, Struktur und Funktion ganz anders ist.

Diese Blüte ist ein fester philosophischer Gegenstand. Sie ist erstens auch da, wenn die Pflanze nicht blüht, weil sie immer in der Entwicklung der Pflanze angelegt ist. Und sie ist zweitens immer da in ihrem Gegensatz. Das ist die Gegenständlichkeit von Hegels Blüte: Potential und Gegensatz. Ich hatte bereits erwähnt, dass die hier aufgeführten Gegenstände, von denen Hegels Blüte der erste ist, allesamt Gegenstände dritter Ordnung sind. Das macht sie nicht nur perfekt zum Philosophieren, es macht auch Philosophie notwendig. Keine andere Wissenschaft könnte diese Fälle behandeln.

Das will ich an diesem ersten Beispiel einmal kurz durchexerzieren. Hegels Blüte ist nicht die naiv-materialistische Blüte, die man sehen, anfassen und objektiv messen kann, sondern eben das Potential. Sobald die Blüteninduktion eingetreten ist, wächst die Pflanze nicht mehr, sondern bildet Blüten. Dieser Prozess ist nicht umkehr- oder stoppbar. Sobald das Wachstum aufhört, kann man sich also der Blüte sogar sicherer sein, als wenn die Blüte bereits eingesetzt hat. Das ist der Grund, warum Menschen sich knospende Pflanzen kaufen und keine blühenden. Letztere blühen vielleicht morgen schon nicht mehr. Wer an der Blumentheke zugreift, ist sich aber recht sicher, dass die Blüte im Moment der Knospe nicht nur ein Konstrukt des Geistes, sonder materiell vorgegeben ist. Das vorherige Pflanzenwachstum wird *zwangsläufig* in der Blüte enden, so ist zumindest Hegels botanisches Votum.

Hegel sah noch zahlreiche andere solcher Blüten, feste philosophische Gegenstände, die sich als Konsequenz aus ihren Gegensätzen ergeben. Die Blüte der Tierwelt war für ihn der Mensch und die Blüte des Staates der preußisch-protestantische Rechtsstaat.

Feuerbach und das Wasser. Für die Bedeutung von philosophischen Gegenständen mag sprechen, dass sich eine der wirkungsmächtigsten Kritiken der Philosophiegeschichte, Ludwig Feuerbachs »Zur Kritik der Hegelschen Philosophie«, tatsächlich an so etwas entfalten konnte wie Hegels Verständnis von Pflanzen:

> Wohl widerlegt die Blume das Blatt, aber wäre die Pflanze vollkommen, wenn nur auf entblättertem Stamme die Blume prängte? Wohl berauben sich wirklich manche Pflanzen ihrer Blätter, um auf die Hervorbringung der Blüte all ihre Kraft verwenden zu können, aber bei den übrigen Pflanzen dagegen erscheint das Blatt entweder später als die Blüte oder gleichzeitig mit ihr, zum Beweise, daß zur Darstellung der Totalität der Pflanze ebensowohl das Blatt als die Blüte gehört.[27]

27 Ludwig Feuerbach, »Zur Kritik der Hegelschen Philosophie«, in: *Gesammelte Werke Band 9*, Berlin 1981, S. 16–62, hier: S. 18.

Feuerbach selbst hat ein ganz anderes Verständnis von Gegenständlichkeit. Er lehnt Hegels Gegenstände ab, weil für ihn damit auch immer eine Wertung vorgenommen wird: Die Blüte ist besser als das Blatt, der Mensch ist besser als das Tier, der protestantische Rechtsstaat ist besser als alle anderen Staatsformen.

Feuerbach hat eine ganz andere, aber nicht weniger raffinierte Form von Gegenständlichkeit. Er entwickelt sie an einem idealistisch total aufgeladenen Gegenstand: Taufwasser. Was macht das Taufwasser zu dem, was es ist? Das ist eine der zentralen Fragen im »Wesen des Christentums«. Das Taufwasser wird in der römisch-katholischen Kirche in einem feierlichen Ritus am Sonnabend vor Ostern und Pfingsten durch Eintauchen der Osterkerze geweiht. Im Taufritual ist dann der Akt des Untertauchens oder Übergießens das entscheidende Symbol. Das Wasser »reinigt den Menschen von der Erbsünde, treibt den angeborenen Teufel aus, versöhnt mit Gott«,[28] so Feuerbach. Das Wesen dieses Aktes scheint völlig in dem zu liegen, worauf die Symbole im Ritus verweisen, das Leben Christi, die Erbsünde etc. Feuerbach ist natürlich nicht dieser Meinung, sonst hätte ich ihn hier auch als Vertreter einer Philosophie der symbolischen Formen aufführen müssen und nicht als Philosoph der Gegenstände. Feuerbach überlegt: Wenn das Symbolische und Rituelle an dem Akt das Entscheidende ist, dann müsste man auch das Weihwasser durch einen beliebig anderen Ritualgegenstand ersetzen können. Das gehe aber nicht, so Feuerbach, weil das Wasser selber Bedeutung trägt, nämlich in der Art und Weise, wie es auf jeden Menschen wirkt. Wasser erfrischt, reinigt, stillt Durst, hält am Leben. Somit hängen das Wesen des Wassers und das Wesen der Taufe am Wesen des Menschen.

Bei Feuerbach haben wir also auch sehr stabile philosophische Gegenstände, die materiell sind, vielleicht symbolisch hochgradig aufgeladen, aber die ihr Wesen erst in Relation zur Menschlichkeit gewinnen. Diese Gegenständlichkeit des Wassers ist nicht reduzierbar, weil die Wirkung des Wassers auf den Menschen realiter festgeschrieben ist.

In dem Ritus der Kirche würde einem das Wasser als Sache aber weitgehend vorenthalten und mit der symbolischen Bedeutung überschrieben, so Feuerbach. Die erfrischende Wirkung des Wassers ist kaum zu spüren, Baden darf man wohl sicherlich nicht, auch das Trinken des Taufwassers dürfte auf Unverständnis stoßen. Ähnlich ist es mit einem anderen Sakrament: Dem Abendmahl. Hier kriegt man eine Oblate für den Leib Christi, obwohl man eigentlich etwas zu Essen bräuchte.

Moleschott und das Phosphor. An Feuerbachs Beispiel wird auch deutlich, wie theoretische Aussagen über philosophische Gegenstände sofort in Kritik umschlagen können. Das wird bei Feuerbach noch stärker, nachdem die Revolution von 1848

---

28 Ludwig Feuerbach, *Das Wesen des Christentums. Gesammelte Werke. Band 5*, Berlin 1973, S. 394.

scheitert und weitere Ergebnisse aus der Naturwissenschaft bestimmte politische Implikationen näher legen.

Feuerbach schreibt 1850 eine Rezension, die sein Verständnis von Gegenständlichkeit noch einmal verändert.[29] Das rezensierte Buch ist das ernährungsphysiologische Kompendium »Lehre der Nahrungsmittel. Für das Volk« des Arztes Jakob Moleschott.[30] Der Titel verrät schon den demokratischen Sprengstoff, den das Werk im abermals restaurierten Deutschland besaß. Moleschott argumentierte in der neutral-objektiven Weise des Naturwissenschaftlers, dass die Bevölkerung Deutschlands von der Machtelite aus Kirche und Staat über die Nahrung kleingehalten würde. Besonders der Eiweißmangel mache sich bemerkbar, der aber wichtig wäre um sich selber seiner Lage bewusst zu werden. »Ohne Phosphor kein Denken«,[31] so der zentrale Satz des Buches, den Feuerbach in seiner Rezension aufgreift. Hierzulande werde das Volk systematisch mangelernährt und mache dabei fröhlich mit. »Kartoffelstopfer«[32] schimpft Feuerbach. Aufklärungsphilosophie, politische Bildung oder die Predigt in der Kirche sind so nur die scheinheilig vorgetragenen Befreiungsversuche, während die wahre selbstverschuldete Unmündigkeit ein körperlicher Zustand ist.

Im »Wesen des Christentums« dachte Feuerbach noch, dass man mit der bloßen Vorstellung abgespeist wird: Hostie statt Fleisch. Durch Moleschott inspiriert denkt der späte Feuerbach, dass es noch viel perfider ist. Man wird mit Nahrung abgespeist – Kartoffel statt Fleisch. Diese Nahrung hält aber die Menschen klein. Die Revolte wird verhindert, indem den Menschen gegeben wird.

Philosophische Gegenständlichkeit hat hier noch einmal eine neue Form, Feuerbach bringt es auf den Punkt mit der vielzitierten Formel: »Der Mensch ist, was er ißt«[33]: Selbst das Denken, selbst das Humanum im Menschen, hat körperliche Bedingungen.

Stirner und das Eigentum. Stirners »Der Einzige und sein Eigentum«, das 1844 erschien, war die massivste Kritik an Feuerbach. Diese Kritik entfaltet sich ebenfalls an der Vorstellung von philosophischer Gegenständlichkeit. Feuerbach bestimmt die Bedeutung von Dingen allein über die Relation zum Menschen und zur Menschlichkeit. Dazu muss er aber recht fest sagen können, was der Mensch ist und was seine Menschlichkeit ausmacht. Das kann er aber nur bei so grundlegenden Sachen, wie all den Dingen, die zwangsläufig für das Überleben notwendig

---

29 Ludwig Feuerbach, »Die Naturwissenschaft und die Revolution [Über: Lehre der Nahrungsmittel. Für das Volk. Von J. Moleschott] (Rezension)«, in: *Gesammelte Werke Band 10*, Berlin 1989, S. 347–368.
30 Jakob Moleschott, *Lehre der Nahrungsmittel. Für das Volk*, 3. Aufl., Erlangen 1858.
31 Ludwig Feuerbach, a. a. O. (Anm. 29), S. 360.
32 Ebd. S. 367.
33 Ebd.

sind: Wasser und Nahrung – damit hört die Reihe fast schon auf. Die spätere Wendung mit dem Phosphor kannte Stirner bei seiner Kritik noch nicht – wir lassen sie hier außen vor.

Stirner argumentierte nun, dass Feuerbach erstens darüber quasi seine eigene Kirche aufmache: Die Kirche der Menschlichkeit, in der eben gebadet wird, statt getauft – im Grunde ist es aber dasselbe. »Unsere Atheisten sind fromme Leute«,[34] sagt Stirner. Die wichtigere Argumentation ist aber die Folgende: Das, was den Menschen wirklich ausmacht, sind nicht die Sachen, die alle gemeinsam haben, sondern jeder individuell für sich. An sich kann man dann auch nicht mehr von Mensch-heit oder Mensch-lichkeit reden. Was die Menschen unbedingt aufbewahren, was sie überall hin mitnehmen, das sind einige wenige individuelle Habseligkeiten, deren Sinn sich für Außenstehende nicht erschließt. Sie bleiben »Privatsache«,[35] obwohl sie doch das wichtigste sind. »Der Einzige und sein Eigentum« ist ein doppeldeutiger Titel. Das Eigentum ist gleichzeitig der wichtigste Besitz eines Menschen, aber auch das, woran sich die Persönlichkeit vollständig entfaltet. Der eine hängt an seinem Teddybären, der andere an seinem liebsten Computerspiel. Der Gedanke, dass man einen Rückzugsort braucht, an dem man sich mit liebgewonnenen Gegenständen auseinandersetzen kann, um überhaupt eine Persönlichkeit zu bilden, ist dabei schon bei Hegel vorformuliert, aber Stirner buchstabiert ihn gekonnt aus.[36]

Für Stirner ist philosophische Gegenständlichkeit also allein an eine individuell-persönlichkeitsbildende Funktion geknüpft. Stirner und Feuerbach haben eine vehemente Debatte in Wiegands Vierteljahrsschrift geführt, in der es Feuerbach aber nicht gelang, Stirners Kritik überzeugend zu entkräften.[37]

Marx und die Lebensmittel. Wir haben von Marx eine kurze Notiz aus dem Jahre 1845 auf der sechsten Seite seines Notizbuchs, direkt neben seinen berühmten ein Jahr zuvor verfassten Feuerbachthesen. Hier macht Marx deutlich, warum auch er Hegels und Feuerbachs Gegenstände für Gegenstände dritter Ordnung hält, man sieht, dass er diese Art des Philosophierens prinzipiell schätzt und man sieht den ersten Entwurf zu seiner eigenen Position. Er notiert sich:

4. Deine Aufhebung des vorgestellten Gegenstandes, des Gegenstandes als Gegenstandes des Bewußtseins, identifiziert mit der wirklichen gegenständli-

---

34 Max Stirner, *Der Einzige und sein Eigentum*, Stuttgart 1974, S. 203.
35 Ebd. S. 190.
36 Vgl. Georg W. F. Hegel, *Enzyklopädie der philosophischen Wissenschaften im Grundrisse (1830). Dritter Theil. Die Philosophie des Geistes*, Werke Band 10, Frankfurt a.M. 1970, S. 306, 488.
37 Vgl. Lawrence S. Steplevich, »Max Stirner and Ludwig Feuerbach«, in: *Journal of the History of Ideas* 39 (3), 1978, S. 451–463.

chen Aufhebung, der vom Denken unterschiedenen sinnlichen Aktion, Praxis, und realen Tätigkeit. (Noch zu entwickeln.)[38]

In diesen Zeilen ist bereits angelegt, in welche Richtung Marxens Lösung des Problems der Gegenständlichkeit gehen wird. Sehr viel deutlicher wird er dann schon in der deutschen Ideologie und setzt hier direkt bei Feuerbach an.

Feuerbach ging ja davon aus, dass es bestimmte Dinge gibt, die mit dem Menschsein per se verbunden sind – jeder Mensch brauch Wasser, Nahrung etc. Marx sagt nun aber in der deutschen Ideologie: Nein. Der Mensch ist nicht verbunden mit Wasser und Nahrung. Der Mensch ist das einzige Wesen, das seine Nahrung produziert und über die Nahrung produziert er somit sich als Mensch selbst. Das hat natürliche Bedingungen, vor allem Körper und Umwelt. »Alle Geschichtschreibung muß von diesen natürlichen Grundlagen und ihrer Modifikation im Lauf der Geschichte durch die Aktion der Menschen ausgehen«,[39] sagt Marx. Aus diesen Umständen heraus, produziert der Mensch selber seine »Lebensmittel«, die Produktion wird zu seiner »Lebensweise«, »ein Schritt, der durch ihre körperliche Organisation bedingt ist«.[40]

Diese Grundverhältnisse der menschlichen Existenz stiften bei Marx die philosophischen Gegenstände. Bei ihm gilt somit nur als philosophisch relevanter Gegenstand, was produziert wurde.

Eigentum, bei Stirner ja so entscheidend, ist hier dann auch nicht mehr das Humanum des Menschen, sondern die Arbeit. Eigentum, hier verweist Marx auf historische Ergebnisse, ist am Anfang auch eben gerade nicht individuell gewesen, sondern Stammeseigentum.[41] Arbeit ist aber auch ein Gegenstand dritter Ordnung. Sie gleichzeitig der Akt des Arbeitens, das Produkt seiner Arbeit und das Selbst des Arbeiters.

4. Zusammenfassung und Schlussfolgerung

Argumentativ-diskursive Formen und präsentative Formen im Unterricht müssen sich nicht widersprechen. Beide Formen können sich verselbständigen, wenn ihnen ihr gemeinsames Drittes, die Beziehung zu einem philosophischen Gegenstand, fehlt. Wie im Beispiel aus Platons Menon können sich beide Formen aber ideal in der Diskussion um einen Gegenstand ergänzen. Ich habe den sokratischen Appell somit umformuliert: »Rechtfertige dich und mal mir was, indem du mir etwas zeigst!«.

---

38 Karl Marx, »Marx über sein Verhältnis zu Hegel und Feuerbach«, in: *MEW Band 3*, Berlin 1969, S. 536.
39 Karl Marx, Friedrich Engels, »Die deutsche Ideologie«, in: *MEW Band 3*, Berlin 1969, S. 5–530, S. 21.
40 Ebd.
41 Ebd., S. 22.

Ich habe argumentiert, dass die Fachphilosophie sich derzeit in Richtung Gegenstandswissenschaft entwickelt, während der Philosophieunterricht sie weiterhin als rein nomothetische Wissenschaft annimmt. Die Tendenz zur Transzendierung und Ästhetisierung *sowohl* von präsentativen *als auch* von argumentativ-diskursiven Formen rührt von diesem Wissenschaftsverständnis her. Mit Axel Honneth habe ich argumentiert, dass aber selbst kritische Sozialphilosophie an einer gegenständlichen Realität gemessen werden muss und ihren Maßstab nur aus ihr beziehen kann. Nicht nur Metaphysik und Naturphilosophie, sondern auch der kritisch-ethische Teil des Unterrichts bedarf so einer Rückbindung an Gegenständlichkeit.

Wie philosophische Gegenstände aussehen können und ein Philosophieren an Gegenständen möglich ist, kann man sich exemplarisch an der philosophischen Denkschule der »deutschen Materialisten um 1850« klar machen. In den genannten Beispielen von Hegel, Feuerbach, Moleschott, Stirner und Marx wurde Gegenständlichkeit sehr unterschiedlich begriffen. Die genannten Autoren gingen nie von einer naiv-materialistischen, äußerlich schlichtweg gegebenen Objektivität aus. Ihre Positionen sind aber auch nicht in Konstruktivismus, Ontologie oder Phänomenologie auflösbar. Deswegen hatte ich hier von Gegenständen dritter Ordnung gesprochen, an deren Verständnis Naturwissenschaft und Philosophie gemeinsam arbeiten. Eine einzige, gültige Definition von Gegenständlichkeit kann daher gar nicht Voraussetzung des Philosophierens an Gegenständen sein. Sie darf es geradezu auch gar nicht. Vielmehr wäre im Philosophieunterricht das Philosophieren an Gegenständen immer auch das Philosophieren an Gegenständlichkeit. Wenn man davon ausgeht, dass Rationalität nicht durch die Struktur der Sprache oder durch ästhetische Wahrnehmungen gestiftet wird, sondern sich bereits in der Wirklichkeit findet, kann man den gegenwärtigen Streit zwischen Vertretern der argumentativ-diskursiven und der präsentativen Formen beiseite tun. Beide Verfahren können sich im Unterricht ergänzen, wenn sie einen philosophischen Gegenstand behandeln. So kann man diesen Beitrag hier als Appell zu mehr Sachlichkeit im Philosophieunterricht lesen.

Man kann aber auch konsequentere Schlüsse ziehen. Die Behandlung und Bearbeitung von Gegenständen als nicht-sprachlicher, nicht-symbolischer Ausdruck von Philosophie kann nach der hier vorgestellten Grundlegung als dritte Sozialform des Unterrichts aufgefasst werden. Eine solche Didaktik der philosophischen Gegenstände könnte in der unterrichtlichen Wirklichkeit beispielsweise so aussehen:

- Die Lehrerin bringt im Frühling eine Pflanze in den Unterricht, die Schüler sollen sie zum Blühen bringen.
- Der Lehrer bringt ein Glas Wasser in den Unterricht, die Schüler sollen prüfen, ob es Weihwasser ist. In einem zweiten Schritt trinkt der Lehrer das Wasser.

- Eine Schülerin ernährt sich vegan. Die Lehrerin bittet sie, alle Sachen einmal mitzubringen, die sie am Tag isst. Wer von den anderen ist bereit, sich eine Woche lang auch so zu ernähren?
- Alle SchülerInnen bringen ihren liebsten Gegenstand mit. Wer will tauschen? Kann man jemand anderem einen neuen liebsten Gegenstand bauen?
- Alle SchülerInnen schauen bei den Gegenständen in ihrem Rucksack, wer sie gemacht hat. Wie ist das mit dem Butterbrot? Hat jemand etwas Selbstgemachtes?

Die Themenfelder dieser Beispiele sind ganz weit gefasst. Angelehnt an den oben bereits erwähnten Hamburger Lehrplan würde ich sie ganz grob den Bereichen »A.2 Natur und Technik«, »D.3 Glaube und Wissen«, »C.3 Bildung und Wissen«, »B.1 Freundschaft und Liebe« und »A.1 Arbeit und Freizeit« zuordnen.[42]

Hinter gängigen Listen produktionsorientierter Verfahren im Philosophieunterricht verbergen sich bisher nur präsentative Formen – auch hier könnten gegenständliche Formen neue Perspektiven eröffnen. Die Behandlung und Bearbeitung von Gegenständen bietet sich im Rahmen von produktionsorientierten Verfahren ja geradezu an. Dennoch bringt selbst hier der Lehrer meist nur Stifte und Papier mit in den Unterricht.[43]

Man könnte vielleicht vermuten, so wie sich der sprachlich-rhetorische Teil von argumentativen Formen und der ästhetische Teil präsentativer Formen verselbständigen kann, können sich ein naturwissenschaftlicher Teil von gegenständlichen Formen verselbständigen. Diese Gefahr sehe ich aber als gering an. Naturwissenschaft alleine stößt bei jedem der hier genannten philosophischen Gegenstände schnell an ihre Grenzen.

Das Philosophieren mit Gegenständen bietet wie in unserem Menon-Beispiel dabei fließende Übergänge zu argumentativ-diskursiven und präsentativen Formen. Insofern ist auch nicht sicher, ob gegenständliche Formen überhaupt separat von argumentativ-diskursiven und präsentativen Formen gesehen werden können. Man kann unter dem hier vorgetragenen Verständnis von Gegenständlichkeit zumindest keine Sachkompetenz definieren, die frei ist vom diskursiven Nachdenken über den Gegenstand oder von einer präsentativen Einwirkung auf ihn. Insofern scheint mir, um mit dem Philosophen zu sprechen, von dem die hier behandelten Ideen ausgehen, eine Didaktik der philosophischen Gegenstände nicht nur ein dritter Weg im Unterricht. Diese Didaktik erscheint auch als Synthese der beiden anderen Formen.

42 Gefert, Dege, Kräf, a. a. O. (Anm. 2), S. 13.
43 Ein Überblick findet sich bei: Christa Runtenberg, *Didaktische Ansätze einer Ethik der Gentechnik. Produktionsorientierte Verfahren im Unterricht über die ethischen Probleme der Gentechnik*, Freiburg im Breisgau 2001.

Teil II
Vermittlung von Kompetenzen

Volker Haase

Autobiografische Narrationskompetenz

Mein Beitrag beginnt mit einem scheinbar trivialen Befund. Es ist der Befund, dass das Individuum in der Gegenwartsgesellschaft schnell überfordert werden und psychisch erkranken kann. Das Bewusstsein dafür ist in den letzten Jahren verstärkt in die Öffentlichkeit gerückt worden. Aus der wissenschaftlichen Publizistik ist das Thema über populärpsychologische Zeitschriften inzwischen auch auf die Titelseiten der Wochenmagazine gewandert.[1] Es ist daher gewiss nicht übertrieben, von einem Schlüsseldiskurs unserer Dekade zu sprechen. Sein Problemgehalt findet in den prominenten Schlagwörtern des Burnouts, der Depression und der Identitätskrise einen eindringlichen Ton. Die Versuchung ist vor diesem Hintergrund groß, auch die steigende Nachfrage nach so genannten Coachings und philosophischen Beratungen als Reaktion auf einen erhöhten gesellschaftlichen Anforderungsdruck zu beschreiben.[2]

Vielleicht ist in diesen Angeboten, die sich neben dem therapeutischen Markt etabliert haben, aber auch nur das Ende einer allzu langen Pathologisierung abzulesen. Es scheint jedenfalls nicht mehr verwerflich zu sein, die eigene Erschöpfung vor anderen offenzulegen und nach Konzepten der seelischen Ertüchtigung um Rat anzufragen. Das öffentliche Bekenntnis dazu, wie es derzeit v. a. von prominenten Hochleistungssportlern abgelegt wird, wäre dann nur das mediale Echo einer verspäteten Emanzipation von der idealistischen Figur des Selbsthelfers und insofern ein Reflex der dialektischen Aufklärung.

Zur Vorsicht vor der Wahrnehmung von Angeboten der Lebenshilfe sei dennoch gewarnt: Wer als blutiger Laie Rat sucht, der kann immer auch schlecht beraten sein. Und wer erst anfängt, zu suchen, wenn er sich schon einigermaßen verlaufen hat, der braucht umso mehr Kraft, um wieder auf den Weg zu gelangen. Bei dieser alten aristotelischen Erkenntnis setzen auch die Forderungen nach präventiven

---

1 Vgl. etwa Psychologie heute compact, 23, 2009; ebd., 27, 2011; Geo Wissen, 48, 2011; Die Zeit, 19.11.2009; Der Spiegel, 24.01.2011; ebd., 25.07.2011.

2 Dieser Druck liegt allerdings vielleicht nicht so sehr in den äußeren Vorgaben der Leistungsgesellschaft begründet als vielmehr in der schwach ausgeprägten Fähigkeit, mit den gewachsenen Freiräumen der eigenen Lebensgestaltung fehlertolerant umzugehen. Vgl. zu dieser These Alain Ehrenberg, *Das erschöpfte Selbst. Depression und Gesellschaft in der Gegenwart*, Frankfurt a.M. 2004.

Angeboten durch die Schulbildung an,[3] und die Didaktik des Philosophie- und Ethikunterrichtes hat darauf reagiert, indem sie das Thema der *Lebenskunst*, das zuvor schon in der akademischen Philosophie eine Renaissance erfuhr,[4] aufgriff.[5]

Wenn die Zielsetzung dieses Impulses darin besteht, den Heranwachsenden Gelegenheiten zu geben, potentiell geeignete Strategien für eine sinnhafte Orientierung, Krisenintervention und Kontingenzbewältigung auszuprobieren,[6] dann stellt sich allerdings die Frage, mit welchen Methoden und Inhalten das Ziel erreicht werden kann. Um auf diese Frage eine Antwort zu finden, vertrete ich zunächst zwei Thesen.

Die eine These besagt, dass der bisherige Philosophie- und Ethikunterricht diejenigen Bildungsprozesse immer noch zuwenig fördert, die auf einen gelingenden praktischen Lebensvollzug hinaus wollen.

Die andere These lautet, dass bestimmte Formen des autobiografischen Erzählens diesen Bildungsprozess adäquat stimulieren können und dass ein Lernziel unserer Fächergruppe demnach in der Förderung einer entsprechenden »autobiografischen Narrationskompetenz« bestehen sollte.

Im weiteren Verlauf werde ich dann die postulierte Kompetenz in das System der bisherigen Fachdidaktik einordnen, ein Beschreibungsmodell für sie vorlegen und die Idee ihrer curricularen Entfaltung im Unterricht skizzieren. Mit einigen wenigen praktischen Übungsbeispielen werde ich diese Idee daraufhin illustrieren. Am Ende meiner Ausführungen werde ich außerdem noch eine kurze Überlegung zu Unterrichtsarrangements anstellen, auf deren Basis die Arbeit an der autobiografischen Selbstreflexion in schulischen Lerngruppen überhaupt erst gelingen kann.

1. Der Erwerb von Selbstkompetenz im bisherigen Ethikunterricht

Die Fähigkeit, in schwierigen Situationen des Lebens zuversichtlich, tatkräftig und selbstverantwortlich zu bleiben, beruht zu einem Teil auf Überzeugungen, Einstellungen und Werthaltungen, die erworben werden können.[7] Die pädago-

3 Vgl. z. B. Wilhelm Schmid, *Philosophie der Lebenskunst. Eine Grundlegung*, Frankfurt a.M. 1998, S. 317–324.
4 Vgl. im deutschsprachigen Raum v. a. Hans Krämer, *Integrative Ethik*, Frankfurt a.M. 1992; Gernot Böhme, *Weltweisheit, Lebensform, Wissenschaft. Eine Einführung in die Philosophie*, Frankfurt a.M. 1994, S. 147–213; Schmid, a. a. O. (Anm. 3).
5 Vgl. Lothar Samson, »Ethik als Lebenskunst«, in: ZDPE 1, 2001, sowie die Themenhefte ZDPE 1, 2004 und Ethik & Unterricht 4, 2008.
6 Vgl. Volker Pfeifer, *Didaktik des Ethikunterrichts. Bausteine einer integrativen Wertevermittlung*, Stuttgart 2009, S. 323–342.
7 Vor »alten Selbstmächtigkeitsillusionen«, die »eine durchgängige Operationalisierung aller Lebensumstände« anstreben, ist allerdings zu warnen. Abgesehen von der empirischen Unmöglichkeit eines solchen Unterfangens handelt es sich dabei u. U. auch um eine »kapitalistische Travestie der Lebens-

gische Psychologie fasst solche erlernbaren Eigenschaften unter dem Begriff der Selbstkompetenz zusammen.[8] In den meisten schulischen Lernprozessen wirken einzelne Aspekte dieser Kompetenz mit sachlichen, sozialen und methodischen Fähigkeiten in jeweils spezifischer Weise zusammen und können in ihrer Weiterentwicklung durch geeignete Aufgabenstellungen angeregt werden.[9]

So erfordert z. B. die moralische Urteilsfähigkeit ein angemessenes Interaktionsverhalten im Diskurs und kann durch formale Hilfestellungen wie das hedonistische Kalkül oder den kategorischen Imperativ ausgebaut werden. Zugleich werden Kenntnisse über Regeln, Erwartungen, Konventionen, Autoritäten etc. benötigt, um angemessen entscheiden zu können. Die Facette der Selbstkompetenz steuert hierzu schließlich persönlich internalisierte Normen, eigene moralische Ideale und Motivationen sowie Selbstwahrnehmungen in relevanten moralischen Entscheidungssituationen bei.[10] Der Grad der Kompetenz bemisst sich hier vor allem daran, wie sehr die genannten Eigenschaften der jeweiligen Person selbst reflexiv zugänglich sind, um immer wieder ein einigermaßen kohärentes und zunehmend auch selbst verantwortetes Ganzes aus ihnen zu erzeugen.

Entsprechende Selbstreflexionsprozesse werden im Ethikunterricht hauptsächlich auf zwei Wegen stimuliert:

Sie erfolgen einerseits in der Diskussion von Dilemmata und vergleichbar kontroversen Fallbeispielen. Eine wichtige Bedingung für ihr Gelingen besteht dabei darin, dass den Schülern im Verlauf der Auseinandersetzung mehrfach die Gelegenheit gegeben wird, ihren eigenen moralischen Standpunkt zum vorgelegten Problem zu überprüfen, ggf. zu wechseln und neu zu begründen.

Der zweite übliche Weg, Selbstreflexionen anzuregen, führt über die Auseinandersetzung mit philosophischen Begründungsansätzen der Ethik und mit Positionen aus der Tradition der Lebenskunst. Überprüfbar kann der Rückbezug der Texte auf die Lernenden dadurch gemacht werden, dass ihnen Gelegenheiten dazu

---

kunst [...], die darum keine Selbstmacht generierende Selbstkontrolle [...] [hervorbringt], weil sie nur die Disziplinierungs- und Normalisierungstechniken der Gesellschaft internalisiert hat«. Vgl. Wolfgang Kersting, Claus Langbehn, »Vorwort«, in: Dies. (Hrsg.), *Kritik der Lebenskunst*, Frankfurt a.M. 2007, S. 7–9, hier: S. 8; Wolfgang Kersting, »Einleitung. Die Gegenwart der Lebenskunst«, a. a. O. (Anm. 7), S. 10–88, hier: S. 57, 62.

8 Vgl. Heinrich Roth, *Pädagogische Anthropologie*, Bd. 2., Hannover 1971, S. 180.

9 Vgl. Anita Rösch, *Kompetenzorientierung im Philosophie- und Ethikunterricht. Entwicklung eines Kompetenzmodells für die Fächergruppe Philosophie, Praktische Philosophie, Ethik, Werte und Normen, LER*, Wien 2009, S. 12.

10 Vgl. ebd., S. 258–273, v. a. S. 266. Zuordnungen, die mir unlogisch erscheinen, habe ich bei meiner Darstellung korrigiert. Zum Beispiel ist es verwunderlich, dass die »moralische Urteilsfähigkeit«, die in diesem Kapitel definiert werden soll, zugleich auch als untergeordnetes Item in der Facette der Methodenkompetenz genannt wird, die zu dieser Kompetenz beitragen soll. Ebenso ist es m. E. nicht plausibel, dass die Dilemmadiskussion, die im Ethikunterricht als spezielle, zumeist von der Lehrkraft stark gelenkte Methode vermittelt wird, der Facette der Sozialkompetenz zugerechnet wird.

gegeben werden, sich über den Wert der Lektüre für die eigene momentane oder zukünftige Lebensgestaltung zu äußern.

In beiden Fällen kommt das Moment der Selbstreflexion realiter allerdings nur zu einem stark begrenzten Recht. Im Vordergrund steht zumeist doch erst einmal die sachliche Ebene der Auseinandersetzung. Zudem verfolgen wir in solchen Aussprachen oft auch Lernziele im methodischen Bereich der Argumentationstrainings. Die Äußerungen der Schülerinnen und Schüler sind unter diesen Gesichtspunkten objektivierbar und eine Rückmeldung fällt in der Regel nicht schwer. Selbstreflexive Bemerkungen bleiben hingegen sehr oft unkommentiert im Raum stehen. Vieles davon wird zudem von den Schülern gar nicht authentisch hervorgebracht, sondern nur gesagt, weil es sozial erwünscht zu sein scheint.

Um mehr Authentizität und Selbstbezüglichkeit der Unterrichtsbeiträge zu erreichen, sollte sich der Ethikunterricht letztlich noch deutlicher von der Einseitigkeit des universalistischen Paradigmas verabschieden. Diese Forderung wird von entsprechenden Entwicklungen in der akademischen Philosophie flankiert. In besonders programmatischer Form wird sie durch die Strömung der sog. *Narrativen Ethik* vertreten. Dreh- und Angelpunkt dieses Ansatzes sind, wie der Name sagt, Narrationen bzw. Erzählungen. Was unter diesem Terminus zu verstehen ist und inwiefern sich hier eine lohnenswerte Perspektive für authentischere Selbstreflexionen der Lernenden im Ethikunterricht erschließt, möchte ich im jetzt folgenden Abschnitt erörtern.

2. Das Potential autobiografischer Narrationen im Ethikunterricht

Narrationen sind mündliche oder schriftliche Äußerungen unterschiedlicher Länge. Sie beziehen sich auf Unerwartetes, Neues oder Kontingentes. Sie ordnen die solcherart als erzählenswert empfundenen Ereignisse in temporalen Reihen an und generieren auf diese Weise verstehbare, aber nicht unbedingt streng kausale Zusammenhänge. Zusätzliche Geltungskraft beziehen sie aus der Verwendung kulturell geläufiger Symbole und dramaturgischer Erzählmuster. Sie artikulieren in expliziter oder indirekter Weise subjektive, situationsbezogene Einschätzungen der erzählten Ereignisse und der Umstände ihres Eintretens. Sie bieten auf diesem Wege Anhaltspunkte für das Erleben und Handeln der Erzählenden, aber auch ihrer Adressaten.[11]

---

11 Vgl. v. a. die Untersuchungen von Bachtin, MacIntyre und Ricœur, zitiert in: Kenneth J. Gergen, »Erzählung, moralische Identität und historisches Bewusstsein. Eine sozialkonstruktionistische Darstellung«, übersetzt von Jürgen Straub und Alexander Kochinka, in: Jürgen Straub (Hrsg.), *Erzählung, Identität und historisches Bewusstsein. Die psychische Konstruktion von Zeit und Geschichte*, Frankfurt a.M. 1998, S. 170–202, hier: S. 170–176.

In dieser Aufzählung von Merkmalen des narrativen Denkmodus zeigt sich bereits eine relevante Schnittmenge mit den Zielsetzungen des Ethikunterrichtes; in beiden Fällen geht es zentral um Fragen nach dem Sinn, um Möglichkeiten der Orientierung, um die Bewältigung von Kontingenz sowie um die Ausbildung und kritische Überprüfung von Werturteilsstrukturen. Da Narrationen häufig aus der Perspektive der ersten Person Singular verfasst sind, gelingt es mit ihnen zudem in besonderer Weise, vorschnelle Abstraktionen zu vermeiden; vorerst gerät stattdessen das persönliche Erleben des Einzelfalles in den Fokus.

Noch deutlicher ist dies bei dezidiert autobiografischen Erzählungen der Fall. An anderer Stelle habe ich für diese spezielle Klasse von Narrationen acht Funktionen aufgezeigt, die (abgesehen vielleicht vom letzten Punkt)[12] mit denkbaren Selbstreflexionsprozessen im Ethikunterricht konvergieren.[13] Dabei handelt es sich im Einzelnen um:

1. eine *sinnstiftende Funktion*, weil einzelne Episoden in einen einheitlichen Erzählrahmen integriert werden können, anstatt bruchstückhaft nebeneinander zu stehen;

2. eine *reorganisierende Funktion*, weil in der Vergangenheit liegende Erlebnisse erzählend in neue Zusammenhänge gebracht und anders bewertet werden können;

3. eine *emotionale Funktion*, weil autobiografische Narrationen es ermöglichen, traumatische Erlebnisse und eigenes Fehlverhalten, das beispielsweise mit Gefühlen der Schuld oder Scham einhergehen würde, als fremdverursacht zu externalisieren;

4. eine *ethische Funktion*, weil Narrationen als Modelle erwünschten Verhaltens fungieren oder auf solche rekurrieren und weil sie im Bezug auf eigene Handlungen rechtfertigend auf Motive, Überzeugungen oder Kontextvariablen verweisen;

5. eine *identifizierende Funktion*, weil sich der autobiografische Erzähler als Autor seiner Geschichte und zugleich Urheber von Handlungen sowie als Zentrum von Widerfahrnissen vergegenwärtigt und weil er diese in den Kontext sozialer und kultureller Wechselwirkungen einbettet;

---

12 Vgl. zu entsprechenden Grenzen des im schulischen Unterricht Denkbaren oder Erlaubten u. a. Ekkehard Martens, »Welchen Beitrag können der Philosophie- und Ethikunterricht zur Lebenskunst leisten?«, in: ZDPE 1, 2004, S. 2–4. Vgl. demgegenüber Thomas Metzinger, »Neurobics für Anfänger«, in: *Gehirn & Geist* 2, 2006, S. 68–71, hier: S. 71: Metzinger fordert eine »Bewusstseinskultur«, in der geistige Entspannungstechniken im Schulunterricht vermittelt werden. Allerdings dürfe diese Aufgabe »auf keinen Fall in die Hände von Religionslehrern gelegt werden«, was nicht näher begründet wird, aber dann wohl auch für den Ethikunterricht gilt. Metzinger denkt alternativ über Sportlehrer als geeignete Vermittler des von ihm intendierten »Meditationsunterrichtes« nach.

13 Vgl. Volker Haase, »Selbstkompetenz und autobiografische Narration. Theoretische Fundierung eines Zusammenhangs und zehn praktische Übungen für den Unterricht«, in: ZDPE 2, 2010, S. 88–100, hier: S. 94.

6. eine *orientierende Funktion*, weil Erzählungen stabile Erfahrungs- und Hand-
   lungsmuster adaptieren oder selbst bereitstellen, die dazu beitragen, aktuelle
   Probleme einzuordnen und zukünftige Aufgaben zu lösen;
7. eine *soziale Funktion*, indem sie ein für andere erfassbares *Image* der sich
   äußernden Person erzeugen, ein intimes Verhältnis zu den Zuhörenden befördern sowie ein Ethos der Aufmerksamkeit und Anteilnahme geltend machen;
8. eine *psychosomatische Funktion* im Sinne einer sensomotorischen Auflösung
   von Anspannungen und Verkrampfungen infolge der Mitteilung belastender
   Erfahrungen.

Nun stellt sich allerdings die Frage, in welcher Weise die Erzählung autobiografischer Episoden diese genannten Funktionen erfüllt. Sie tut es aufgrund ihrer spezifischen Struktur, deren Beschreibung bis auf Aristoteles zurückgeht. Im Wesentlichen handelt es sich um eine Komposition in vier Schritten:

- Zunächst wird in der Art einer Exposition verdeutlicht, wann, wo und mit
  welchen Akteuren sich das zu Erzählende eigentlich abgespielt hat.
- Darauf folgt die Schilderung einer Störung, die in den Lebensvollzug der
  Hauptperson eindringt.
- Der weitere Verlauf ist dann durch die Darstellung der Auseinandersetzung
  mit dieser Störung bestimmt.
- Und der befriedigende oder unbefriedigende Ausgang der Handlung für die
  Hauptperson enthält schließlich ein Urteil bezüglich der von ihr unternom-
  menen Handlungen. Diese Wertung kann ggf. durch eine explizite Deutung
  unterstrichen werden.

Ist die Erzählung in den Kontext einer Alltagssituation eingebettet, so wird ihr
Beginn und ihr Ende zusätzlich durch entsprechende sprachliche Signale markiert.[14]
   Diese Grundstruktur kann allerdings in verschiedenen Varianten realisiert werden:

- In *Stabilitätserzählungen* werden die Ereignisse so dargestellt, dass sie zur
  Aufrechterhaltung oder Wiederherstellung eines positiven Ausgangszustan-
  des führen.
- In *Fortschrittserzählungen* scheinen sie eine permanente Verbesserung der
  ursprünglichen Situation zu bewirken.

14 Vgl. William Labov, Joshua Waletzky, »Erzählanalyse. Mündliche Versionen persönlicher Erfahrung«,
in: Jens Ihwe (Hrsg.), *Literaturwissenschaft und Linguistik*, Bd. 2., Frankfurt a.M. 1973, S. 78–126; Karolina
Frenzel, Michael Müller, Hermann Sottong, *Storytelling. Das Praxishandbuch*, München 2006, S. 76.

   – In *regressiven Erzählungen* werden sie dagegen als Ursachen einer stetigen Verschlechterung interpretiert.

Man erahnt hinter dieser Klassifikation die Handlungsmodelle der Komödie, des Märchens und der klassischen Tragödie. Weitere Typen der Erzählung sind dann strukturell einfach als Mischformen beschreibbar.[15] So wäre z. B. die Struktur der Heldensage durch einen permanenten Wechsel von progressiven und regressiven Entwicklungen gekennzeichnet, d. h. von Phasen des gescheiterten Versuchs und des Neubeginns, was auch für reale Lebenswege in der individualisierten Gegenwartsgesellschaft nicht untypisch sein dürfte.

Ich möchte an dieser Stelle noch anmerken, dass die drei zuerst genannten stereotypischen Erzählschemata zur Deutung von ein und derselben Begebenheit in jeweils vergleichbar adäquater Weise herangezogen werden können. In der politischen Praxis tritt diese Flexibilität in augenscheinlicher Weise zutage. Am Beispiel des Rücktrittes Horst Köhlers vom Amt des Bundespräsidenten im Jahr 2010 will ich dies kurz verdeutlichen.

Köhler war seinerzeit für eine öffentliche Befürwortung von Bundeswehreinsätzen aufgrund bestimmter wirtschaftlicher Interessen stark kritisiert worden. Im Sinne des regressiven Musters konnten seine Gegner darin einen deutschen Rückfall in nationalistische Zeiten verstehen, und sie konnten dem Präsidenten selbst einen Verlust der politischen Integrität, zumindest aber »Amtsmüdigkeit«, bescheinigen. Umgekehrt schien es jedoch auch möglich, seine Äußerung als Zeichen einer neuen Diskurskultur zu deuten, welche die schuldhafte Sonderrolle Deutschlands hinter sich lassen und sich selbstbewusst mit vergleichbaren Interessen anderer Industrienationen messen könne. Diese progressive Deutung war auch gut auf der biografischen Ebene fortsetzbar, wenn man in Köhlers Ausspruch den vorläufigen Gipfelpunkt einer ganzen Reihe von couragierten Handlungen sehen wollte, zu denen auch die viel diskutierte Zurückweisung einiger Gesetzesvorlagen gehörte. Im Modus einer Stabilitätserzählung war schließlich zu vernehmen, dass Köhler mit seiner Äußerung nur etwas öffentlich klargemacht habe, was immer schon zum langfristigen Kalkül der Bundesregierung gehört habe. Nach dieser Lesart scheint sich Köhler mit dem nachfolgenden Rücktritt zudem selbst treu geblieben zu sein; er hätte dann letztlich dieselbe Unabhängigkeit und Unbestechlichkeit an den Tag gelegt, die ihm bereits in seiner allgemein geachteten Tätigkeit als Direktor des Internationalen Währungsfonds eigen gewesen war.[16]

---

15 Vgl. Gergen, a. a. O. (Anm. 11), S. 178–181.
16 Vgl. zu den unterschiedlichen Reaktionen der Öffentlichkeit z. B. Wolfgang Jauschensky, »Köhler. Krieg für freien Handel«, online auf: www.sueddeutsche.de, 27.05.2010. Letzter Zugriff: 16.11.2011; Gerd Appenzeller, »Ein Bundespräsident auf Abwegen«, online auf: www.zeit.de, 28.05.2010. Letzter Zugriff: 16.11.2011.

Ähnlichen Vexierspielen können wir wohl auch nahezu alle Episoden aus dem eigenen Leben unterziehen, und psychologische Erkenntnisse deuten darauf hin, dass in der Fähigkeit dieses evaluativen Perspektivenwechsels nicht nur die Möglichkeit einer vorteilhaften Image-Bildung für die Präsentation des Selbst in seiner sozialen Umbebung, sondern zugleich ein wesentlicher Schlüssel zur psychischen Gesunderhaltung besteht.[17]

3. Autobiografische Narrationen im System der Fachdidaktik

Nach dieser prinzipiellen Überlegung zur Funktionsweise und Legitimation autobiografischer Narrationen im Ethikunterricht gilt es an dieser Stelle genauer aufzuzeigen, welche systematischen Positionen von ihnen eingenommen werden können, die in der bisherigen Fachdidaktik bislang unbesetzt geblieben sind. Hierfür sind zunächst allerdings weitere begriffliche Unterscheidungen notwendig.

Mit Genette kann man im Anschluss an Aristoteles zwischen *fiktionalen* und *faktualen Narrationen* differenzieren.[18] Während wir zur ersten Sorte üblicherweise die Gattungen der Lyrik, der Epik und der Dramatik zählen, haben wir es im zweiten Fall z. B. mit Alltagsgesprächen, mit Sachtexten von Historikern und eben auch mit autobiografischen Texten zu tun.

Nun nimmt die akademische Philosophie unter dem Begriff der *Narrativen Ethik* in ganz verschiedenen Weisen auf diese beiden Sorten des Erzählens Bezug. Sie verwendet Narrationen entweder als Formen der Präsentation und Illustration ethischer Phänomene oder als Quellen für die kritische Reflexion moralischer Modelle bzw. Vorbilder. Eine dritte Deutung versteht Narrationen hingegen in einem grundlegenderen Sinn als Strukturen, die unserem Handeln, Erleben und Selbstverständnis zu jedem Zeitpunkt zugrunde liegen.[19]

Die beiden ersten Verständnisse der Narrativen Ethik hat die Fachdidaktik unter den Termini des *Anschaulichen Denkens* und des *Literarischen Philosophierens* transformiert, ohne damit eine klare Abgrenzung zu markieren, und sie hat dabei insbesondere fiktionale Erzählungen in den Blick genommen.[20] Der Bereich der

17 Vgl. u. a. Beate Wilken, *Methoden der Kognitiven Umstrukturierung*, Stuttgart 2008; Hilarion G. Petzold, *Lebensgeschichte erzählen. Biografiearbeit – Narrative Therapie – Identität*, Paderborn 2003; Konrad P. Grossmann, *Der Fluss des Erzählens. Narrative Formen der Therapie*, Heidelberg 2003; Aaron T. Beck, *Kognitive Therapie der Depression*, Weinheim, Basel 2001, S. 206–208.

18 Vgl. Gerard Genette, *Fiktion und Diktion*, München 1992, S. 11–40. Zur Problematisierung dieser Unterscheidung vgl. Ansgar Nünning, »Fiktionalität, Faktizität, Metafiktion«, in: Christian Klein (Hrsg.), *Handbuch Biographie. Methoden, Traditionen, Theorien*, Stuttgart, Weimar 2009, S. 21–27.

19 Vgl. Karen Joisten, »Möglichkeiten und Grenzen einer narrativen Ethik. Grundlagen, Grundpositionen, Anwendungen«, in: Dies. (Hrsg.), *Narrative Ethik. Das Gute und das Böse erzählen*, Berlin 2007, S. 10–21; hier: S. 10 f.

20 Vgl. Barbara Brüning, Ekkehard Martens (Hrsg.), *Anschaulich philosophieren. Mit Märchen, Fabeln*

faktualen – und insbesondere der autobiografischen – Narrationen spielte bislang hingegen keine größere Rolle im fachdidaktischen Diskurs.[21] Dies ist umso erstaunlicher, als sich Experten- und Betroffeneninterviews, die eindeutig diesem Bereich zuzurechnen sind, in der Unterrichtspraxis einerseits einer immerwährenden Beliebtheit erfreuen, aber andererseits stets die Gefahr mit sich bringen, entweder zur emotionalen Überwältigung der Lernenden zu führen oder die eingeladenen Gesprächspartner mit unsensiblen Äußerungen und Altklugheit zu verprellen.[22]

Die wenigen bisherigen methodischen Vorschläge gehen allerdings über den Hinweis, dass solche Situationen durch die Entwicklung einer geeigneten Fragehaltung vor- und schließlich auch nachzubereiten sind, nicht weit hinaus.[23] Verdeutlicht man sich hingegen den besonderen Charakter der in diesen Stunden gesprochenen Texte als faktuale Erzählungen, so können adäquatere und gewinnbringendere Verhaltensweisen und Reflexionsformen hergeleitet werden, die u. a. aus der soziologischen Theorie und Anwendung des so genannten *Narrativen Interviews* zu beziehen und damit methodologisch abgesichert wären.[24]

Während es sich bei diesem Vorschlag um die Arbeit mit fremden autobiografischen Erzählungen handelt, besteht ein zweites desiderables Untersuchungsfeld in der Frage nach geeigneten Anleitungen der Lernenden zur Hervorbringung, Bearbeitung und Reflexion von Narrationen zur *eigenen* Lebensgeschichte. Auch hier greift die Unterrichtspraxis, sofern sie sich an den aktuellen Lehrwerken orientiert, geeigneten fachdidaktischen Beschreibungen zuweilen voraus; es fehlt bislang jedenfalls ein kohärentes Modell, das Teilfähigkeiten des autobiografischen Erzählens und Reflektierens auf verschiedenen Kompetenzstufen offenlegt und entfaltet.[25]

---

und Filmen, Weinheim, Basel 2007; Johannes Rohbeck (Hrsg.), *Anschauliches Denken*, Dresden 2005; Ders. (Hrsg.), »Literarisches Philosophieren«, ZDPE 2, 2004.

21 Vgl. als Ausnahme die kursorische Aufzählung von »Methoden für die biografische Selbstreflexion« bei Pfeifer, a. a. O. (Anm. 6), S. 336.

22 Zur Kritik entsprechender bildungspolitischer Konzepte der Moralerziehung vgl. Fritz Oser, »Acht Strategien der Wert- und Moralerziehung«, in: Wolfgang Edelstein, Fritz Oser, Peter Schuster (Hrsg.), *Moralische Erziehung in der Schule. Entwicklungspsychologie und pädagogische Praxis*, Weinheim, Basel 2001, S. 63–89, hier: S. 63–68, 70–72. Verbindlicher als für den Ethikunterricht ist das »Überwältigungsverbot« in der Didaktik des Politik- und Gemeinschaftskundeunterrichts im sog. »Beutelsbacher Konsens« formuliert worden; vgl. Hans-Georg Wehling, »Konsens à la Beutelsbach?«, in: Siegfried Schiele, Herbert Schneider (Hrsg.), *Das Konsensproblem in der politischen Bildung*, Stuttgart 1977, S. 179 f.

23 Vgl. Peter Köck, *Handbuch des Ethikunterrichts. Fachliche Grundlagen, Didaktik und Methodik, Beispiele und Materialien*, Donauwörth 2002, S. 184; Jonas Pfister, *Fachdidaktik Philosophie*, Bern u. a. 2010, S. 92.

24 Vgl. insbesondere die Interview- und Auswertungstechnik in Anlehnung an Fritz Schütze. Dazu: Rosenthal Gabrielle, *Erlebte und erzählte Lebensgeschichte. Gestalt und Struktur biografischer Selbstbeschreibungen*, Frankfurt a.M., New York 1995.

25 Vgl. Anita Rösch, a. a. O. (Anm. 9). Auch in dieser bisher umfangreichsten und systematischsten Darstellung von Kompetenzen des Philosophie- und Ethikunterrichts finden sich keine Überlegungen in dieser Richtung. Dies ist umso verwunderlicher, als das Verstehen fremder Perspektiven mit der postulierten »Interkulturellen Kompetenz« eine Rolle spielt. Dabei handelt es sich um eine Abkehr vom universalistischen Paradigma der Weltbeschreibung, das auch die Narrative Ethik kennzeichnet.

Es ist meine Absicht, den zweifachen Wert eines solchen Modells zu zeigen: In einem evaluativen Sinn kann es einerseits dazu beitragen, die von den Schulbuchverlagen bislang vorgeschlagenen Methoden und Übungen einer kritischen Überprüfung zu unterziehen. In einem heuristischen Sinn wird es andererseits auch Perspektiven für die systematische Entwicklung weiterer methodischer Vorschläge eröffnen, die z. T. unkompliziert aus geeigneten Bezugswissenschaften wie der Soziologie und der differenziellen Psychologie, aber auch aus der Literaturwissenschaft und Linguistik hergeleitet werden können.

4. Teilfähigkeiten der autobiografischen Narrationskompetenz

Beginnen wir nun also mit dem ersten Schritt der intendierten Modellentwicklung. Dafür halte ich an dem im ersten Teil erläuterten Konstrukt fest, dass komplexe Kompetenzen als Wirkungszusammenhang spezifischer Inhalte der Sach-, Selbst-, Methoden- und Sozialkompetenz zu beschreiben sind. Außerdem nehme ich an, dass es sich bei der gesuchten autobiografischen Narrationskompetenz um eine solche komplexe Fähigkeit handelt.

4.1 Sachkompetenz

Auf der *Sachebene* wird die Hervorbringung von eigenen und die Beschäftigung mit fremden autobiografischen Narrationen zunächst ein Wissen benötigen oder andernfalls hervorbringen, dass sich auf die Fragen nach der Struktur einer intersubjektiv verständlichen und bedeutsam erscheinenden Erzählung und nach geeigneten Textsorten der Selbstbeschreibung bezieht. Ferner können bestimmte topisch verwendete Darstellungs- oder »Deutungsmuster«,[26] wie zum Beispiel die Inszenierung der Autobiografie als Bekenntnis in der Traditionslinie Augustinus' und Rousseaus, von Interesse sein.[27]

Es ist allerdings davon auszugehen, dass die narrative Vermittlung von lebensleitenden Vorstellungen an Heranwachsende heute nicht mehr so stark auf dem

---

26 Vgl. Michael Meuser, Reinhold Sackmann (Hrsg.), *Analyse sozialer Deutungsmuster. Beiträge zur empirischen Wissenssoziologie*, Pfaffenweiler 1992.

27 Vgl. zu dieser philosophiegeschichtlich interessanten Linie T. C. Price Zimmermann, »Bekenntnis und Autobiographie in der frühen Renaissance«, aus dem Englischen übersetzt von Irmgard Scheitler, in: Günther Niggl (Hrsg.), *Die Autobiographie. Zur Form und Geschichte einer literarischen Gattung*, Darmstadt 1998, S. 343–366; Jaques Voisine, »Vom religiösen Bekenntnis zur Autobiographie und zum intimen Tagebuch zwischen 1760 und 1820«, aus dem Französischen übersetzt von Ursula Christmann, in: Niggl, a. a. O. (Anm. 27), S. 392–414.

Weg der Literatur als vielmehr auf der Basis filmischer »Perzepte« erfolgt.[28] Im Ethikunterricht sollte in dieser Hinsicht insbesondere das Erzählformat des Spielfilmes auf suggerierte Wertvorstellungen und nahegelegte Handlungsweisen in bestimmten Lebenslagen exemplarisch analysiert und hinsichtlich der Plausibilität für die eigene Lebensführung reflektiert werden.[29]

Ferner kann im Unterricht auch das experimentelle Spiel mit den evaluativen Ausrichtungen der Stabilitäts-, Progressions- und Regressionserzählung den prinzipiellen Konstruktcharakter der narrativen Selbstdarstellung verdeutlichen. Es empfiehlt sich dabei, nicht sogleich das Leben der Schülerinnen und Schüler, sondern vorerst die Erinnerungen prominenter Persönlichkeiten und literarischer Figuren einer gemeinsamen Diskussion zu unterziehen. Neben solchen Grundeinsichten in das Wesen autobiografischer Narrationen werden aber auch Einblicke in lebensphasentypische Rollenmuster und Statusvorstellungen, die unsere Gesellschaft hervorbringt,[30] und in milieuspezifische Lebensstile, die das Selbstverständnis von Menschen prägen,[31] gefordert sein bzw. in der Auseinandersetzung mit Autobiografien im Sinne einer elaborierteren Menschenkenntnis gefördert werden können.

4.2 Selbstkompetenz

Im Bereich der *Selbstkompetenz* können die Lernenden darüber hinaus dazu angeregt werden, über eigene Erinnerungen und Zukunftsvorstellungen nachzudenken. Dabei kann durch die Anschlussfrage, ob oder bis zu welchem Grad das eigene Leben wirklich planbar ist, Kontingenzbewusstsein entstehen.

Zugleich ist es möglich, von solchen retrospektiven Spiegelungen und prospektiven Entwürfen auf aktuelle Einstellungen und Haltungen, Wünsche und Bedürfnisse sowie auf Entwicklungsaufgaben, die das Selbstverständnis bestimmen, zu schließen.

Überlegungen dazu, woher diese Ausrichtungen der eigenen Persönlichkeit kommen, werden zudem auf Introjekte in der Form unbewusst internalisierter Normen und Werte, aber auch selbst gewählter Vorbilder verweisen. Wenn die

---

28 Zur Vermittlung von Wahrnehmungseinheiten im Film vgl. Jörg Peters, Bernd Rolf, »Spielfilme im Ethik- und Philosophieunterricht«, in: Barbara Brüning, Ekkehard Martens (Hrsg.), a. a. O. (Anm. 20), S. 116–136.

29 Hier eignen sich Themen wie Liebe, Freundschaft und Tod, die ohnehin Themen des Ethikunterrichtes in der Mittelstufe sind, in besonderer Weise. Als Auswahlhilfe vgl. Jörg Peters, »Filmographie für die Fächer Philosophie – Praktische Philosophie – Ethik – Werte und Normen – L-E-R«, in: ZDPE 2, 2010, S. 134–150.

30 Vgl. grundlegend Erik H. Erikson, *Identität und Lebenszyklus*, Frankfurt a.M. 1973.

31 Vgl. z. B. Ulf Mathiessen, »Lebensstile und Deutungsmuster. Randbemerkungen zu Problemen bei der Analyse einer zeitgeschichtlichen Zentralkonstellation«, in: Michael Meuser, Reinhold Sackmann, a. a. O. (Anm. 26), S. 103–113.

Schülerinnen und Schüler die Möglichkeit erhalten, in einem geschützten Kommunikationsrahmen einige wichtige Episoden ihres bisherigen Lebens zu erzählen und diese Erzählungen später hinsichtlich ihres evaluativen Gehalts zu reflektieren, werden sie vermutlich auch erkennen, ob sie über sich selbst eher erfolgs- oder misserfolgsorientiert denken.[32] Praktische Versuche der Umerzählung negativ erinnerter Erlebnisse könnten hier unter Umständen einen Weg zu einer positiveren Selbst- und Lebensauffassung aufzeigen.

Im Ganzen kann davon ausgegangenen werden, dass die beschriebenen Denkbewegungen, sofern ein Teil davon in der Lerngruppe öffentlich wird, dazu führen können, Selbst- und Fremdbilder von der eigenen Person miteinander abzugleichen und darüber hinaus auf einer weiteren Stufe der Abstraktion die subjektiven Persönlichkeitstheorien, die sich jeder von uns macht und seinem Handeln und Erleben zugrundelegt, zu explizieren und einer gemeinsamen Diskussion zuzuführen.

4.3 Sozialkompetenz

Die Herausforderung, mit anderen über das eigene Leben und Selbstverständnis zu sprechen, ist untrennbar mit der Überlegung verbunden, ob die Schülerinnen und Schüler über genügend *Sozialkompetenz* verfügen oder ob diese zunächst noch gestärkt werden muss. Die Fähigkeiten zur Empathie und zum Perspektivenwechsel werden in fühlbarer Weise bereits gegeben sein müssen, bevor autobiografisches Erzählen im Klassenzimmer stattfinden kann. Nur auf dieser Basis ist es möglich, über die Herstellung einer vertraulichen Atmosphäre gemeinsam nachzudenken und aktives Zuhören zu trainieren. Die Frage, wie sehr dieser gruppendynamische Prozess vorangeschritten ist, wird darüber entscheiden, wie offen autobiografiebezogene Ich-, Du- und Wir-Botschaften artikuliert werden können.

4.4 Methodenkompetenz

Um solche Kommunikationsprozesse inhaltlich gewinnbringend zu gestalten, bedarf es jedoch, wie vorhin schon angemerkt, auch konkreter *Methoden*. Ich denke dabei an Techniken zur Herstellung von Erinnerungen sowie zu ihrer sinn-

---

32 Vgl. Nathaniel Lees Gage, David C. Berliner, *Pädagogische Psychologie*, Weinheim, Basel 1996, S. 337–391. Erfolg wird bei Menschen, die sich selbst gut motivieren können, auf interne, personenbezogene Gründe, v.a. auf eine gut ausgeprägte Kompetenz, zurückgeführt, während Misserfolg mit externen Faktoren, z. B. mit einer zu hohen Schwierigkeit der Aufgabe, attribuiert wird. Diese Erfolgsorientierung wirkt sich positiv auf den Selbstwert aus. Das umgekehrt funktionierende, misserfolgsorientierte Attributionsmuster ist mit pessimistischen Denkweisen verwandt, die auch für Depressionen typisch sind.

stiftenden Auswahl und Interpretation. Ferner denke ich an bestimmte Gesprächs- und Interviewtechniken zum sichereren Umgang mit fremden autobiografischen Äußerungen und an das Training bestimmter Schreibtechniken, die Reflexionen über das eigene Leben im Rahmen einer philosophischen Untersuchung fruchtbar machen. In dieser Hinsicht kommt für mich, nach entsprechenden Vorübungen, v.a. der Essay in Betracht.[33]

Aus den Ausführungen ergibt sich Abbildung 1.

5. Curriculare Entfaltung der autobiografischen Narrationskompetenz

Das Ziel dieses abschließenden Teils besteht darin, für die oben genannten Funktionen des autobiografischen Erzählens verschiedene Kompetenzstufen zu definieren und so eine Basis zu schaffen, um geeignete Übungsformate und Methoden zum Erlernen der autobiografischen Narrationskompetenz für die verschiedenen Klassenstufen zu entwickeln und sie in die systematische Struktur eines stufenübergreifend angelegten Curriculums einzuordnen. Für die Formulierung der gesuchten Kompetenzstufen ist ein Rückgriff auf geeignete entwicklungspsychologische Erkenntnisse erforderlich.

Wenn es aber tatsächlich zutrifft, dass autobiografische Narrationen ähnliche Strukturen und kognitive Voraussetzungen wie Geschichtserzählungen aufweisen,[34] so liegt es an dieser Stelle nahe, ein bereits ausgearbeitetes Modell zur Beschreibung verschiedener Typen des historischen Bewusstseins, das sich u. a. auf Erkenntnisse von Piaget und Kohlberg stützt,[35] für unsere Zwecke zu adaptieren und es nur an den nötigen Stellen mit neueren Untersuchungsergebnissen zur Entwicklung des kindlichen Erzählens und seiner kognitionspsychologischen Voraussetzungen zu ergänzen.[36]

---

33 Eine plausible Verbindung zwischen der französischen Wurzel des Essays und der Textgattung der Autobiografie besteht im philosophischen Werk Montaignes. Ein Schreibcurriculum, das zum Essay betont über den autobiografischen Zugang hinführt, könnte die Schwierigkeiten abzubauen helfen, die die vom Erörterungsaufsatz geprägten Schülerinnen und Schüler mit authentischen Selbstbezugnahmen bei der essayistischen Betrachtung eines vorgegebenen philosophischen Problems haben. In dieser Idee sehe ich eine wichtige Ergänzung zu den an anderer Stelle vorgeschlagenen phänomenologischen Annäherungsübungen. Vgl. Volker Haase, »Essays im Philosophie- und Ethikunterricht bewerten«, in: Donat Schmidt, Johannes Rohbeck, Peter von Ruthendorf (Hrsg.), *Maß nehmen – Maß geben. Leitungsbewertung im Philosophieunterricht und im Ethikunterricht*, Jahrbuch für Didaktik der Philosophie und Ethik 2009, Dresden 2011, S. 75–105, hier: S. 89, 93–95.

34 Vgl. Jürgen Straub, »Geschichten erzählen, Geschichte bilden. Grundzüge einer narrativen Psychologie historischer Sinnbildung«, in: Ders., a. a. O. (Anm. 11), S. 81–169, hier: S. 125.

35 Vgl. Jörn Rüsen, *Studies in Metahistory*, Pretoria 1993. Zitiert und weiterentwickelt in: Peter Seixas, »Historisches Bewusstsein. Wissensfortschritt in einem post-progressiven Zeitalter«, übersetzt von Jürgen Straub und Alexander Kochinka, in: Straub (Hrsg.), a. a. O. (Anm. 11), S. 234–265.

36 Vgl. Tabea Becker, *Kinder lernen erzählen. Zur Entwicklung der narrativen Fähigkeiten bei Kindern*

Sachkompetenz
- Grundstruktur wohlgeformter Erzählungen
- Textsorten und Topoi autobiografischen Erzählens
- Evaluative Muster des Erzählens
- Konstruktcharakter von Narrationen
- lebensphasentypische Rollen- und Statusvorstellungen
- milieuspezifische Lebensstile

Selbstkompetenz
- Erinnerungen
- Zukunftsvorstellungen
- aktuelle Einstellungen, Haltungen
- aktuelle Wünsche, Bedürfnisse, Entwicklungsaufgaben
- internalisierte Normen und Werte
- selbst gewählte Vorbilder
- Erfolgs- bzw. Misserfolgsorientierung
- Kontingenzbewusstsein
- naive Persönlichkeitstheorien
- zulassen fremder Interpretationen der eigenen Person

Methodenkompetenz
- Erinnerungstechniken
- Auswahl- und Anordnungstechniken
- Evaluationstechniken
- Schreibtechniken
- Gesprächs- und Interviewtechniken

Sozialkompetenz
- Empathie
- Perspektivenwechsel
- Aktives Zuhören
- Herstellung von Vertrauen und geschützten Räumen
- Dosierung von Ich-, Du- und Wir-Botschaften

Autobiografische Narrationskompetenz

Abbildung 1

Durch solche Analogien und Nachträge lassen sich sechs Typen des autobiografischen Bewusstseins unterscheiden:

- Pränarrativer Typ: Der *pränarrative Typ* verfügt noch nicht über die Fähigkeit, eine wohlgeformte Geschichte in der oben genannten Schrittfolge zu

unter besonderer Berücksichtigung der Erzählform, Baltmannsweiler 2001; Dietrich Boueke, Frieder Schülein, Dagmar Wolf, »Wie lernen Kinder, eine Geschichte zu erzählen? Zur Entwicklung narrativer Strukturen«, in: *Forschung an der Universität Bielefeld*, Bd. 11, 1995, S. 27–33. Konkret zur Ausbildung des »autobiografischen Gedächtnisses« vgl. Katherine Nelson, »The emergence of autobiographical memory: A social cultural development theory«, in: *Psychological Review* 111, 2004, 3, S. 486–511.

erzählen. Sein präziseres Erinnerungsvermögen reicht vorerst nur wenige Tage in die Vergangenheit hinein. Moralische Wertungen werden in der Regel noch nicht bewusst artikuliert.[37]

- Episodischer Typ: Der *episodische Typ* ist in der Lage, über einzelne Erlebnisse oder Tage eine temporal geordnete Narration zu formulieren. Er lernt zunehmend, die verschiedenen Elemente der Erzählung hinsichtlich ihrer Bedeutsamkeit zu gewichten und dramaturgisch exponierte Stellen adäquat zu besetzen. Dominantes Maß für Erzählungen ist der Attraktionsgehalt. Eine Erzählung über das eigene Leben an einer durchgehenden Linie entlang gelingt aber noch nicht.

- Traditioneller Typ: Der *traditionelle Typ* orientiert sich bei seinem autobiografischen Selbstentwurf streng an den vorgegebenen Stationen des bürgerlichen Lebenslaufes und den entsprechenden Rollenmustern und Statusvorstellungen. Er geht von einem festen Persönlichkeitskern aus, zu dem er einen privilegierten Zugang hat und der über den Verlauf des Lebens hinweg kontinuierlich andauert. Er neigt daher zu pauschalen, kontextunabhängigen Selbstbeurteilungen und verspürt in der Regel keine intrinsische Motivation, sich zur eigenen Vergangenheit reflexiv in Bezug zu setzen. Wird er dazu angeregt, hält er das Erinnerte für eine authentische Wiedergabe des Gewesenen. Er neigt daher nicht zu Neuinterpretationen vergangener Episoden.

- Exemplarischer Typ: Der *exemplarische Typ* stellt sich im Gegensatz dazu bewusst der Macht der Erinnerung, aber auch er versteht sie noch als authentische Abbildung des Geschehenen. Aus ihr versucht er allgemeine Handlungsmaximen abzuleiten. Er gewichtet vergangene Episoden seines Lebens nach ihrem Einfluss auf die Gestaltungsoptionen in der Gegenwart und in der Zukunft. Bei diesem Zugriff macht er die Erfahrung einer zunehmenden Kontrolle über das eigene Leben. Für dessen individuelle Gestaltung übernimmt er die Verantwortung. Er orientiert sich dabei bewusst an selbst gewählten Vorbildern und Lebensstilen. Sein autobiografisches Denken ist im Ganzen stark progressiv ausgerichtet; der Lebenslauf wird zum Projekt in der Form einer beginnenden großen Erzählung.

- Kritischer Typ: Der *kritische Typ* ist durch eine Historisierung und Relativierung des eigenen Bewusstseins gekennzeichnet. Er sucht in der Erinnerung nach Abweichungen von gegenwärtigen Haltungen und Denkweisen. Alte

---

37 Ich verwende den Begriff »pränarrativ« also anders als Dan P. McAdams, *The Stories We Live By. Personal Myths and the Making of the Self*, New York 1993. McAdams erfasst unter diesem Begriff die gesamte Phase der Kindheit bis zum frühen Jugendalter, die seiner Meinung nach dadurch geprägt ist, dass im praktischen Lebensvollzug erst das Material für eine spätere Narration gesammelt wird. Er geht damit insgesamt offensichtlich von einem anderen Begriff des Autobiografischen aus, das bei ihm prototypisch in der Form einer das gesamte bisherige Leben überspannenden Erzählung vorliegt.

Interpretationen vergangener Erlebnisse werden von ihm neu gedeutet. Er problematisiert sein Wissen über die eigene Vergangenheit, und die Bedeutung autobiografischer Erzählungen als Konstruktionsleistungen wird für ihn greifbar. Dadurch werden ihm Gegenerzählungen zur Präsentation von Lebensgeschichten möglich, und auch für fremde Interpretationen der eigenen Lebensgeschichte ist er offen. Er erkennt zudem die Bedeutung von Kontingenzen und stellt eine generelle Planbarkeit des Lebensentwurfes in Frage. Die Einteilung des Lebens erfolgt nicht mehr zwingend anhand der typischen bürgerlichen Statuspassagen, sondern ggf. durch die Abgrenzung verschiedener Phasen des eigenen Erlebens.

- Genetischer Typ: Der *genetische Typ* versteht die Gegenwart als dynamischen Übergang zwischen immer neuen Persönlichkeitsentwürfen. Seine Identität begreift er als permanenten, z. T. aktiv zu steuernden Wandlungsprozess. Er kann einen widersprüchlichen Pluralismus der Interessen und Haltungen in sich erkennen und moderieren. Dies gelingt ihm u. a. dadurch, dass er für die Gültigkeit verschiedener Selbstbilder bereichsbezogene Maßstäbe anlegt. So neigt er u. U. jeweils bewusst zu anderen Verhaltensweisen und Werthaltungen in der Familie, im Umgang mit Freunden, im Verein und im Beruf bzw. in der Ausbildung. Er konstatiert in der Gegenwart aber auch die Gleichzeitigkeit des Fort- und Rückschrittes in diesen verschiedenen Lebensbereichen. Die ermöglicht ihm ein bewusstes Verteilen von Kräften auf bestimmte Entwicklungsaufgaben. Bilder der eigenen Vergangenheit deutet er nicht zuletzt als Verweis auf Selbstdeutungen in der Gegenwart; sie stellen für ihn eine Quelle für das Erkennen und Befriedigen aktueller Bedürfnisse dar.

Gerade an diesem letzten Typ erweist sich die Unmittelbarkeit, mit der autobiografische Reflexionen zur Selbstachtsamkeit und damit zum Schutz des Individuums vor seiner Überforderung und Selbstüberforderung in der Gegenwartsgesellschaft beitragen können. Zu klären ist nun aber die – bei jedem Entwicklungsmodell aufzuwerfende – Frage, wie sich die genannten Bewusstseinsformen im Verlauf der Ontogenese zueinander verhalten.

In diesem Zusammenhang ist darauf zu verweisen, dass auch Jörn Rüsen bewusst von »Typen« und nicht von »Stufen« spricht, weil er davon ausgeht, dass damit weder eine ganz zwingende Abfolge gegeben ist noch in sich abgeschlossene Denkweisen vorliegen, die für die entsprechende Person permanent und völlig unhintergehbar gelten. Auf der anderen Seite sind allerdings bestimmte kognitive Unterschiede vorhanden, die vorsichtige Prognosen darüber erlauben, in welchen Klassenstufen es sich als sinnvoll oder überhaupt möglich erweist, Denkmuster des jeweiligen Typs anzuregen.

So liegt es aufgrund ausgewiesener Befunde der Deutschdidaktik auf der Hand,

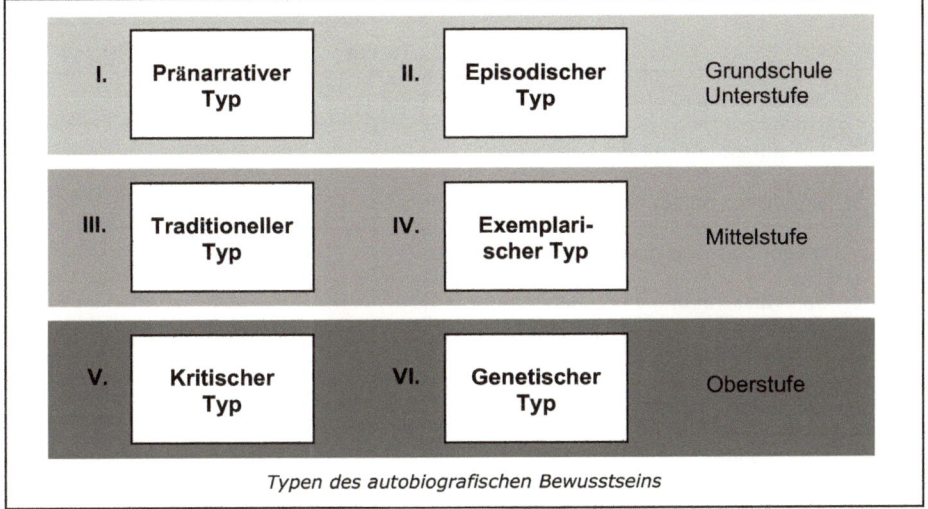

Abbildung 2

dass sich Übergänge zwischen dem pränarrativen und dem episodischen Typ vom Beginn der Grundschulzeit an vollziehen und letzterer bis zum Ende der Orientierungsstufe nicht wesentlich überschritten wird. Ebenso entspricht der Prozess der Ablösung von vorgegebenen Werthaltungen, die sich zwischen dem traditionellen und dem exemplarischen Typ vollzieht, einer wichtigen Entwicklungsaufgabe der Adoleszenzphase, so dass es plausibel erscheint, hier eine Zuweisung zum Curriculum der Mittelstufe vorzunehmen.

Die verbleibenden beiden Typen zeichnen sich demgegenüber durch kompliziertere Denkleistungen im Bereich der Metakognition aus; Episoden des eigenen Lebens werden hier nicht mehr nur kritisch durchdacht, sondern auch die Kritik selbst wird noch einmal einer Reflexion unterzogen. Es liegt angesichts des besonderen Schwierigkeitsgrades dieser Operationen wohl nahe, sie in den Lehrplan der Oberstufe zu integrieren. Auf diese Weise ergeben sich insgesamt also drei Kompetenzstufen mit jeweils zwei Typen des autobiografischen Bewusstseins (siehe Abbildung 2).

Kombiniert man dieses Stufenmodell nun mit den oben genannten elementaren Funktionen des autobiografischen Erzählens, so entsteht eine Matrix, deren einzelne Felder mit konkret zugeschnittenen, elementaren Methoden und Übungsformaten ausgefüllt werden können. In Abbildung 3 möchte ich diese Idee für den Bereich der Mittel- und Oberstufe unter exemplarischer Berücksichtigung der Funktion der Vergangenheitsdeutung fortführen.[38]

---

38 Vgl. weitere Übungen zu allen Funktionen, aber noch ohne Zuweisung der entsprechenden Typen

	Typ III	Typ IV	Typ V	Typ VI
(1) Sinnstiftende Kontingenzbewältigung				
(2) Zukunftsorientierung				
(3) Moralische Selbstrechtfertigung				
(4) Deutung der Vergangenheit				
(5) Selbstzuschreibung von Handlungen				
(6) Soziale Selbststabilisierung				
(7) Emotionale Distanzierung				
(8) Psychomotorische Lösung	--	--	--	--

Matrix zur Entwicklung und Einordnung konkreter Übungen und Methoden

Abbildung 3

6. Typenbezogene Übungsbeispiele

Um den heuristischen und evaluativen Wert dieses Modells aufzuzeigen, benutze ich es zunächst für die Beurteilung eines Lehrbuch-Vorschlags zur Arbeit an der eigenen Lebensgeschichte. Die Aufgabe ist für 7. und 8. Klassen konzipiert worden. Sie lautet:[39]

> *Fertige ein Leporello mit sechs Stationen an: mit 4–5 Jahren (Kindergarten), mit 8–9 Jahren (Grundschule), jetzt, mit 19–20 Jahren, mit 30 Jahren (im Beruf), mit 60.*

Es handelt sich hierbei um eine Aufgabe, die unter Typ III, Funktion 2 und 4, einzuordnen ist. Mit der Vorgabe der üblichen Stationen des bürgerlichen Lebenslaufes werden stereotypische Muster der Vergangenheitsdeutung und Zukunftsvorstellung aktiviert, über welche die Lernenden in diesem Alter bereits ohnehin verfügen dürften. Ohne Anregungen zu einer weiterführenden Reflexion des erzeugten Materials, die aus der Aufgabenstellung aber nicht hervorgeht, erfolgt hier keine Annäherung an den exemplarischen Typ.

des autobiografischen Bewusstseins, in: Volker Haase, a. a. O. (Anm. 13), S. 95–99. Die Funktion der psychomotorischen Lösung wird aber auch hier mit dem oben (Anm. 12) gegebenen Hinweis außer Acht zu lassen sein.

39 Vgl. Monika Sänger (Hrsg.), *Abenteuer Ethik*, Bd. 2, Baden-Württemberg, Bamberg 2006, S. 67.

Im Sinne einer solchen Progression kann die Aufgabe allerdings abgewandelt werden. Sie lautet dann:

Erweitere das Leporello zu einer Chronik Deines bisherigen Lebens: Notiere für jedes Jahr besonders bedeutsame Ereignisse und bilde diese auf einem Zeitstrahl ab. Markiere daraufhin Höhe- und Tiefpunkte auf diesem Zeitstrahl: Wann ging es Dir besonders gut, wann nicht?
Suche nach Gründen für diese Situationen. Gibt es Lehren, die Du für Deine gegenwärtige Lebensführung aus diesen Episoden ziehen kannst?

Während auf diese Weise konkrete Befunde der Erinnerung überhaupt erst einer werthaltigen Reflexion zugeführt werden und dabei auch negative Erlebnisse ein positives Geltungsrecht im Sinne lehrreicher Erfahrungen erhalten können, verlangt die Anregung des kritischen Typs des autobiografischen Bewusstseins noch eine andere kognitive Prozedur. Hier werden zurückliegende Episoden in einer prinzipielleren Weise wieder eröffnet und ggf. umgedacht. Als Übungsbeispiel kann zunächst der im 2. Abschnitt dargestellte Fall Köhler herangezogen werden:

Stelle einen Lebenslauf des ehemaligen Bundespräsidenten Horst Köhler zusammen und zeichne wesentliche Ereignisse auf, die seine Präsidentschaft prägten. Beschreibe das Leben Köhlers auf dieser Grundlage:
a) als progressive Erzählung
b) als regressive Erzählung bzw. Tragödie
c) als Stabilitätserzählung.

Mit dieser Übungsaufgabe sind wir bereits im Oberstufenunterricht angelangt. Der nachfolgende Vorschlag nähert sich nun der Vergangenheitsdeutung des genetischen Typs an. Er basiert auf Überlegungen aus dem Spätwerk des Husserl-Schülers Wilhelm Schapp.[40] Der Umstand, dass wir bestimmte »Wozudinge« besitzen, aber auch die Art, wie wir mit ihnen umgehen, sagt demnach viel über unsere Werthaltungen und Lebensweisen aus.

Umgekehrt erzählen aber auch die Gebrauchsspuren an den Objekten des persönlichen Besitzes immer einen Teil unserer Lebensgeschichte. Aus diesen Gründen eignen sie sich hervorragend als Medien der autobiografischen Selbstreflexion. Weil die Bedeutung der Gegenstände sich mit der Zeit geändert haben kann, eröffnet eine entsprechende Meditation dem Projekt der Selbstbeschreibung eine diachronische Perspektive:

---

40 Vgl. Wilhelm Schapp, *In Geschichten verstrickt. Zum Sein von Mensch und Ding*, Frankfurt a.M. 2004 [1953].

Setze Dich in die Mitte Deines Zimmers mit einem Stift und einem Schreibblock. Notiere alle von hier aus sichtbaren Gegenstände, zu denen Du eine Geschichte aus Deinem Leben erzählen kannst.

Wähle nun die drei wichtigsten Gegenstände aus. Untersuche sie auf Gebrauchsspuren, die Dich an besondere Situationen erinnern. Schreibe die Episoden, die Dir zu diesen Gegenständen einfallen, auf.

Beurteile nun:

1) Warum hast Du gerade diese Gegenstände ausgewählt?

2) Warum sind sie für Dich auch heute noch bedeutsam?

3) Sind sie in anderer Weise bedeutsam als zur Zeit der erzählten Geschichte?

4) Warum hat sich ihre Bedeutung für Dich verändert bzw. nicht verändert?

7. Abschließende Bemerkungen: Ethikunterricht im »geschützten Raum«

Wenn Lernende an ihrer Selbstkompetenz durch das Ausprobieren von Methoden der autobiografischen Narration und Reflexion arbeiten, befinden sie sich in einem besonders sensiblen Aufgabenfeld des Ethikunterrichtes. Wie weit man dabei gehen kann, hängt im Wesentlichen von einer gut ausgeprägten Basis des Vertrauens innerhalb der Lerngruppe und gegenüber der Lehrperson ab.

Gefördert werden kann dieses Vertrauen durch bestimmte Arrangements und Regeln, die zuvor eingeführt werden sollten.

- Zu diesen gehört, dass prinzipiell kein Zwang zur Präsentation von Ergebnissen besteht, die der jeweilige Schüler als zu persönlich einschätzt.
- Ferner kann eine Thematisierung der entstandenen Produkte im Rahmen von Kleingruppen erfolgen, zu denen sich die Lernenden selbst zusammenfinden.
- Zu einer Besprechung im Plenum sollten jedenfalls nur sorgfältig ausgewählte und ggf. anonymisierte Ergebnisse gelangen.

Neben der Einführung solcher Filter für den Umgang mit persönlichen Erlebnissen besteht außerdem die Möglichkeit, an fiktionalen autobiografischen Erzählungen oder faktualen Erinnerungen bekannter Persönlichkeiten zu arbeiten und auf diesem Wege Techniken zu erproben, die auch in realen Situationen zur Reflexion von Episoden aus dem eigenen Leben herangezogen werden können.

Ralf Lutz, Julia Dietrich, Lieske Voget-Kleschin

Wird ethische Wahrnehmungskompetenz durch die Vermittlung ethischer Theorie gesteigert?

Eine Pilotstudie zur empirischen Unterrichtsforschung[1]

Die Ethikvermittlung an Schule und Hochschule geht in der Regel davon aus, dass die Vermittlung ethischer Theorie zur Steigerung ethischer Urteilskompetenz beiträgt. In der aktuellen Forschung liegen allerdings keine geeigneten Instrumente vor, um diesen Effekt empirisch zu überprüfen. Im Rahmen der Einführung des Ethik-Moduls »*Ethics of Food and Nutrition Security*«, das von der Studierendeninitiative »Food Revitalization & Eco-Gastronomic Society of Hohenheim« (FRESH) der Universität Hohenheim (UHOH) initiiert und in Zusammenarbeit mit der agrarwissenschaftlichen Fakultät (Fg. Gender und Ernährung (430B), UHOH, und dem Internationalen Zentrum für Ethik in den Wissenschaften (IZEW) der Universität Tübingen entwickelt wurde, wurde daher eine Pilotstudie durchgeführt. Ihr Ziel war es, ein solches Instrument theoriegeleitet zu entwickeln und erstmals für eine Teilkomponente ethischer Urteilskompetenz, die ethische Wahrnehmungskompetenz, zu erproben. Erste Ergebnisse lassen den Schluss zu, dass es nicht nur – wie erhofft oder erwartet – einen direkten Zusammenhang zwischen der Vermittlung ethischer Theorie und einer präziseren und expliziten ethischen Wahrnehmung gibt, sondern dass auch das Instrument so weiterentwickelt werden kann, dass es für Forschung und Evaluation geeignet ist.

Die Ethikvermittlung an Schule und Hochschule geht in der Regel davon aus, dass die Vermittlung ethischer Theorie zur Steigerung ethischer Urteilskompe-

---

1 Der Beitrag ist eine gekürzte und leicht überarbeitete Fassung des Artikels von Lutz et al. 2011, in dem sich auch eine ausführliche Darstellung des Entstehens des Moduls »Ethics of Food and Nutrition Security« an der Universität Hohenheim findet.

tenz beiträgt. Eine Pilotstudie, die das Internationale Zentrum für Ethik in den Wissenschaften (IZEW) der Universität Tübingen im Rahmen der Einführung des deutschlandweit neuartigen Moduls *Ethics of Food and Nutrition Security* an der Universität Hohenheim durchführte (1.), hatte das Ziel, ein Instrument zu entwickeln und zu erproben, das dazu geeignet ist, diesen Effekt empirisch zu überprüfen (2.). Bei der Entwicklung des Instruments, das hier zentraler Gegenstand der Darstellung sein soll, gingen wir davon aus, dass wir aus der aktuellen Forschung keine Modelle hierzu übernehmen können, da die vorliegenden Ansätze die Rolle ethischer Theorie in der Lehr-Lernintervention nicht genau genug fokussieren. Wir wählten daher einen eigenen, theoriegeleiteten Ansatz, der eine Teilkomponente ethischer Urteilskompetenz, die ethische Wahrnehmungskompetenz, fokussiert. Er verbindet das ethische, handlungstheoretisch ausgerichtete Urteilsbildungsmodell von Dietrich[2] mit dem um strebensethische und institutionelle Dimensionen erweiterten Modell zur Erschließung ernährungs- und landwirtschaftsethischer Fragen von Mepham[3] und setzt zur Niveauunterscheidung den um die Unterscheidung von impliziter und expliziter Wahrnehmung ergänzten Ansatz von Bybee[4] ein (2a). Das Instrument besteht aus zwei Komponenten, nämlich aus – anstelle von Dilemmata – offenen Texten, nach deren ethischen Dimensionen gefragt wird, und einer Matrix, die der Inhaltsanalyse der Antworten dient (2b). Wir erwarteten, dass nach der Intervention – der Ethikvermittlung im Rahmen des o. g. Moduls – der Anzahl nach mehr ethisch relevante Aspekte wahrgenommen und diese explizit und präziser benannt werden können (2c). Die Auswertung der Stichprobe (n = 5) ergab unter anderem, dass zwar der Grad der Explikation und Präzision (sowie auch das Erfassen von Begründungszusammenhängen) stieg, die Anzahl der als zumeist sollensethisch (und nicht strebensethisch) eingestuften Fragen aber nicht zunahm (3). Insgesamt müssen wir zur Auswertung und Interpretation der Ergebnisse auf den explorativen Anspruch dieser Studie hinweisen (4.). Gleichwohl lassen die Ergebnisse den Schluss zu, dass es nicht nur – wie erhofft oder erwartet – einen direkten Zusammenhang zwischen der Vermittlung ethischer Theorie und einer präziseren und expliziten ethischen Wahrnehmung gibt, sondern dass

2 Julia Dietrich, »Was ist ethische Kompetenz? Ein philosophischer Versuch einer Systematisierung und Konkretion«, in: Regina Ammicht Quinn, Gisela Badura-Lotter, Margarete Knödler-Pasch, Georg Mildenberger (Hrsg.), *Wertloses Wissen? Fachunterricht als Ort ethischer Reflexion*, Bad Heilbrunn 2007, S. 31–51; Dies., *Ethische Urteilsbildung. Zu Methode und Vermittlung Angewandter Ethik*, 2012 (in Vorbereitung).
3 Ben Mepham, »Ethical analysis of food Biotechnologies: an evaluative framework«, in: Ders. (Hrsg.), *Food Ethics*, London 1996, S. 101–119; Ders., »A framework for the ethical analysis of novel foods: the ethical matrix«, in: *Journal of Agricultural and Environmental Ethics* 12, 2000, S. 165–176.
4 Rodger W. Bybee, »Scientific Literacy – Mythos oder Realität?«, in: Wolfgang Gräber, Peter Nentwig, Thomas R. Koballa, Robert H. Evans (Hrsg.), *Scientific Literacy. Der Beitrag der Naturwissenschaften zur Allgemeinen Bildung*, Opladen 2002, S. 21–43.

auch das Instrument so weiterentwickelt werden kann, dass es für Forschung und Evaluation geeignet ist (5.).

1. Das Modul Ethics of Food & Nutrition Security an der Universität Hohenheim

a) Ziele und Aufbau

Das Modul im Umfang von 26 Doppelstunden wurde erstmals im Wintersemester 2010/11 für Master-Studierende durchgeführt. Das Ziel war es, nicht nur Wissen über die Themen und Probleme der *Ethics of Food & Nutrition Security* zu vermitteln, etwa zu Fragen der Ernährungssicherung, Lebensmittelsicherheit und Ernährungssouveränität, sondern den Studierenden auch Fähigkeiten zu vermitteln, ethische Probleme erkennen und sich unabhängiges kritisches Denken aneignen zu können. Ebenso wichtig: Das Modul sollte die Teilnehmer(innen) zu einer Selbstreflexion anregen und ihre soziale Verantwortung als junge Agrarforscher(innen) bei der zukünftigen Entwicklung und Handhabung globaler Ernährungssysteme diskutieren.

Der erste Teil des zweiteiligen Moduls enthielt ethische Grundlagen. Hier sollten die Studierenden ethische Probleme und Fragen der *Ethics of Food & Nutrition Security* erkennen lernen und es sollte die Fähigkeit zur ethischen Argumentation gestärkt werden (s.u.). Im zweiten Teil des Moduls sollten die Studierenden das erlernte Wissen anwenden, um verschiedene Themen aus dem Bereich *Ethics of Food & Nutrition Security* kritisch zu reflektieren, etwa Fragen der gesellschaftlichen und unternehmerischen Verantwortung, des sog. »Land Grabbing«, der Tierethik und des Menschenrechtes auf Nahrung.

b) Die Vermittlung ethischer Grundlagen

Die Lehreinheit zur Vermittlung der ethischen Grundlagen im ersten Teil des Moduls umfasste 14 Doppelstunden à 45 Minuten. Die Einheit ging davon aus, dass ethische Grundbildung aus den vier Basiskompetenzen der Wahrnehmung, der Bewertung, des Urteilens und des Handelns besteht[5] und dass die Förderung ethischer Wahrnehmung den entscheidenden »Dreh- und Angelpunkt« ethischer Reflexion darstellt, ohne den weder ethische Kritik noch konkretes Handeln sinnvoll möglich sind. Die grundlegende Annahme war, dass die Vermittlung von Grundformen ethischer Theorien und ethischer Argumentation dazu beitragen

---

5 Dietrich, »Was ist ethische Kompetenz?«, a. a. O. (Anm. 2).

kann, ethische Wahrnehmung zu steigern, das heißt, sowohl vielfältiger als auch komplexer und expliziter werden zu lassen.

Da sich ethische Reflexion auf Moral als ihren Ausgangs- wie auch Endpunkt bezieht, sollte dies in der Lehreinheit immer wieder dadurch erfahrbar werden, dass die Studierenden auf ihre eigenen Voreinstellungen und auf ihre persönlichen Konsequenzen reflektierten. An den Beginn der Lehreinheit stellten wir daher eine durch einen Fragebogen angeleitete »Selbstdiagnostik« der eigenen Voreinstellungen über Zuschnitt und Leistungsfähigkeit ethischer Reflexion, die zugleich wesentliche metaethische Grundkenntnisse vermittelte[6]. Einen Schwerpunkt der Lehreinheit bildete die Vermittlung und kritische Diskussion von Grundlagen ethischer Argumentation und der Matrix von Mepham zur Erschließung ernährungs- und landwirtschaftsethischer Fragen (s. u.), die anhand von Textanalysen eingeübt wurden. Weiterhin gingen wir davon aus, dass Wissenschaft als Praxis ethisch reflektiert werden kann und sollte,[7] und thematisierten daher die ethische Relevanz der Studienfächer der Studierenden, wozu auch die Information über die Notwendigkeit eines Informed Consents von Proband(inn)en im Rahmen sozialwissenschaftlicher Erhebungen gehörte.[8] Die Lehreinheit setzte damit gezielt Theorieelemente ein, die auch in die Entwicklung des Instruments eingingen. Die entscheidende Frage war, ob diese »passgenaue« Vermittlung ethischer Theorie auch tatsächlich zur Steigerung ethischer Wahrnehmung beitrug.

2. Das Instrument und seine Entwicklung

Gegenüber den bisherigen Forschungsbemühungen sind an dem vorliegenden Ansatz mindestens acht Aspekte hervorzuheben: Vorrangiges Ziel war es, erstens, nicht ein empiriegeleitetes, sondern ein theoriebasiertes Instrument zur empirischen Messung ethischer Kompetenz zu entwickeln und erstmalig einzusetzen. Theoretische Basis des Instruments sollte, zweitens, eine Theorie ethischer Kompetenz sein, die auf einem handlungstheoretisch orientierten Modell ethischer Urteilsbildung beruht und damit an nahezu alle zentralen Begriffe verschiedener Konzepte der ethischen Kompetenz anschlussfähig ist. Es wurde, drittens, weder eine moralische Entwicklungstheorie zu Grunde gelegt noch angestrebt, sondern es sollten die Effekte einer Lehr-Lern-Intervention gemessen werden, wobei die

6 Julia Dietrich, »Ethische Theorie als Instrument didaktischer Selbstreflexion: Ein Fragebogen zur Analyse von ethischen Lehr-Lern-Projekte«, in: Gisela Raupach-Strey, Johannes Rohbeck (Hrsg.), *Philosophie und Weltanschauung*, Dresden 2011, S. 127–136.
7 Konrad Ott, *Ipso facto: zur ethischen Begründung normativer Implikate wissenschaftlicher Praxis*, Frankfurt a.M. 1997.
8 Irving Seidman, *Interviewing as Qualitative Research: A Guide for Researchers in the Education and the Social Sciences*, 3. Aufl., New York, London 2006.

dafür entscheidende Kriteriologie ebenfalls aus der ethischen Theorie abgeleitet wurde und nicht aus der Empirie. Damit bildeten die empirisch messbaren Effekte ethischer Theorie das Zentrum des Forschungsinteresses. Das dafür entwickelte Instrument wurde, viertens, gezielt und ausschließlich für den Bereich der Wahrnehmung ausgelegt, womit auch, fünftens, der Ausschluss von moralischen Dilemmata als Medium der Datenerhebung begründet ist. Mit dilemmabasierten Interventionen nämlich, wie sie häufig in entwicklungspsychologischen und moralpsychologischen Forschungen auf dem Hintergrund der Arbeiten von Jean Piaget und Lawrence Kohlberg eingesetzt werden, kann die Ebene der Wahrnehmung nicht mehr erfasst werden, da direkt auf die Urteilsebene abgezielt wird. Im vorliegenden Ansatz wurden daher offene, ethisch nicht vorstrukturierte Texte (Zeitungsartikel) zur Datenerhebung verwendet. Die Entwicklung fand, sechstens, zwar im engeren Kontext der *Ethics of Food & Nutrition Security* statt, aus dem auch die erwähnten Texte stammten, das Instrument selber aber sollte nicht notwendig an diesen Kontext gebunden, sondern idealiter auch auf andere ethische Kontexte übertragbar sein. Ziel war es, siebtens, mit dem Instrument bei der Datenerhebung quantitativ vorgehen zu können, wobei zum gegenwärtigen Entwicklungsstand jedoch noch Elemente qualitativ-inhaltlicher Analyse notwendig waren. Neben diesen übergeordneten Forschungsinteressen sollte das Instrument, achtens, für die Evaluation von Lehrveranstaltungen einsetzbar sein und im konkreten Fall das Erreichen eines der Lehr-Lernziele des Moduls *Ethics of Food and Nutrition Security*, nämlich die Fähigkeit, ethische Fragen zu sehen, überprüfen.

Nachfolgend werden die bisherigen Entwicklungsschritte dokumentiert, Ergebnisse einer ersten Testreihe erläutert (3) und ein Ausblick auf die weiteren notwendigen Schritte formuliert (4&5). Es ist zu betonen, dass sich das Instrument in einem experimentellen, explorativen Stadium befindet, in dem es noch nicht unmittelbar als empirisch valides Messinstrument, sondern vorrangig für die Entwicklung weiterer Forschungsfragen geeignet ist.

a) Forschungsstand und eigene theoretische Basis

Der einschlägige Forschungsstand wurde für den deutschsprachigen Raum erhoben, wobei ein besonderer Fokus auf die jüngste Literatur in der für die *Ethics of Food & Nutrition Security* relevanten Philosophie- und Ethikdidaktik, Religionsdidaktik, Biologiedidaktik und allgemeinen Erziehungswissenschaft gelegt wurde. Dass die Forschungslage insgesamt eher dürftig und die hier vorgestellte Forschung dringend ist, spiegelt sich augenfällig darin wieder, dass in einem Standardwerk der Kompetenzmessung[9] praktisch kein Hinweis zur Messung ethischer

---

9 John Erpenbeck, Lutz von Rosenstiel (Hrsg.), *Handbuch Kompetenzmessung. Erkennen, verstehen und bewerten von Kompetenzen in der betrieblichen, pädagogischen und psychologischen Praxis*, Stuttgart 2007.

Kompetenz i. e. S., d. h. der theoriegeleiteten Fähigkeit zur Reflexion moralischer Sachverhalte, zu finden ist. Drei empirische Arbeiten kamen für eine gezieltere Auswertung in Betracht, da sie eine Nähe zur vorliegenden Fragestellung aufweisen und zugleich verschiedene Perspektiven – Biologiedidaktik, Religionsdidaktik, Erziehungswissenschaft – repräsentieren. So bezieht sich die biologiedidaktische Arbeit von Katja Reitschert ausdrücklich auf die Komponenten einer Bewertungskompetenz im Bereich Bioethik.[10] Sie nennt als wichtigste Teilkompetenzen: Wahrnehmen und Bewusstmachen moralisch-ethischer Relevanz und Wahrnehmung der Quellen der eigenen Einstellungen; Beurteilen; Folgenreflexion und ethisches Basiswissen, wobei der sog. Perspektivenwechsel als eine der zentralen Kategorien gelten kann. Reitschert arbeitet mit qualitativ ausgewerteten leitfadenstrukturierten Interviews und bezieht sich konzeptionell ausdrücklich auf die Entwicklungstheorie moralischer Urteile von Lawrence Kohlberg. Die Rolle spezifisch ethischer Reflexion und Theorie – wie sie für den eigenen Ansatz zentral ist – bleibt aber unklar, und das ethische Instrumentarium (Moral, Wert, Norm) ist wenig ausgearbeitet. Anita Rösch untersucht eine mögliche Kompetenzorientierung innerhalb der Fächergruppe LER (Lebenskunde, Ethik, Religion).[11] Dafür hat sie eine Analyse von Curricula vorgenommen und Experteninterviews durchgeführt, die sehr heterogene Kompetenzen als ethische Kompetenzen ausweisen: Empathie und Wahrnehmungskompetenz, interkulturelle und interdisziplinäre Kompetenz, Darstellungs-, Konfliktlösungs- und Orientierungskompetenz, Text- und (moralische) Urteilskompetenz, etc. Für das vorliegende Forschungsinteresse entscheidend ist, dass auch hier kein spezieller Fokus auf ethische Reflexion und Theorie gelegt wird und deren Funktion nicht »operationabel« wird. Monika Fuchs schließlich hat eine umfangreiche Studie zur bioethischen Urteilsbildung im Religionsunterricht im Kontext der Bildungsforschung vorgelegt.[12] Sie arbeitet mit Fragebögen und Unterrichtsbeobachtungen und hat ein qualitatives Vorgehen gewählt. Allerdings entwickelt sie keine Kompetenztheorie im engeren Sinne, sondern weit eher eine Theorie des Konzeptwechsels, den wir für das eigene Projekt nicht übernehmen konnten.

Aufgrund dieser Literaturlage war keine einfache Adaptation eines bereits vorhandenen Instruments möglich, weswegen nicht nur die Entfaltung einer eigenen theoretischen Basis, sondern auch die Neuentwicklung eines daraufhin konzipier-

---

10 Katja Reitschert, *Ethisches Bewerten im Biologieunterricht. Eine qualitative Untersuchung zur Strukturierung und Ausdifferenzierung von Bewertungskompetenz in bioethischen Sachverhalten bei Schülern der Sekundarstufe I*, Hamburg 2009.

11 Anita Rösch, *Kompetenzorientierung im Philosophie- und Ethikunterricht. Entwicklung eines Kompetenzmodells für die Fächergruppe Philosophie, praktische Philosophie, Ethik, Werte und Normen, LER*, Zürich, Berlin 2009.

12 Monika E. Fuchs, *Bioethische Urteilsbildung im Religionsunterricht. Theoretische Reflexionen – Empirische Rekonstruktionen*, Göttingen 2010.

ten Instruments notwendig wurde. Es verbindet das ethische Urteilsbildungsmodell von Dietrich, den Ansatz Mephams zur Erschließung ernährungs- und landwirtschaftsethischer Fragen und den Ansatz Bybees zur Niveauunterscheidung von *scientific literacy*.

Das Instrument basiert auf der bereits oben genannten These, dass ethische Grundbildung vier Basiskompetenzen umfasst, nämlich Wahrnehmung, Bewertung, Urteilen und Handeln[13] und dass man »ethische Kompetenz« entsprechend in vier Teilkompetenzen unterteilen kann. Die Unterscheidung dieser Kompetenzen ist nicht empirisch abgeleitet, sondern beruht theoriegeleitet auf einem ethischen Urteilsbildungsmodell, das den aristotelischen Praktischen Syllogismus als eine um ihre kritische Reflexion erweiterbare, sprachpragmatisch flexible und fundamentalethisch weitgehend offene Argumentationsstruktur versteht.[14] Im Rahmen dieses Urteilsbildungsmodells stellt die Erfassung, Interpretation und kritische Überprüfung der vorliegenden, als ethisch relevant verstandenen Situation einen notwendigen Schritt dar, ohne den eine konkrete handlungsorientierende ethische Reflexion nicht möglich ist. Zugleich ist aber zu berücksichtigen, dass jede Wahrnehmung ihre ethische Relevanz erst vor dem Hintergrund von als einschlägig erachteten Normen und Werte gewinnt, die damit nicht nur eine urteilsrechtfertigende, sondern auch eine wahrnehmungsleitende Funktion erhalten. Eine weitere wichtige fundamentalethische Implikation des Modells besteht darin, dass es sich auf Handlungen als logische Grundlage z. B. auch tugend- und haltungsethischer Ansätze bezieht.[15] Für das zu entwickelnde Instrument übernahmen wir diese handlungstheoretische Ausrichtung und wählten (vorläufig) eine der möglichen Teilkompetenzen aus, nämlich die Wahrnehmungskompetenz.

Die ethische Matrix nach Mepham[16] schließt sehr gut an das zugrundegelegte Urteilsbildungsmodell an, da es ethische Theorieelemente und einschlägige Normen, wie oben skizziert, zur Erschließung ethischer Fragen einsetzt. Die »ethische Matrix« hat Ben Mepham anhand der Auseinandersetzung mit Biotechnologie in der Landwirtschaft und Nahrungsmittelproduktion entwickelt. Dieses Politikfeld war und ist dadurch gekennzeichnet, dass viele politische Entscheidungen, die auf Basis von Empfehlungen einschlägiger wissenschaftlicher Expertenkomitees getroffen werden, auf sehr breiten Widerstand in der Bevölkerung stoßen. Mepham schlägt die Matrix als ein mögliches Verfahren für ethisch akzeptable öffentliche politische Entscheidungen im Bereich ethischer Fragen von Landwirtschaft und

---

13 Dietrich, »Was ist ethische Kompetenz?«, a. a. O. (Anm. 2).
14 Dietrich, *Ethische Urteilsbildung*, a. a. O. (Anm. 2).
15 Friedo Ricken, *Allgemeine Ethik*, 3., erw. und überarb. Aufl., Stuttgart u. a. 2003 (= Grundkurs Philosophie, Bd. 4).
16 Wo nicht anders angegeben, basiert die folgende Darstellung auf: Mepham, »Ethical analysis of food Biotechnologies«, a. a. O. (Anm. 3); Ders., »A framework for the ethical analysis of novel foods«, a. a. O. (Anm. 3).

Ernährung vor.[17] In Anlehnung an (den frühen) Rawls fragt er nach Prinzipien, die in der Alltagsmoral (common sense morality) impliziert sind.[18] Die ethische Matrix ist angelehnt an die medizinethische Konzeption von Beauchamp und Childress,[19] gemäß der Mediziner(innen) bei ethisch relevanten Entscheidungen prima facie vier Prinzipien respektieren sollen: Nicht-Schädigung (non-maleficence), Wohltätigkeit (beneficence), Autonomie und Gerechtigkeit. Mepham adaptiert diese Konzeption für den Bereich ethischer Fragen von Landwirtschaft und Ernährung. Dazu fasst er die beiden Prinzipien der Nicht-Schädigung und Wohltätigkeit zu einem Prinzip zusammen. Die drei resultierenden Prinzipien nehmen drei wichtige sollensethische Perspektiven auf: Das Prinzip *wellbeing* korrespondiert mit einer utilitaristischen Perspektive, das Prinzip Autonomie mit der kantischen Ethik, das Prinzip der Gerechtigkeit mit der Theorie der Gerechtigkeit von John Rawls.[20] Den drei Prinzipien ordnet Mepham vier Interessengruppen zu. Daraus ergibt sich die folgende Matrix, mit deren Hilfe man systematisch fragen kann, ob z. B. eine neuartige Technik das *wellbeing*, die Autonomie oder die Gerechtigkeit z. B. von Produzent(inn)en oder Konsument(inn)en berührt.

Interessengruppen	Well-being	Autonomie	Gerechtigkeit
Betroffener Organismus			
Produzent			
Konsument			
Umwelt			

Abb. 1: Matrix zur Erschließung ernährungs- und landwirtschaftsethischer Fragen nach Mepham a. a. O. (Anm. 3).

Mepham selbst begrenzt den Geltungsanspruch dieser Matrix mit dem Hinweis, dass die »Anwendung« der Prinzipien auf die verschiedenen Interessengruppen einer Interpretation bedarf. Weiterhin sieht er selbst die Matrix lediglich als Analysewerkzeug, nicht jedoch als ethische Theorie. Damit nimmt er einen Kritikpunkt vorweg, nämlich, dass die Matrix nicht geeignet sei, eindeutige Entscheidungen zu begründen[21]. (Weitere kritische Würdigungen der Matrix fokussieren auf die Not-

17 Mepham, »Ethical analysis of food Biotechnologies«, a. a. O. (Anm. 3), S. 102.
18 Merpham, »A framework for the ethical analysis of novel foods: the ethical matrix«, a. a. O. (Anm. 3), S. 167.
19 Tom L. Beauchamp, James F. Childress, *Principles of Biomedical Ethics*, 4. Aufl., New York, Oxford 1994.
20 Mepham, »Ethical analysis of food Biotechnologies«, a. a. O. (Anm. 3), S. 106; Ders., »A framework for the ethical analysis of novel foods«, a. a. O. (Anm. 3), S. 168.
21 Vgl. Matthias Kaiser, Ellen-Marie Forsberg, »Assessing fisheries – using an ethical matrix in a participatory process«, in: *Journal of Agricultural and Environmental Ethics* 14, 2001, S. 191–200; Doris

wendigkeit, entweder den Kreis der betroffenen Interessengruppen zu erweitern[22] oder die Prinzipien anzupassen.[23] Allerdings zeigen Mepham et al.[24], dass eine solche Anpassung der Matrix nicht als Kritik, sondern – besonders in bottom-up Verfahren – geradezu als erwünscht gelten kann.

Unseres Erachtens[25] mangelt es der Matrix *erstens* hinsichtlich der zu berücksichtigenden Prinzipien an strebensethischen Perspektiven. *Zweitens* blendet die Matrix die institutionelle Dimension nahezu vollständig aus. Diese Dimension betrifft die Einbettung und Rahmung von ethisch fragwürdigen Aspekten von Nahrungsmittelproduktion und -konsum durch gesetzliche und marktförmige Regeln, aber auch Konventionen und Wertvorstellungen. So hat etwa die Frage, ob und wie viel Geld und Zeit Konsument(inn)en für Kauf, Zubereitung und Konsum von Nahrungsmitteln aufbringen wollen und können, sehr viel damit zu tun, welches Einkommen den jeweiligen Personen zur Verfügung steht und wie lange sie dafür arbeiten müssen – d. h. mit Arbeitsverhältnissen, Möglichkeiten der Kinderbetreuung etc. Ohne Berücksichtigung dieser institutionellen Dimension lassen sich die beschriebenen Fragen weder angemessen verstehen noch lösen. Diese Ausblendung ist deswegen besonders problematisch, weil die institutionelle Dimension nicht in die »Logik« der Matrix passt – es ist nicht angemessen, sie einfach als eine Zeile zu ergänzen, da sie weniger auf eine neue oder andere Interessengruppe zielt als auf die – in der Matrix unsichtbaren – Verflechtungen zwischen den einzelnen Interessengruppen.

Neben der Entwicklung von Kategorien für die Wahrnehmung ethischer Fragen war es außerdem notwendig, Niveaus ihrer Steigerung zu unterscheiden. Rodger Bybee hat für den naturwissenschaftlichen Kontext eine vierstufige Theorie der *scientific literacy* entwickelt, um einen unterschiedlichen Umgang mit naturwissenschaftlichen Begriffen beschreiben zu können:[26] Die nominale Ebene fokussiert auf die richtige Identifikation von Begriffen und Fragen, zeigt aber noch ein falsches Verständnis derselben; die funktionale Ebene verweist dagegen auf das richtige Verständnis oder die richtige Verwendung, während die konzeptionelle

Schroeder, Clare A. Palmer, »Technology assessment and the ›ethical matrix‹«, in: *Poiesis Praxis* 1, 2003, S. 295–307.

22 So schlagen Schroeder und Palmer (ebd.) die Aufnahme zukünftiger Generationen in den Kreis der betroffenen Interessengruppen vor.

23 Z. B. Solidarität statt Gerechtigkeit (ebd.), Würde statt Autonomie (Kaiser, Forsberg, a. a. O. (Anm. 21)).

24 Ben Mepham, M. Kaiser, E. Thorstensen, S. Tomkins, K. Millar, »Ethical matrix manual«, 2006, online verfügbar unter: http://www.ethicaltools.info/content/ET2%20Manual%20EM%20%28Binnenwerk%20 45p%29.pdf (22. 02. 2011).

25 Nach unserer Kenntnis werden die beiden von uns genannten Kritikpunkte in der bestehenden Literatur zur ethischen Matrix bisher nicht diskutiert. *Beekman* und *Brom* deuten die Notwendigkeit einer Betrachtung der institutionellen Dimension an, formulieren sie aber nicht aus. – Volkert Beekman, Frans W. A. Brom, »Ethical tools to support systematic public deliberations about the ethical aspects of agricultural biotechnologies«, in: *Journal of Agricultural and Environmental Ethics* 20, 2007, S. 3–12.

26 Bybee, a. a. O. (Anm. 4).

und prozedurale Ebene bereits auf das Verständnis von Konzepten und damit der Beziehung von Begriffen abhebt und schließlich zur multidimensionalen Ebene führt, die eine Metaperspektive einnimmt und verschiedenste Konzepte und Disziplinen nochmals in ein (korrektes) Verhältnis setzt. Das Konzept bot sich in einer kritisch erweiterten Form zur Verwendung als Graduierung einer *ethical literacy* an:[27] Bybee berücksichtig nämlich nicht, dass Basiskompetenzen nicht unbedingt als solche bewusst sein müssen, sondern lebensweltlich auch implizit oder performativ vorliegen können und in dieser Form in Bildungsprozessen berücksichtigt werden können und sollten. Die vier Stufen Bybees wurden daher sozusagen »gedoppelt« und um vier implizite Stufen ergänzt. Da Bybee »Explikation« als ein Kriterium für die Steigerung von Kompetenz voraussetzt, war es konsistent, diese vier impliziten Stufen den expliziten Stufen »vorzuschalten«, das heißt, sie als Voraussetzung der expliziten Stufen anzusehen. Ob diese Reihung, die ja letztlich normative Vorstellungen über die Zielsetzung von Lehr-Lernprozessen spiegelt, didaktisch und empirisch haltbar und wünschenswert ist, wird weiter zu diskutieren sein. Jedenfalls erscheint es notwendig, zwei theoretisch unabhängige Annahmen abzubilden, wonach eine adäquatere und präzisere Wahrnehmung ethischer Sachverhalte einerseits durchaus beobachtet werden kann, die aber quasi (noch) implizit, d. h. ohne die passenden ethischen Begriffe erfolgt, und andererseits explizit geltend gemacht wird. Es sollte gewährleistet werden, dass sowohl die Differenzierung von impliziter und expliziter ethischer Sensibilität als auch die Graduierung innerhalb dieser Ausprägungen erfasst werden konnte. Aktuell liegt eine lineare Graduierung von Stufe I bis VIII vor. Wie angesprochen, lässt sich diese allerdings abwandeln, wenn etwa spezifische Kompetenzanteile hervorgehoben werden sollen. Die Graduierungstabelle ist nachfolgend abgebildet.

Nr.	Bezeichnung	Inhaltliche Umschreibung
0.	Nulllinie (0)	– keine evaluativen Ausdrücke und ethisch relevanten Inhalte werden erwähnt, weder implizit, noch explizit
1.	Nominal implizit (Ni)	– Verwendung evaluativer Ausdrücke und Fakten, die ethisch relevant sein können, aber situationsunangemessen sind
2.	Funktional implizit (Fi)	– zielgenaue und sachangemessene Identifikation/Artikulation ethisch-evaluativer Sachverhalte – kein ethisches Vokabular

---

27 Dietrich, *Ethische Urteilsbildung*, a. a. O. (Anm. 2).

3.	Konzeptionell/prozedural implizit (Kpi)	- Verknüpfung/Transfer von ethisch-evaluativen Begriffen innerhalb von Konzepten - Wissen um das »Wie« der Verknüpfung (Zusammenhänge) - kein ethisches Vokabular
4.	Multidimensional implizit (Mi)	- (implizite) Verhältnisbestimmungen zu anderen Konzepten oder Kompetenzen
5.	Nominal explizit (Ne)	- Verwendung ethischer Begriffe/evaluativer Ausdrücke und Fakten, die ethisch relevant sein könnten, aber situationsunangemessen
6.	Funktional explizit (Fe)	- begrifflich und sachlich angemessene Identifikation und An-/Verwendung ethischer Begriffe
7.	Konzeptionell/prozedural explizit (Kpe)	- Verknüpfung/Transfer von ethisch-evaluativen Begriffen innerhalb von Konzepten
8.	Multidimmensional explizit (Me)	- begriffliche Verhältnisbestimmungen zu anderen Konzepten oder Kompetenzen; Frame-Wechsel

Abb. 2: Graduierungstabelle

b) Das Instrument und seine Anwendung

Das Instrument besteht aus zwei Komponenten, zum einen den Texten und den zugehörigen Bearbeitungsfragen als Medien zur Datenerhebung und zum anderen der Matrix, die das Werkzeug zur Auswertung der Textantworten ist.

Die Studierenden (n = 17) erhielten Informationen über die Durchführung, Ziele und Forschungsrelevanz der Studie und wir holten im weiteren Verlauf des Moduls (den in Deutschland für nicht-medizinische Forschungsvorhaben am Menschen zwar rechtlich (erstaunlicherweise!) noch nicht notwendigen, für internationale Publikationen aber erforderlichen) Informed Consent über die Teilnahme ein. Die Messung wurde zu drei Zeitpunkten durchgeführt: ganz zu Beginn des Moduls, noch vor der Vorstellung des Modulplans etc. (der bereits ethische Vorkenntnisse aktiviert hätte), nach Beendigung der Lehreinheit zur ethischen Grundbildung und zum Abschluss des Moduls vor den abschließenden mündlichen Prüfungen. Die Studierenden erhielten einen ca. anderthalbseitigen Zeitungsartikel und dazu die folgenden Fragen:

1. Is there anything *in this text* that strikes you as ethically relevant?
a) Which aspects do you see and
b) why do you think they are ethically relevant?
2. Are there any more *aspects associated with the topics of the text* that strike you as ethically relevant but that are not mentioned by the text itself?
a) Which aspects do you see and
b) why do you think they are ethically relevant?
3. If you find it difficult to answer the questions please try to describe these difficulties and to explain them.
The task is NOT to develop an own opinion on how our food should be like! Please concentrate on the questions given above. If you find it too time consuming to write a continuous text you can also put down key points as long as you explain what you mean. Please write in English.

Die Auswahl der Texte basierte auf folgenden Überlegungen: Da die Lehreinheit vor allem auf die Vermittlung von Wahrnehmungskompetenz in der alltäglichen beruflichen (und privaten) Praxis der Studierenden abzielte, erfolgte die Recherche nicht in der Fachliteratur, sondern in den Medien, die Nahrungsmittelproduktion und -konsum auf einem alltäglichen Abstraktionsniveau thematisieren. Inhaltlich wurden zunächst sowohl Texte zu Nahrungsmittelproduktion als auch -konsum einbezogen. Um hinsichtlich des Messinstruments eine gewisse Vergleichbarkeit herzustellen, berücksichtigten wir in der Auswahl letztlich jedoch nur solche Berichte aus der britischen Tageszeitung »The Guardian« und der zugehörigen« Sonntagsausgabe »The Observer«, die den Nahrungsmittelkonsum thematisieren.[28] Formal fokussieren alle drei Texte jeweils sehr stark auf eine bestimmte Dimension des jeweiligen Themas. Während der erste und dritte Text präskriptiv argumentie-

---

28 Es wurden die folgenden Texte verwendet: Johanna Payton, »Cook your way out of the crunch«, in: *The Observer*, 26.04.2009: Skizziert die Argumentation von J. Blythman, einer auf Ernährung und Nahrungsmittel spezialisierten Journalistin, die Konsumenten zum Kauf qualitativ hochwertiger (fair trade, bio, lokal etc.) Nahrungsmittel ermahnt. Blythman argumentiert, dass sich alle Konsumenten diese Nahrungsmittel leisten könnten, wenn sie dafür auf teure Fertigprodukte verzichteten und mehr Zeit in die Zubereitung von Speisen investierten. (vgl. http://www.guardian.co.uk/lifeandstyle/2009/apr/26/real-food-festival-recession; Stand: 9. 3. 2011); George Monbiot, »I was wrong about veganism. Let them eat meat – but farm it properly«, in: *The Guardian*, 6. 9. 2010: Das dieser Buchbesprechung zugrunde liegende Buch vertritt die These, die Produktion tierischer Nahrungsmittel sei nicht generell problematisch, so lange sie in wesentlich geringerem Umfang und mittels umwelt- und tierverträglicher Methoden erfolge. (http://www.guardian.co.uk/commentisfree/2010/sep/06/meat-production-veganism-deforestation; Stand: 9. 3. 2011); Lucy Siegle, »Philipp Kauffmann's innovation: rainforest-sourced chocolate«, in: *The Observer*, 19. 12. 2010: Der Artikel stellt den Chef einer Schokoladenfirma vor, die qualitativ hochwertige Schokolade vertreibt und den Kakaoerzeugern Preise zahlt, die wesentlich über denen des Fairen Handels liegen. Gemäß dem Firmenchef ist dies nicht sozial, sondern hedonistisch motiviert: Handwerkliche Qualität sei auf dem Markt nur für den erhältlich, der bereit sei, sie angemessen zu entlohnen. (http://www.guardian.co.uk/environment/2010/dec/19/philipp-kauffmann-innovator-rainforest-chocolate?INTCMP=SRCH; Stand: 9. 3. 2011).

ren, stellt der zweite Text vor allem Fakten dar. Hinsichtlich der Unterscheidung von sollens- und strebensethischen Herangehensweisen argumentieren die ersten beiden Texte vor allem sollensethisch, der dritte Text hedonistisch. Schließlich argumentieren alle drei Texte primär individualethisch.

In der Auseinandersetzung mit den Texten sollte sich die Kompetenz der Studierenden hinsichtlich der Wahrnehmung ethischer Fragen gerade darin erweisen, inwieweit sie diese einseitige Fokussierung überschauen und in der Lage sind, sich die anderen Dimensionen des jeweils dargestellten Falls zu erschließen. Die Fragen zielten daher darauf ab zu erfassen, welche der ethischen Fragen, die der Text selbst aufwarf, die Studierenden als solche erkannten und welche darüber hinausgehende Fähigkeit, ethische Fragen zu entwickeln, bei ihnen vorhanden war. Die Antworten der Studierenden werteten wir mit einer Matrix aus, die Techniken der Inhaltsanalyse mit quantitativen Methoden verband.

Eine Inhaltsanalyse ist definiert als

> a method of analyzing the contents of documents that uses quantitative measures of the frequency of appearance of particular elements in the text. The number of times that a particular item is used, and the number of contexts in which it appears, are used as measures of the significance of particular ideas or meanings in the document. In content analysis, the contents of a document are analyzed by the frequency with which particular categories of meaning are used. The aim is to identify clear and coherent categories that highlight salient aspects of the message conveyed and to use objective and reliable methods of calculating their relative significance in the overall message. The categories used will vary from study to study, according to the nature of the material and the theoretical presuppositions of the researcher.[29]

Für diese Pilotstudie wurden die Textantworten durch eine Person, die in Ethik und Philosophie ausgebildet ist, aber nicht in Fragen von Lebensmitteln, Ernährung und Landwirtschaft, für die Codierung mehrfach gelesen und ausgewertet. Die zur Verfügung stehenden zeitlichen und materiellen Ressourcen erlaubten es allerdings nur, eine einzelne Person zu beauftragen, die Daten zu analysieren. Die Arbeit der Evaluation verteilten wir auch um der Konsistenz der Datencodierung willen vorerst nicht auf mehrere Personen.

Die Matrix, mit der wir die schriftlichen, innerhalb einer Zeitstunde zu formulierenden Antworten der Studierenden auswerteten, war wie folgt aufgebaut: Die handlungstheoretischen Elemente der Subjekte von Handlungen (Konsument(in)

---

29 John Scott, »Content Analysis«, in: Victor Jupp (Hrsg.), *SAGE Dictionary of Social and Cultural Research Methods*, London 2006, S. 40.

(C, Consumer), Produzent(in) (P), Forscher(in) (R, Researcher) und Institution als Subjekt (I_S)), der Objekte von Handlungen (betroffener Organismus (TO, Treated Organism), Umwelt (E, Environment), betroffene Personen (PI, Persons Involved), Institution als Objekt (I_O)) und der Struktur von Handlungen (Was bzw. welches Handeln (Was), Alternativen (Alt), Vergangenheit (Verg), Gegenwart (Geg) und Zukunft (Zuk)) bilden die Grundstruktur, die mit einschlägigen Normen und Werten, vor deren Hintergrund etwas relevant erscheint, ergänzt wurde, nämlich mit sollens- und strebensethischen Aspekten, das heißt Well-being (W), Autonomie (A) und Gerechtigkeit (J, Justice), sowie hedonistischen (HED) und eudämonistischen (EUD) Perspektiven. In einer Restkategorie (X) wurden all diejenigen Beobachtungen erfasst, die nicht eindeutig einem der Begriffe zuzuordnen sind, aber dennoch einen Aspekt des Sollens (x(S)) oder Strebens (x(St)) zum Ausdruck bringen. Wichtig ist noch die Differenzierung von Anzahl und Höhe der Nennungen, da sich die Forschungsthesen auf beide Größen beziehen. In die einzelnen Kästchen wurde entlang der Graduierung eine Ziffer von eins bis acht eingetragen, die das Niveau der Wahrnehmung angibt.

		Wahrnehmen								Teilnehmer:
		Sollen				Streben				
		WB	A	J	x(S)	HED	EUD	x(St)	X	
Subjekte	C									
	P									
	R									Datum:
	I_s									
Objekte	TO									
	E									
	PI									Summe:
	I_0									
Handlungen	Was									Anzahl:
	Alt									
	Verg									Höhe:
	Geg									
	Zuk									

Abb. 3: Auswertungsmatrix

c) Thesen und Auswertung

Folgende Thesen waren forschungsleitend: Wir erwarteten, dass die Studierenden nach der Intervention 1. der Anzahl nach mehr ethisch relevante Aspekte wahrnehmen, dass sie 2. das, was sie wahrnehmen, mit Hilfe ethische Begriffe präziser benennen können, und dass 3. die Beschreibung des Wahrgenommenen expliziter geschieht.

Wir werteten eine Stichprobe von fünf aus 17 Antworten aus, wobei die fünf Proben nicht im engeren Sinne repräsentativ sein sollten, sondern stattdessen ein möglichst breites Spektrum der Gruppe abbilden sollten (z. B. verschiedene kulturelle Hintergründe, Frauen/Männer, verschiedene Leistungsniveaus in der bisherigen Modularbeit). Damit sollte auch zum Ausdruck gebracht werden, dass für individuelle Rückmeldungen noch keine validen Daten vorliegen.

3. Ergebnisse, Interpretation und Diskussion

Im Sinne der These zwei und drei konnten wir jeweils nach der Intervention eine höherrangige Graduierung der erwähnten ethischen Aspekte beobachten. Die Antworten waren präziser, d. h. entsprechend der ethischen Begrifflichkeit angemessener und expliziter. Diese eins hingegen, wonach die Anzahl von Aspekten, die als ethisch relevant eingestuft werden, nach der Intervention empirisch greifbar erhöht wäre, wurde nicht bestätigt. Es ließen sich aber demgegenüber deutlich mehr abstrakte Begrifflichkeiten (die Menschheit, die Kultur, etc.) beobachten, die in der Matrix als solche gar nicht auftauchen, genauso wie eine erhöhte Anzahl an Meta-Diskursen. Die Ergebnisse sind nachfolgend im Schaubild zu sehen, wobei neben den drei Messzeitpunkten die jeweilige Anzahl der genannten ethischen Aspekte und die Graduierungshöhe, d. h. die jeweils durchschnittliche Summe der anhand der Graduierungskennzahlen (eins bis acht) graduierten ethischen Aspekte, aufgeführt sind.

Neben der Graduierung lassen sich noch folgende aufschlussreiche Beobachtungen machen: Es gibt eine klare Dominanz von Antworten aus dem Bereich des Sollens, wiewohl die strebensethische Perspektive durchaus präsent ist, was für die Erweiterung der theoretischen Basis um strebensethische Aspekte spricht. Forscher(innen) werden kaum in einem ethisch relevanten Kontext erwähnt. Zwischen erster, zweiter und dritter Testung steigen nicht nur Explizität und Komplexität, es werden auch viel mehr Normen verwendet. Darüber hinaus unternehmen die Teilnehmer(innen) auch deutlich mehr Versuche, Positionen zu begründen. Die Rolle von Begründungen ist aber innerhalb des vorliegenden Modells noch weitgehend offen – schließlich werden diese aufgrund der Konzentration auf die

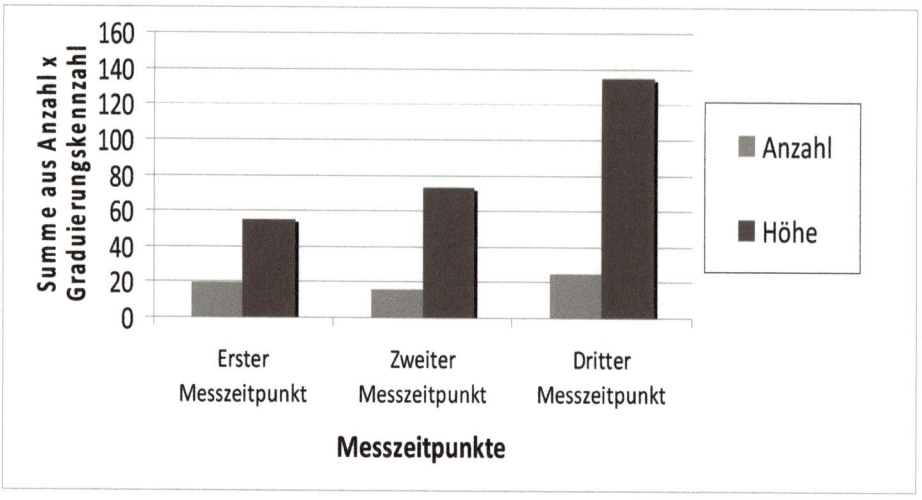

Wahrnehmung nicht erfasst, obwohl sie natürlich einen herausragenden Aspekt ethischer Kompetenz darstellen. Aufschlussreich ist ferner, dass verschiedene Methoden der Textanalyse angewendet werden, was sicher Auswirkungen auf die Ergebnisse haben dürfte. Manche Unterschiede zwischen den drei Messzeitpunkten (vor, während und nach dem Modulunterricht) konnten wir mit dem Instrument (noch) nicht erfassen, wiewohl wir sie beobachten konnten, etwa wenn entlang der Messzeitpunkte mehr Begründungen der eigenen Position geliefert werden, die nicht unbedingt in der Graduierungstabelle abgebildet sind. Dennoch können die Daten erstens einen empirischen Eindruck vermitteln, und zweitens bieten sie reichhaltige Einsichten für die Weiterentwicklung des Instruments.

4. Grenzen der Aussagekraft

Insgesamt müssen wir zur Auswertung und Interpretation der Ergebnisse erneut auf den explorativen Anspruch dieser Studie hinweisen. Schließlich wurden mit der vorliegenden Testreihe erstmals empirische Daten mit dem Instrument produziert, das daher auch noch nicht befriedigend trennscharf ist, gemessen an den klassischen Testgütekriterien der Reliabilität, Validität und Objektivität.[30] Die Ergebnisse dieser Pilotstudie dienen der Ausweitung und Förderung weiterer Forschung auf dem Feld des Ethikunterrichts. Sie können keine generalisierbaren Informationen produzieren, da die Proband(inn)enzahl der Studie (n = 5) sehr

---

30 Markus Bühner, *Einführung in die Test- und Fragebogenkonstruktion*, 3. Aufl., München 2011; Walter Hussy, Anita Jain, *Experimentelle Hypothesenprüfung in der Psychologie*, Göttingen 2002.

klein war. Die Untersuchungsergebnisse sind noch nicht verifiziert, da bislang nur ein Forscher die Daten überprüft hat. Es wäre daher notwendig, dass mindestens zwei Personen jeden der Antworttexte lesen und die Ergebnisse dann verglichen werden (Interrater-Reliabilität). Dazu kommt, dass wir die Ergebnisse nicht mit einer Basisrate vergleichen können, da es keine Vergleichsgruppe gab und da bislang keine andere Studie ein Modell zur (empirischen) Analyse ethischer Kompetenz entwickelt hat.

5. Ausblick

Die zukünftige Forschung sollte versuchen, sich auf die in diesem Aufsatz erwähnten Grenzen durch Ausweitung der Anzahl ausgewerteter Textantworten zu beziehen, und die Anzahl der trainierten Auswerter(innen) erhöhen, um die Reliabilität zu verbessern. Weiterer Reflexionsbedarf besteht auch in Richtung der Fragen, ob nicht für jeden Interventionstext eine ideale Referenz-Auswertung angefertigt werden müsste, wie mit (psychologischen) Antworttendenzen umzugehen wäre und ob nicht noch weitere Perspektiven die Strukturen erweitern könnten (z. B. die der Legalität oder der intrinsischen und extrinsischen Motivation). Schließlich und endlich steht die theoriegestützte Erweiterung des Modells um den Aspekt der Evaluation aus. Es ist außerdem lohnend und notwendig, eine vereinfachte Form der Auswertung zu finden und die klassischen Testgütekriterien zu erreichen. Aus unserer Sicht lassen sich mindestens vier Stärken für das vorliegende Instrument formulieren, die seine Weiterentwicklung nahelegen: 1. die strikt theoriebasierte Entwicklung, die den Schwerpunkt auf ethische Theorie legt, 2. die empirische Erhebung einer Teilkompetenz der komplexen ethischen Kompetenz, 3. die differenzierte (ebenfalls theoriegeleitete) Graduierung, und 4. die potentielle kontextuelle Übertragbarkeit des Instruments.

Torsten Hitz

Wie unterrichtet man eine Kompetenz?

Eine sprachphilosophisch-bedarfsorientierte Methode

Die Kompetenzorientierung ist in der Philosophiedidaktik heute weitherum akzeptiert.[1] Philosophische Kompetenzbegriffe sind jedoch notwendig allgemein. Es besteht deshalb Einigkeit darüber, dass der jeweilige Lehrer die Kompetenzen für den Unterricht in »Übungen« und »in einzelne Aufgaben übersetzen«[2] muss. Für diese »Übersetzung« werden in der fachdidaktischen Literatur immer wieder nützliche Beispiele angeführt. Im Folgenden gehe ich von einigen dieser Beispiele aus und schlage, darauf aufbauend, im Sinne einer Anregung für die Unterrichtspraxis eine sprachphilosophisch-bedarfsorientierte Methode vor, die den Vorgang des »Übersetzens« von Kompetenzen in konkrete Aufgaben und Übungen erhellen und die Vermittlung von Kompetenzen im Unterricht praktisch erleichtern soll.

1. Kompetenzen und Sprechakte

Im Rahmen eines phänomenologischen Unterrichtsbeispiels empfiehlt Johannes Rohbeck zur Vermittlung der Kompetenz des Wahrnehmens, dass die Schüler im Unterricht Gegenstände oder Farben »beschreiben« und Beobachtungen »vergleichen« sollen; für die Kompetenz des Analysierens sollen sie Argumente »präzisieren«, für die des Verstehens ein Für und Wider »beurteilen«. Ekkehard Martens empfiehlt im Rahmen einer Unterrichtseinheit zum Thema Willensschwäche für das Wahrnehmen, dass die Schüler Situationen »beschreiben« sollen; für das Verstehen sollen sie zu einer Auffassung »Gegenbeispiele nennen«, für die Analyse Wissensarten »unterscheiden«.[3]

---

[1] Volker Steenblock, *Philosophische Bildung. Einführung in die Philosophiedidaktik und Handbuch: Praktische Philosophie*, Münster 2000; Johannes Rohbeck, »Philosophische Kompetenzen«, in: ZDPE 2, 2001, S. 86–94; Ekkehard Martens, *Methodik des Ethik- und Philosophieunterrichts*, Hannover 2003; Anita Rösch, *Kompetenzorientierung im Philosophie- und Ethikunterricht*, Münster 2009.

[2] Johannes Rohbeck, *Didaktik der Philosophie und Ethik*, Dresden 2008, S. 102; ähnlich Martens, a. a. O. (Anm. 1), S. 157 f.

[3] Rohbeck, a. a. O. (Anm. 2), S. 88, 101, 102 f.; Martens, a. a. O. (Anm. 1), S. 167 f.

Sprachphilosophisch betrachtet, handelt es sich beim Beschreiben, Präzisieren, Unterscheiden usw. um Sprechakte, d. h. um Handlungen, die man vollzieht, indem man etwas sagt.[4] Die »Übersetzung« einer philosophischen Kompetenz in Aufgaben und Übungen für den Unterricht besteht demnach darin, dieser Kompetenz mit Blick auf den jeweiligen Kontext Sprechakte zuzuordnen, die die Schüler vollziehen müssen, um als kompetent zu gelten.[5] Dass ein Schüler etwas wahrnehmen kann, erkennen wir demnach daran, dass er es beschreibt, dass er etwas verstanden hat, erkennen wir daran, dass er es beurteilt usw. Zwar sind bei Rohbeck und Martens nicht alle kompetenzorientierten Aufgaben und Übungen als Sprechakte formuliert, doch scheinen alle als Sprechakte formuliert werden zu können.

Gemäß den Unterrichtsbeispielen von Rohbeck und Martens ist ein Schüler also philosophisch kompetent, wenn er bestimmte Sprechakte vollziehen kann. Um eine philosophische Kompetenz zu vermitteln, muss man dem Schüler folglich den Vollzug dieser Sprechakte beibringen. Indem ich das sage, werte ich philosophische Kompetenzen keineswegs ab. Ich vertrete im Gegenteil die Auffassung, dass uns die »Übersetzung« der Kompetenzen in Sprechakte einen besseren Zugang zu ihrer Vermittlung eröffnet.

Dabei greife ich auf die Didaktik des bilingualen Philosophieunterrichts zurück.[6] Ich habe bereits an anderer Stelle unter Rückgriff auf die Sprachphilosophie und auf die Philosophie des Geistes gezeigt, dass im bilingualen Philosophieunterricht der Vollzug bestimmter Sprechakte mit dem Erbringen fachspezifischer geistiger Leistungen zusammenfällt.[7] In der Didaktik des bilingualen Philosophieunterrichts liegen daher wichtige Mittel bereit, um Sprechakte – und durch sie die philosophischen Kompetenzen – zu unterrichten.

2. Vom bilingualen Unterricht lernen

Die Didaktik des bilingualen Philosophieunterrichts stützt sich auf einen fremdsprachendidaktischen Ansatz, der als *notional-functional approach* bekannt ist. Ihm zufolge wird die für bestimmte Situationen oder Aufgaben typische Kom-

---

4 John L. Austin, *Zur Theorie der Sprechakte*, Stuttgart 1979, S. 117; John R. Searle, *Sprechakte*, Frankfurt a.M. 1971, S. 30 f.
5 Nicht erkannt von Rösch, a. a. O. (Anm. 1), S. 137–149, die sich zwar auf ein Kompetenzmodell für Sprachen als Vorbild beruft, aber daraus keine didaktisch-methodischen Schlussfolgerungen zieht.
6 Torsten Hitz, »Plädoyer für einen bilingualen Philosophieunterricht«, in: ZDPE 1, 2008, S. 71–75; vgl. ferner Mirja Ottschofski, »Ich musste die Grenzen der Begriffe kennen, sonst hätte ich sie nicht verwenden können«, in: ZDPE 1, 2009, S. 62–67.
7 Torsten Hitz, »Sprechakt und geistige Leistung am Beispiel des bilingualen Philosophieunterrichts«, in: Christian Fischer, Hansjörg Scheerer u.a. (Hrsg.), *Individuelle Förderung multipler Begabungen* (im Erscheinen).

munikation durch eine Bedarfsanalyse *(needs analysis)* in Sprechakte *(functions)*, Begriffe *(notions)* und sprachliche Mittel *(language exponents)* zerlegt.[8] Gemäß dieses Ansatzes vermittelt man den Schülern im bilingualen Fachunterricht zunächst die nötigen Begriffe und sprachlichen Mittel und dann den Sprechakt selbst. Da der Vollzug des Sprechaktes mit dem Erbringen der fachspezifischen geistigen Leistungen zusammenfällt, vermittelt man den Sprechakt und in einem die geistige Leistung.

Ein Beispiel aus meinem eigenen Philosophieunterricht in der Oberstufe eines Gymnasiums kann das verdeutlichen. In einer bilingualen englischsprachigen Unterrichtsreihe über politische Philosophie beschäftigten sich meine Schüler unter anderem mit dem mittelalterlichen islamischen Philosophen al-Farabi, den sie als Vertreter des politischen Platonismus kennenlernten und kritisch hinterfragten.[9] Einer der vermittelten Sprechakte war hier das Angeben von Kriterien, verstanden als Element einer umfassenden rationalen Begründung. Von den am Vollzug dieses Sprechaktes beteiligten Begriffen mussten einige, aber nicht alle im Unterricht explizit gemacht werden.

Der den Schülern gut bekannte Begriff der Unterscheidung konnte implizit bleiben, der Begriff des Kriteriums musste dagegen explizit gemacht werden. Zudem mussten den Schülern für den Vollzug dieses Sprechaktes verschiedene typische Vokabeln, Ausdrucksweisen und grammatische Muster angeboten werden, zum Beispiel »requirement«, »to make it a condition that«, »indispensable for« etc. Dabei müssen stets mehrere – bekannte und unbekannte, einfache und schwierige – sprachliche Mittel angeboten werden, um den Schülern den Gebrauch sprachlicher Mittel zu ermöglichen, die ihnen einleuchten und die sie sicher verwenden können.

Den Sprechakt des Angebens von Kriterien studierten die Schüler schließlich am »methodischen Vorbild«[10] eines Textes von al-Farabi. Dort behauptet al-Farabi nicht einfach bloß, dass ein Philosoph der beste Herrscher sei, sondern gibt auch allgemeine Kriterien für einen guten Herrscher an und zeigt, dass der Philosoph diesen Kriterien entspricht. Später sollten die Schüler nun ihrerseits nicht einfach behaupten, dass al-Farabi ein Vertreter des politischen Platonismus ist, sondern auch allgemeine Kriterien des politischen Platonismus angeben und dann zeigen, ob und inwieweit al-Farabis Philosophie diesen Kriterien entspricht. Dazu wurde an den Textabschnitt von al-Farabi als Vorbild erinnert, die begrifflichen Voraus-

---

8 Ich setzte »functions« mit Sprechakten gleich; näheres bei Wolfgang Zydatiß, »Konzeptuelle Grundlagen einer eigenständigen Didaktik des bilingualen Sachfachunterrichts«, in: Gerhard Bach, Stephan Breidbach, Dieter Wolff (Hrsg.), *Bilingualer Sachfachunterricht. Didaktik, Lehrer-/Lernerforschung und Bildungspolitik zwischen Theorie und Empirie*, Frankfurt 2002, S. 46–49.

9 Abu Nasr al-Farabi, *On the Perfect State*, Richard Walzer (Hrsg.), Oxford 1985.

10 Rohbeck, a. a. O. (Anm. 2), S. 103.

setzungen wurden wiederholt und die Schüler bekamen, zusätzlich zu den bei al-Farabi verwendeten, weitere sprachliche Mittel angeboten. So konnten sie ohne größere Schwierigkeiten allgemeine Kriterien für einen politischen Platonismus angeben. Die fachspezifische geistige Leistung, allgemeine Kriterien anzugeben, wurde ihnen vermittelt, indem ihnen der Sprechakt des Angebens von Kriterien vermittelt wurde.

3. Eine sprachphilosophisch-bedarfsorientierte Methode

Es liegt auf der Hand, dass man gemäß dieser Vorgehensweise nicht nur im bilingualen, sondern auch im deutschsprachigen Philosophieunterricht Sprechakte unterrichten kann. Nehmen wir an, es hätte sich nicht um eine bilinguale, sondern um eine deutschsprachige Unterrichtseinheit gehandelt. Und nehmen wir an, wir wendeten gleichwohl dieselbe Vorgehensweise an, um den Sprechakt des Angebens von Kriterien zu unterrichten. Wiederum könnte der den Schülern gut bekannte Begriff der Unterscheidung implizit bleiben, den Begriff des Kriteriums müssten wir dagegen explizit machen. Wiederum können wir die Schüler den Sprechakt des Angebens von Kriterien am Vorbild al-Farabis studieren lassen. Bei der späteren Zuordnung al-Farabis zum politischen Platonismus erinnern wir wiederum an dieses Vorbild und wiederholen die begrifflichen Voraussetzungen des Sprechaktes. So können wir auch im deutschsprachigen Philosophieunterricht die geistige Leistung des Angebens von Kriterien vermitteln, indem wir den Sprechakt des Angebens von Kriterien vermitteln.

Die sprachlichen Mittel spielen bei der Vermittlung von Sprechakten im deutschsprachigen Philosophieunterricht natürlich eine geringere Rolle. Gleichwohl wird der Lehrer auch hier nicht nur den begrifflichen, sondern zudem den sprachlichen Bedarf der Schüler decken. Die sprachlichen Mittel anzubieten, mit denen die geforderten Sprechakte vollzogen werden können, ist dabei keineswegs nur im Unterricht mit Migrantenkindern notwendig.[11] Oft bedürfen auch deutsche Muttersprachler je nach Lernstand und individuellen Voraussetzungen der sprachlichen Unterstützung, weil sie etwa bildungssprachliche Ausdrücke wie »Kriterium« oder »Maßgabe« nicht kennen und auch in der Umgangssprache über einen geringen Wortschatz verfügen. Wie bei den Begriffen ist es auch bei den sprachlichen Mitteln Sache des Lehrers zu entscheiden, was vorausgesetzt werden kann und was angeboten werden muss.

Welchen Vorteil die sprachphilosophisch-bedarfsorientierte Herangehens-

---

11 Torsten Hitz, »Philosophieren mit Migrantenkindern«, Vortrag am 3. Juni 2011 während des Kongresses der Österreichischen Gesellschaft für Philosophie, Universität Wien (Veröffentlichung in Vorbereitung).

weise im deutschsprachigen Philosophieunterricht hat, macht das Beispiel deutlich. Der Sprechakt des Angebens von Kriterien wird in diesem Fall als Element einer umfassenden rationalen Begründung unterrichtet. Das Begründen wiederum lässt sich der Kompetenz »Argumente und Begriffe klären können« oder »Analysieren« zuordnen. Mit dem von mir beschriebenen sprachphilosophisch-bedarfsorientierten Vorgehen gewinnen wir also eine Methode, allgemeine philosophische Kompetenzen wie »Analysieren« oder »Argumentieren«, die wegen ihrer Allgemeinheit für sich genommen kaum methodisch kontrolliert vermittelt werden können, auf dem Weg der Übersetzung in Sprechakte einer solchen Vermittlung zuzuführen. Gemäß dem *notional-functional approach* muss man sich dabei als Lehrer methodisch auf die Ebene einzelner Schülersprechakte, auf die Ebene der einzelnen Äußerungen der Schüler im Unterricht begeben. Schließlich sind für das Angeben von Kriterien zum Beispiel andere Begriffe und sprachliche Mittel nötig als für das Angeben von Gründen oder das Angeben von Textstellen; mit einem allgemeinen Begriff wie »Angeben« kommt man als Lehrer also nicht weiter. Durch ihre Übersetzung in einzelne Schülersprechakte werden allgemeine Kompetenzbegriffe vielmehr konkretisiert, wodurch ihre Vermittlung erleichtert und eine Bedarfsanalyse erst möglich wird.

Gemäß dem von mir beschriebenen Vorgehen erfolgt die Kompetenzvermittlung in vier Schritten:

1. einer Kompetenz, die vermittelt werden soll, werden mit Blick auf den jeweiligen Kontext Sprechakte zugeordnet;
2. der Vollzug der Sprechakte wird einer Bedarfsanalyse unterzogen, d.h. die daran beteiligten Begriffe und die dazu nötigen sprachlichen Mittel werden identifiziert;
3. soweit nötig werden die Begriffe im Unterricht explizit gemacht und die sprachlichen Mittel bereitgestellt;
4. die Sprechakte werden (in der Regel durch Vorbild) vermittelt und dann geübt, indem die Schüler die Sprechakte in Bezug auf andere Inhalte selbst vollziehen und deren Erfolg oder Misserfolg beobachten.[12]

Da bei typisch philosophischen Sprechakten der Vollzug des Sprechaktes mit dem Erbringen einer geistigen Leistung zusammenfällt,[13] lernen die Schüler nach dieser Methode mit Hilfe der Sprache den Vollzug philosophischer Akte.

Nach der von mir beschriebenen Methode wird der Unterricht als Abfolge von Sprechakten verstanden. Unterricht wird gemäß dieser Herangehensweise auf

---

12 Näheres dazu bei Hitz, a.a.O. (Anm. 7).
13 Vgl. ebd.

der Ebene einzelner Schülersprechakte reflektiert und geplant – auf der Ebene der
»Moleküle des Denkens«, wie Matthew Lipman das einmal genannt hat.[14] Damit
rückt die Sprache in den Mittelpunkt der methodischen Überlegungen des Lehrers.

4. Sprache und nicht-sprachliche Medien

Dadurch, dass sie die Sprache in den Mittelpunkt rückt, scheint die sprachphilosophisch-bedarfsorientierte Herangehensweise in einen Gegensatz zu treten zu
einem philosophiedidaktischen Ansatz, der nicht die Sprache, sondern ausdrücklich nicht-sprachliche »symbolische« Formen ins Zentrum stellt. In einem einfluss-
reichen Aufsatz hat Susanne Nordhofen die These vertreten, dass »die Grenzen des
Verbalismus [...] nicht die Grenzen der Vernunft«[15] seien. Diese These kann man
auf zwei Arten verstehen, und es ist (leider) kennzeichnend für den Aufsatz von
Nordhofen, dass nicht deutlich wird, welche der beiden Arten gemeint ist.

In ihrer »starken« Variante würde die These besagen, dass nicht-sprachliche
»symbolische« Ausdrucksformen (wie Bilder, Filme, Musik, Pantomime, Skulp-
turen) eine »eigene Form von Rationalität«[16] zugänglich machen, die nicht ver-
sprachlicht werden kann.

In ihrer »schwachen« Variante würde die These besagen, dass nicht-sprachliche
symbolische Ausdrucksformen den sprachlichen Ausdrucksformen (wie z. B. Texten) an Rationalität und an philosophischem Gehalt gleichkommen und mit ihnen
als Medien des Philosophierens »gleichrangig«[17] sind.

In beiden Varianten führt die These von Nordhofen zu einer Relativierung und
Minderung der Bedeutung der Sprache für den Philosophieunterricht. Sprache
erscheint danach als eines unter vielen Medien des Philosophierens, und nicht-
sprachliche Medien erscheinen hinsichtlich ihres philosophischen Wertes mit
der Sprache als gleichwertig und vielleicht sogar – nach der »starken« Variante der
These – als höherwertig. Warum man philosophische Kompetenzen ausgerechnet
mit Hilfe der Sprache unterrichten sollte, wie ich es hier vorgeschlagen habe, ist
unter den Prämissen eines solchen didaktischen Symbolismus nicht einzusehen.

Nach meinem Verständnis des Aufsatzes von Nordhofen beruht die Begründung der symbolistischen These sowohl in ihrer »starken« wie auch ihrer »schwachen« Variante auf philosophischen Fehlschlüssen. Doch unabhängig davon, ob
diese Einschätzung richtig ist, kann man gegen die »starke« Variante der These
einwenden, dass man ihr zufolge nicht in der Sprache sagen kann, worin die Rati-

---

14 Matthew Lipman, *Thinking in Education*, Second Edition, Cambridge 2003, S. 139.
15 Susanne Nordhofen, »Didaktik der symbolischen Formen«, in: ZDPE 2, 1998, S. 127–132, hier: S. 132.
16 Ebd., S. 129.
17 Ebd., S. 131.

onalität nicht-sprachlicher symbolischer Formen besteht, weshalb man wohl sagen muss, dass hier ein Rationalitätsbegriff verwendet wird, der seinerseits womöglich irrational ist.

Gegen die »schwache« Variante der These hat sich Markus Tiedemann kürzlich gewendet. Er schlägt ein Gedankenexperiment vor, in dem sich zwei Personen mit einem philosophischen Thema beschäftigen, aber nur mit Hilfe von Bildern ohne jegliche Sprache miteinander kommunizieren: Erst hält der eine ein Bild in die Höhe, dann der andere, dann wieder der erste usw.[18] Tiedemann kommt völlig zu Recht zu der Einschätzung, dass ein solches abwechselndes stillschweigendes Vorzeigen von Bildern (oder anderen nicht-sprachlichen Ausdrucksformen) nicht legitimerweise als ein philosophischer Bildungsprozess bezeichnet werden kann, und dass die »schwache« These von der philosophischen Gleichwertigkeit sprachlicher und nicht-sprachlicher Medien im Philosophieunterricht deshalb falsch sein muss.

Obwohl man also gegen den didaktischen Symbolismus scheinbar relativ leicht Gegenargumente finden kann, ergibt sich aus seinen Motiven für einen sprachlich ausgerichteten kompetenzorientierten Philosophieunterricht eine wichtige Anregung. Auch eine sprachorientierte Herangehensweise, wie ich sie skizziert habe, muss den Ort nicht-sprachlicher Medien im Philosophieunterricht angeben können. Offensichtlich werden ja nicht-sprachliche Medien (wie z. B. Bilder) von vielen Lehrern im Philosophieunterricht eingesetzt. Wie ein Einsatz nicht-sprachlicher Medien nach den Prinzipien der sprachphilosophisch-bedarfsorientierten Methode aussehen müsste, möchte ich abschließend kurz darlegen.

5. Mal was und rede darüber

Nach meiner Überzeugung kann uns die Didaktik des Fremdsprachenunterrichts hier den Weg weisen. Im Fremdsprachenunterricht werden nicht-sprachliche Medien eingesetzt, um beim Schüler ein fremdsprachiges Verstehen oder ein fremdsprachiges Schaffen, das heißt eine Rezeption oder Produktion von Sprache zu bewirken. »Medien wirken rezeptiv und produktiv aktivierend auf den Lerner«[19], schreiben in diesem Sinne auch die Fremdsprachendidaktiker Wilfried Gienow und Karlheinz Hellwig.

Erstens können nicht-sprachliche Medien in einem sprachlich ausgerichteten kompetenzorientierten Philosophieunterricht also die Rezeption von Sprache unterstützen und aktivieren. Dabei kann es sich um gesprochene oder geschrie-

18 Markus Tiedemann, »Mal mir was!«, in: ZDPE 1, 2011, S. 78–80, hier: S. 80.
19 Wilfried Gienow, Karlheinz Hellwig, »Medien prozessorientierter Sprachbegegnung«, in: Johannes-Peter Timm (Hrsg.), *Englisch lernen und lehren*, Berlin 1998, S. 137–145, hier: S. 138.

bene Sprache handeln. Beispiele wären etwa die bekannten dreidimensionalen Begriffs-Moleküle aus Pappe, Holz und Polystyrol, mit denen Beziehungen zwischen Begriffen verdeutlicht werden können, die sich im Gespräch als bedeutsam herausgestellt haben, oder die bei vielen Lehrern beliebten optischen Textanalysen oder »Strukturskizzen« an der Tafel.

Zweitens können nicht-sprachliche Medien in einem sprachlich ausgerichteten kompetenzorientierten Philosophieunterricht die Produktion von Sprache unterstützen und aktivieren. Das ist für unseren Zusammenhang der interessantere Fall, weil das nicht-sprachliche Medium hier dazu eingesetzt wird, den Schüler zu eigenen Sprechakten zu veranlassen. Man spricht in der Fremdsprachendidaktik in diesem Sinne auch von einem »Sprechanlass«.

Ein Beispiel kann illustrieren, was gemeint ist. Ein Klassiker des Englischunterrichts ist der Roman *Lord of the Flies* von William Golding, in dem bekanntlich Jugendliche auf eine einsame Insel verschlagen werden. Viele Englischlehrer stellen ihren Schülern im Zuge der Besprechung dieses Romans irgendwann die Aufgabe, die Insel zu malen. Auf den ersten Blick mag nicht erkennbar sein, wie der Schüler durch das Malen einer Insel seine Englischkenntnisse verbessern soll. In der Regel werden die Schüler jedoch gebeten, ihre Bilder der Klasse vorzustellen und zu erläutern. Dem Schüler mag es so erscheinen, dass es dem Lehrer dabei um das gemalte Bild geht. Der Lehrer achtet jedoch vorrangig nicht auf das Bild, sondern auf das, was der Schüler sagt. Das nicht-sprachliche Bild ist hier Anlass für Sprechakte des Schülers, und um diese Sprechakte geht es dem Sprachlehrer natürlich. Diese Sprechakte unterstützt er nach allen Regeln der Kunst, etwa indem er dem Schüler Vokabeln, grammatische Muster und Ausdrucksweisen für das Beschreiben von Bildern bereitstellt (z. B. »in the right-hand corner at the top« für »rechts oben«). Indem der Lehrer so vorgeht, vermittelt er nicht die Kompetenz des Bildermalens – wofür er als Englischlehrer auch wohl kaum qualifiziert wäre –, sondern die Kompetenz des Beschreibens von Bildern.

Diesem Muster hat nach meiner Überzeugung der Einsatz nicht-sprachlicher Medien in einem sprachlich ausgerichteten kompetenzorientierten Philosophieunterricht zu folgen. Verwendet man im Unterricht ein Bild, dann muss dabei das Sprechen über das Bild im Mittelpunkt stehen und nicht das Bild selbst. So kann mit Bildern von verschiedenen Gesichtern mit unterschiedlichem Ausdruck etwa das phänomenologische Beschreiben von Stimmungen anderer Menschen geübt werden, oder als Kompetenz formuliert: das »Wahrnehmen« der Stimmungen anderer. Gemäß der sprachphilosophisch-bedarfsorientierten Methode bereitet der Lehrer die Stunde, in der mit den Bildern gearbeitet wird, dadurch vor, dass er den begrifflichen und sprachlichen Bedarf des Beschreibens von Stimmungen anhand von Gesichtsausdrücken ermittelt, die Begriffe und die sprachlichen Mittel bereitstellt und sicherstellt, dass die Schüler ein methodisches Vorbild haben, auf das sie für den Vollzug des Sprechaktes zurückgreifen können.

Auch nicht-sprachliche Medien haben in einem sprachlich ausgerichteten kompetenzorientierten Philosophieunterricht also ihre Berechtigung. Der didaktische Symbolismus vermag diese Berechtigung jedoch argumentativ nicht abzusichern. Eine an der Sprachphilosophie, am bilingualen Philosophieunterricht und an der Fremdsprachendidaktik geschulte Betrachtungsweise vermag das dagegen sehr wohl. In einem Philosophieunterricht, der nach der sprachphilosophisch-bedarfsorientierten Methode durchgeführt wird, dienen nicht-sprachliche Medien dazu, die Schüler zu typisch philosophischen Sprechakten zu veranlassen, oder dazu, den Schülern die Rezeption typisch philosophischer Sprechakte zu erleichtern.

Die Vielseitigkeit und methodische Kontrolliertheit der sprachphilosophisch-bedarfsorientierten Herangehensweise, die sich nicht zuletzt am Beispiel der nicht-sprachlichen Medien zeigen lässt, möchte ich abschließend noch einmal hervorheben. Durch die Übersetzung philosophischer Kompetenzen in Sprechakte ist sie mit vielen Unterrichtsformen und Medien kombinierbar, weil sie sich auf alle Philosophiestunden anwenden lässt, in denen die Schüler sprechen – und das heißt vermutlich: auf alle Philosophiestunden überhaupt. Zugleich ermöglicht die sprachphilosophisch-bedarfsorientierte Methode in jeder einzelnen Unterrichtsstunde eine methodisch kontrollierte Kompetenzvermittlung mit den bewährten Mitteln des bilingualen Unterrichts. So vermittelt diese Vorgehensweise zwischen allgemeinen Kompetenzbegriffen und konkretem Unterrichtsgeschehen.

Marie-Luise Raters

Die siebente Stufe

Ein moralphilosophischer Vorschlag zur Erweiterung der Dilemma-
Methode nach Lawrence Kohlberg

Die Dilemma-Methode nach Lawrence Kohlberg hat sich im Ethik-Unterricht
bewährt, weil sie genau da ansetzt, wo eine ethisch-didaktische Methode anset-
zen sollte: Bei konkreten moralischen Problemen nämlich, die es zu lösen gilt.
Vom Standpunkt der aktuellen Moralphilosophie hat die Methode allerdings zwei
Grenzen, die sich unmittelbar aus den moralphilosophischen Vorannahmen Kohlbergs ableiten. Sie basiert nämlich erstens auf der empirisch nicht haltbaren Prä-
misse, dass es für ausnahmslos jeden moralischen Konflikt eine eindeutige Lösung
geben soll. Eine zweite falsche Annahme lautet, dass man mit der Auffassung, dass
Moralprinzipien unter bestimmten Umständen situativ angepasst werden müssen,
einem moralischen Relativismus oder gar Skeptizismus das Wort reden würde. Weil
ich die Dilemma-Methode grundsätzlich sehr schätze, möchte ich hier kurz skizzieren, wie sich die beiden Grenzen der Dilemma-Methode überwinden lassen.[1]

1. Die Dilemma-Methode im Licht von Kohlbergs moralphilosophischen Vorannahmen

In seinen »eher moralphilosophischen Schriften«[2] bekennt sich Lawrence Kohlberg zu der Überzeugung, dass es eine einzige sittliche Weltordnung gibt, die erstens für alle vernünftigen Wesen verbindlich ist, und die zweitens für alle mora-

---

1 Vgl. ausführlicher dazu: Marie-Luise Raters, *Das moralische Dilemma im Ethik-Unterricht. Moralphilosophische Überlegungen zur Dilemma-Methode von Lawrence Kohlberg*, Dresden 2011.
2 Lawrence Kohlberg, Daniel Candee, *The Relationship of Moral Judgement to Moral Action*, Cambridge
Mass. 1980; in überarbeiteter Fassung in: Lawrence Kohlberg, »The Psychology of Moral Development«,
in: *Essays on Moral Development*, Bd. II., San Francisco 1984, S. 498–581. Die Version von 1984 im Text
zitiert nach: Ders., »Die Beziehung zwischen moralischem Urteil und moralischem Handeln«, in:
Ders., *Die Psychologie der Moralentwicklung*, W. Althof, G. Noam, F. Oser (Hrsg.), Frankfurt a.M. 1996,
S. 373–495, hier: S. 414.

lischen Konflikte eine eindeutige Lösung bereithält, die sich bei entsprechender reflexiver Anstrengung sukzessive immer deutlicher erkennen lässt. Mit dieser Überzeugung (die sich den Einflüssen des christlichen Naturrechts, von Immanuel Kant und insbesondere von John Rawls verdankt[3]) ist der Moralphilosoph Kohlberg grundsätzlich dem Lager des monistischen moralischen Rationalismus zuzuordnen. Dieser ist das Fundament der Untersuchungen zur Moralentwicklung von Kindern und Jugendlichen, mit denen Kohlberg seit 1955 in die Fußstapfen[4] von Piaget und Dewey getreten ist und welche den theoretischen Hintergrund zur Entfaltung der Dilemma-Methode bildeten.

Zu diesen Untersuchungen sei hier nur das Wichtigste skizziert. Sie wurden durchgeführt, indem ausgewählten Probanden eigens zu diesem Zweck erfundene[5] Dilemmata zur Beurteilung vorgelegt und ihre Antworten in einem sechsstufigen Raster erfasst wurden, wobei sich Kohlbergs Team nicht für die Antworten selbst, sondern für die Form bzw. die Begründungsstruktur der Antworten und die Entwicklungen der jeweiligen Begründungsstrategien interessierten. Das Ergebnis dieser Studien lautete, verkürzt gesagt, dass sich die Kriterien der moralischen Entscheidungen von Kindern und Jugendlichen auf drei verschiedenen Urteilsebenen abbilden lassen sollen, denen sechs Stufen der Moralentwicklung entsprechen.[6]

Auf den ersten und zweiten *präkonventionellen* Stufen sollen sich die Entscheidungen nach den unmittelbar zu erwartenden Konsequenzen richten.

---

3 Jürgen Habermas verortet Kohlbergs Moralphilosophie so: »Seit dem Erscheinen von Rawls *Theorie der Gerechtigkeit* benutzt Kohlberg vor allem diese, an Kant und das rationale Naturrecht anknüpfende Ethik, um seine philosophischen, zunächst von Mead inspirierten Auffassungen über die *Natur des moralischen Urteils* zu schärfen.« Jürgen Habermas, *Moralbewusstsein und kommunikatives Handeln*, Frankfurt a.M. 1983, S. 130.

4 Kohlberg führt die Grundgedanken seiner »Erziehungsphilosophie« selbst auf John Dewey zurück. Allerdings sei »Deweys Denken über Moral« nur »theoretisch« geblieben. »Psychologisch konkret« geworden sei sie erst durch Jean Piaget. Lawrence Kohlberg, »Moralische Entwicklung und demokratische Erziehung«, in: Georg Lind, Jürgen Raschert (Hrsg.), *Moralische Urteilsfähigkeit. Eine Auseinandersetzung mit Lawrence Kohlberg über Moral, Erziehung und Demokratie*, Weinheim 1973, S. 25–43, hier: S. 25 f.

5 Die berühmtesten Dilemmata finden sich in verschiedenen Varianten in: Lawrence Kohlberg, »Anhang«, in: Ders., *The Psychology of Moral Development*, San Franscisco 1984. Im Text zitiert als: Ders., *Die Psychologie der Moralentwicklung*, übersetzt von U. Eckensberger, W. Althof, G. Noam, F. Oser, Frankfurt a.M. 1996, S. 495–508.

6 Eine Rekonstruktion der Stufenfolge birgt die Schwierigkeit, dass sie von Kohlberg (in der Regel als Reaktion auf einschlägige Kritik) in Details mehrmals geändert wurde. Hier berücksichtigt wurden: Lawrence Kohlberg, »Moral Development«, in: *International Encyclopedia of the Social Sciences*, New York 1968, S. 483–494. Im Text zitiert nach: Ders., »Moralische Entwicklung«, übersetzt von W. Althof, in: Ders., *Die Psychologie der Moralentwicklung*, a. a. O. (Anm. 5), S. 7–40, S. 28; sowie Ders., *Essays on Moral Development*, San Francisco 1981, Bd. I., S. 409 ff.; sowie Ders., *Moralische Entwicklung und demokratische Erziehung*, a. a. O. (Anm. 4), S. 26 ff.; sowie Ders., Anne Colby, »Theoretical Foundations and Research Validation«, in: Ders., *The Measurement of Moral Judgment*, 2 Bde., Bd. 1., Cambridge 1987, 1990, S. 18 f.; sowie die Rekonstruktion in: Habermas, a. a. O. (Anm. 3), S. 134 f.

- Auf der ersten Stufe orientieren sich die Probanden an angedrohten Strafen oder an in Aussicht gestellten Belohnungen.
- Die zweite Stufe soll dann von wechselseitigen Interessen nach dem Motto »ich verprügele Dich nicht, wenn Du mich auch nicht verprügelst« geprägt sein. Auf den dritten und vierten *konventionellen* Stufen sollen die Entscheidungen davon geprägt sein, dass sich die Kinder jetzt in andere hineinversetzen können.
- Auf der dritten Stufe sollen sich die Entscheidungen demnach an Lob und Tadel von wertgeschätzten Personen orientieren,
- während sich die Entscheidungen auf der vierten Stufe an der Zustimmung der jeweiligen sozialen Gruppe ausrichten sollen. Die letzten beiden Stufen fasst Kohlberg als »postkonventionelle, autonome oder prinzipiengeleitete Ebene« zusammen.
- In seiner Abhandlung *Moralische Entwicklung und demokratische Erziehung* aus dem Jahr 1973 bezeichnet Kohlberg die fünfte Stufe als die »legalistische« Stufe der »Sozialvertrags-Orientierung«, auf der sich die »die Richtigkeit einer Handlung« nach »allgemeinen individuellen Rechten und Standards« bemessen soll, die »nach kritischer Prüfung von der gesamten Gesellschaft eingehalten« werden sollen.[7]
- Die höchste moralische Urteilskompetenz ist nach Kohlberg schließlich auf der sechsten Stufe erreicht.

Mit einigen wenigen Sätzen ist diese Stufe im Gegensatz zu den übrigen Stufen allerdings nicht mehr zu charakterisieren, weil sie nach einschlägiger Kritik von Kohlberg immer wieder umfassenden Revisionsbemühungen unterworfen worden ist. Zusammenfassend lässt sich sagen, dass eine Person die sechste Stufe erreicht haben soll, sobald sie einen moralischen Konflikt aufgrund von universalen ethischen Prinzipien wie dem Kategorischen Imperativ, der Goldenen Regel, dem Gerechtigkeitsprinzip und dem Prinzip der allgemeinen Menschenwürde eindeutig auflösen kann.

Die Dilemma-Methode war dann eine Art Nebenprodukt[8] dieser Untersuchungen. Den SchülerInnen wird eines der von Kohlberg erdachten Dilemmata vorgelegt. Dann werden ihre Antworten analysiert, um den SchülerInnen die Struktur ihres moralischen Denkens bewusst zu machen. Anschließend werden ihre Ant-

---

7 Kohlberg, »Moralische Entwicklung und demokratische Erziehung«, a. a. O. (Anm. 4), S. 27.
8 Laut Kuld und Schmid geht die Idee einer Übertragung der empirischen Untersuchungen zur Moralentwicklung in den Ethik-Unterricht auf Kohlbergs Mitarbeiter M. Blatt zurück, der schon 1969 die Auffassung vertreten haben soll, dass sich durch »Diskussionen moralischer Dilemmata das Niveau des moralischen Urteils« steigern lässt. Lothar Kuld, Bruno Schmid, *Lernen aus Widersprüchen. Dilemmageschichten im Religionsunterricht*, Donauwörth 2001, S. 150.

worten hinterfragt, um sie durch das Herstellen einer produktiven Unzufriedenheit dazu anzuregen, auf der jeweils höheren Stufe eine alternative Antwort mit einer moralisch höherrangigen Begründung zu geben, bis die SchülerInnen im (seltenen) Idealfall endlich die sechste und höchste Stufe erreichen.[9]

2. Die Debatte um die Wiederkehr der sechsten Stufe im Umriss

Natürlich sind sowohl Kohlbergs moralpsychologische Untersuchungen[10] als auch die Dilemma-Methode[11] allen offensichtlichen Plausibilitäten[12] zum Trotz immer wieder mit Einwänden konfrontiert worden. Insbesondere Norma Haams[13] Einwand der nicht-repräsentativen Probandenauswahl und Carol Gilligans[14] Einwand der Möglichkeit einer spezifisch weiblichen Moralentwicklung sind hervorzuheben. Weiter eingehen kann ich auf diese Einwände nicht, weil es hier ja um zwei dezidiert moralphilosophische Einwände gehen soll. Plausibilisieren möchte ich diese Einwände ausgehend von der Debatte über die »Wiederkehr der sechsten Stufe«.

Diese Debatte entzündete sich in den sechziger Jahren des 20. Jahrhunderts an Langzeituntersuchungen, bei denen irritierenderweise festgestellt wurde, dass ungefähr ein Fünftel[15] der von Kohlberg untersuchten Jugendlichen im frühen

9 Vorlagen für die Planung konkreter Unterrichtsreihen finden sich beispielsweise in: Fritz Oser, »Acht Strategien der Wert- und Moralerziehung«, in: Edelstein Wolfgang, Fritz Oser, Peter Schuster, *Moralische Erziehung in der Schule. Entwicklungspsychologie und pädagogische Praxis*, Weinheim 2001, S. 63–89, hier: S. 79 ff; vgl. auch Volker Pfeiffer, *Didaktik des Ethik-Unterrichts. Bausteine einer integrativen Wertevermittlung*, Stuttgart 2009; Rolf Dubs, *Lehrerverhalten*, Zürich 1995; Georg Lind, *Moral ist lehrbar. Handbuch zur Theorie und Praxis moralischer und demokratischer Bildung*, München 2003.
10 Vgl. dazu Raters, a.a.O. (Anm. 1), S. 29–45.
11 Vgl. dazu ebd., S. 23–29.
12 Vgl. dazu ebd., S. 19–22.
13 Der Einwand fasst sich in folgender Äußerung zusammen: »Thus the moral reasoning of males who live in technical, rationalized societies, who reason at the level of formal operations and who defensively intellectualize and deny interpersonal and situational details, is especially favored in the Kohlberg scoring system.« Norma Haams, »Two Moralities in Acton Contexts: Relationships to Thought, Ego Regulation and Development«, in: *Journal of Personality and Social Psychology* 36, 1978, S. 286–305, hier: S. 287.
14 Vgl. dazu Carol Gilligan, *A Different Voice*, Harvard 1982. Im Text zitiert als: Dies, *Die andere Stimme. Lebenskonflikte und Moral der Frau*, München 1984, S. 28 f. Beiträge zur und Darstellungen der Debatte finden sich u.a. in: Eva F. Kittay, Diana T. Meyers (Hrsg.), *Women and Moral Theory*, Totowa, New York 1987; sowie in: Andrea Maihofer, »Ansätze zur Kritik des moralischen Universalismus«, in: Feministische Studien 1, 1988, S. 32–52; sowie in: Herta Nagel-Docekal, Herlinde Pauer-Studer (Hrsg.), *Jenseits der Geschlechtermoral*, Frankfurt a.M. 1993; sowie in: Gertrud Nunner-Winkler (Hrsg), *Weibliche Moral. Die Kontroverse einer geschlechtsspezifischen Ethik*, Frankfurt a.M., New York 1991.
15 Kohlberg selbst spricht in dem als Reaktion auf die Untersuchungen Kramers verfassten Essay im Jahr 1969 von ca 20 % seiner Probanden. Lawrence Kohlberg, Richard Kramer, »Continuities and Discontinuities in Childhood and Adult Moral Development«, in: *Human Development* 12, 1969, S. 93–120. Im Text zit. nach Dies., »Zusammenhänge und Brüche zwischen der Moralentwicklung in der Kindheit und im Erwachsenalter«, in: Lawrence Kohlberg, *Die Psychologie der Moralentwicklung*, a.a.O. (Anm. 5),

Erwachsenenalter nicht so argumentierten, wie es nach Kohlbergs sechsstufigem Schema eigentlich zu erwarten gewesen wäre. Eine signifikante Anzahl von Probanden, die als Jugendliche schon ein relativ hohes Niveau der Moralentwicklung erreicht hatten (wobei Kohlberg in unterschiedlichen Schriften sowohl von Stufe 4 als auch von Stufe 5 oder 6 spricht), sollen als Erwachsene nämlich in einen »kompromisslosen Skeptizismus« verfallen oder »für eine extrem relativistische Infragestellung anfällig«[16] geworden sein.

So berichten Kohlberg und Kramer in ihrem gemeinsam verfassten Essay *Continuities and Discontinuities in Childhood and Adult Moral Development* von 1969 beispielsweise von einem »Nietzscheaner«, der »auf der High School der am meisten geachtete Präsident der Schülerversammlung seit Jahren gewesen« sei, der aber »während seines zweiten Studienjahres auf dem College« plötzlich gestanden habe, dass er »zwei Tage zuvor einem Freund während des Arbeitens eine goldene Uhr entwendet habe«, um dem Freund, »der einfach zu gut, christusähnlich und vertrauensvoll« sei, eine »Lektion« darüber zu erteilen, »wie die Welt wirklich«[17] ist. Was ist mit diesen Probanden im frühen Erwachsenenalter geschehen? Auf diese Frage sind bis in die achtziger Jahre hinein unterschiedliche Antworten gegeben worden.[18]

Als Ethik-Dozentin an einer Universität, die es mit jungen Erwachsenen zu tun hat, kann ich anders als Kohlberg nun nicht glauben, dass die Moralentwicklung mit der Pubertät abgeschlossen wäre und sich im Erwachsenenalter nicht fortsetzen könnte.[19] Vor diesem Hintergrund bin ich der Überzeugung, dass die »abtrünnigen Probanden« nicht etwa einen Rückschritt im Sinne Kohlbergs, sondern vielmehr eine Weiterentwicklung über die sechste Stufe hinaus auf eine siebte Stufe der Moralentwicklung vollzogen haben. Diese Entwicklung lässt sich in einem ersten groben Zugriff durch eine Einsicht in die Grenzen des prinzipienorientierten

S. 41–81, hier S. 64. Gilligan spricht mit Bezug auf eine als »Kohlbergs 58 Report« bezeichnete Studie von einem Verhältnis von 7:1. Carol Gilligan, John M. Murphy, »Moral Development in Late Adolsescnece and Adulthood. A Critique and Reconstruction of Kohlberg's Theory«, in: *Human Development* 23, 1980, S. 77–104, hier: S. 82.

16 Lawrence Kohlberg, Dwright R. Boyd, Charles Levine, »Die Wiederkehr der sechsten Stufe. Gerechtigkeit, Wohlwollen und der Standpunkt der Moral«, in: Wolfgang Edelstein, Gertrud Nunner-Winkler (Hrsg), *Zur Bestimmung der Moral. Philosophische und sozialwissenschaftliche Beiträge zur Moralforschung*, Frankfurt a.M. 1986, S. 204–240, hier: S. 206.

17 Kohlberg, Kramer, »Continuities and Discontinuities«, a. a. O. (Anm. 15), S. 64.

18 Ausführlich rekonstruiert wird die Debatte in Raters, a. a. O. (Anm. 1), S. 45–77.

19 Damit knüpfe ich an Perry an, der angesichts der Datenlage schon im Jahr 1968 den Gedanken ins Spiel gebracht hatte, dass die moralische Entwicklung im frühen Erwachsenenalter entgegen Piagets Überzeugung vielleicht noch nicht abgeschlossen sein könnte. Vgl. dazu William G. Perry, *Forms of Intellectual and Ethical Development in the College Year. A Scheme*, New York 1968. In der »Kohlberg-Gemeinde« wurde diese Möglichkeit zwischenzeitlich kurz ins Spiel gebracht in: Gilligan, Murphy, »Moral Development«, a. a. O. (Anm. 15), S. 79.

monistischen moralischen Rationalismus charakterisieren, der Kohlbergs sechsstufigem Schema ja zugrundeliegt.

3. Das Erfordernis eines situativ bedingten Prinzipienverstoßes

Die erste Grenze jedes monistischen moralischen Rationalismus liegt darin, dass es zweifellos kein Moralprinzip geben kann, welches in allen möglichen Anwendungsfällen zu der *einen* richtigen moralischen Entscheidung führt, weil moralische Konflikte immer auch von kontingenten Umständen abhängig sind, die keine (menschliche) Rationalität jemals umfassend vorausplanen kann.

So gebietet der monistische moralische Rationalismus beispielsweise, niemals ein Versprechen abzugeben, von dem man weiß, dass man es nicht halten kann.[20] Nun weiß man aber, dass aller Umsicht zum Trotz unvorhersehbare Umstände eintreten können, unter denen prima facie etwas anderes als die Einhaltung des Versprechens moralisch geboten zu sein scheint. So besteht immer die Möglichkeit, dass man bei einem Unfall Hilfe leisten muss. Als streng prinzipientreuer monistischer Rationalist im Sinne von Kohlbergs sechster Stufe könnte man zu einer solchen Situation erstens die Auffassung vertreten, dass man natürlich die Verabredung einhalten müsse, weil man für seine Versprechen, aber nicht für ohne eigenes Zutun stattfindende Unfälle verantwortlich sei.[21] Es bedarf keiner weiteren Erläuterung, dass unsere moralische Intuition dieser Auffassung nicht zustimmen kann.

Alternativ könnte der prinzipientreue Rationalist die Auffassung vertreten, dass man auf das Abgeben von Versprechen generell verzichten müsse, weil man ja wissen könne, dass immer ungeplante Umstände eintreten können, unter denen man das Versprechen nicht halten kann. Das wäre offensichtlich eine absurde Konsequenz, durch die unser alltägliches Handeln gewichtig eingeschränkt würde. Am vernünftigsten scheint vielmehr die Folgerung zu sein, dass unter zwingenden Umständen eine situativ bedingte Modifizierbarkeit der Prinzipien des monistischen moralischen Rationalismus zuzulassen ist. Dann könnte man an den Prinzipien nämlich grundsätzlich festhalten, aber hätte sich gleichzeitig genug Spielraum geschaffen, um im praktischen Ernstfall keine moralisch kontraintuitiven Entscheidungen fällen zu müssen.

---

20 Vgl. dazu. Allan Donogan, »Consistency in Rationalist Moral Systems«, in: *The Journal of Philosophy* 81, 1984, S. 291–309. Im Text zitiert nach: Christopher Gowans (Hrsg.), *Moral Dilemmas*, New York, Oxford 1987, S. 271–290.

21 Dieses Argument wird im Namen eines monistischen moralischen Rationalismus prominent vertreten in Immanuel Kant, »Über ein vermeintliches Recht aus Menschenliebe zu lügen«, in: *Berlinische Blätter*. Hrsg. v. Biester. 1. Jahrgang 1797, S. 301–314. Im Text zit. Nach: Wilhelm Weischedel (Hrsg.), *Werke in zehn Bänden*, Bd. 7., Darmstadt 1956, S. 635–643.

Diese Einsicht in die Notwendigkeit einer Erweiterung des monistischen moralischen Rationalismus um sein solches »Prinzip des situativ begründeten Prinzipienverstoßes« (die ich selbst den großen moralphilosophischen Entwürfen von Henry Sigdwick[22] und Richard M. Hare[23] verdanke) war meines Erachtens der eigentliche Motor der Entwicklung, welche die »abtrünnigen Probanden« über Kohlbergs sechste Stufe der Moralentwicklung hinaus auf eine siebte Stufe des situativ begründeten Prinzipienverstoßes geführt hat. Mit dieser Hypothese stütze ich mich auf das, was die Kohlberg-Mitarbeiter Gilligan und Murphy in dem Essay *Development from Adolescence to Adulthood* aus dem Jahr 1979 von zwei »abtrünnigen Probanden« berichten, welche sie als »Philosopher One« und »Philosopher Two« bezeichnen. Beide Probanden sollen »in ihrem letzten Schuljahr« schon »das höchste Stadium von Kohlbergs Stufenfolge erreicht«[24] haben, bevor sie nach einem realen Dilemma aus ihrem Leben befragt wurde.

Beide berichteten von einem Dilemma aus dem Bereich der sexuellen Treue: Philosoph One hatte einem Mädchen die Treue versprochen und sich dann in ein anderes Mädchen verliebt, während Philosoph Two ein Verhältnis mit einer verheirateten Frau eingegangen war, deren Ehemann bis dahin völlig ahnungslos war. Wie die Autoren betonen, unterscheiden sich die beiden zum einen in der Frage, ob sich alle moralische Konflikte lösen lassen: Darauf werde ich im Abschnitt 5. noch einmal zu sprechen kommen. An dieser Stelle ist entscheidend, dass beide mit ihrem jeweiligen Konflikt grundsätzlich anders umgegangen sind. Philosopher One ist offensichtlich auf der sechsten prinzipientreuen Stufe stehengeblieben: Nach Gilligan und Murphy hat er sich »ausschließlich« mit der »internen Konsistenz seiner Gerechtigkeitsprinzipien« ohne jede Rücksicht auf »empirische Verifizierung«[25] befasst. Im Gegensatz dazu hat sich Philosopher Two in seinem bis dahin sehr festen Vertrauen in die Orientierungsmacht von Moralprinzipien erschüttern lassen, weil es ihm weder gelingen wollte, ein »Prinzip« herauszuarbeiten, auf das er sich noch einmal berufen würde, »wenn er denselben Konflikt morgen noch einmal lösen« müsste, noch im Sinne der Rawls'schen Konzeption des Schleiers der Unwissenheit »vollkommen von der Situation zu abstrahieren«.[26] Seinen monistisch-rationalistischen Grundüberzeugungen zufolge müsste er dem

---

22 Vgl. Henry Sidgwick, *The Methods of Ethics*, London 1874. Im Text zitiert nach: Ders., *Methoden der Ethik*, übersetzt von C. Bauer, Leipzig 1909.

23 Vgl. Richard Mervyn Hare, *Moral Thinking. Its Levels, Methods and Point*, Oxford, New York 1981. Im Text zitiert nach: Ders, *Moralisches Denken. Seine Ebenen, seine Methode, sein Witz*, übersetzt von Ch. Fehige und G. Meggle, Frankfurt a.M. 1992.

24 Carol Gilligan, John Michael Murphy, »Development from Adolescence to Adulthood. The Philosopher and the Dilemma of the Fact«, in: Deanna Kuhn (Hrsg.), *Intellectual Development beyond Childhood*, San Francisco 1979, S. 92. Übersetzt von der Verfasserin.

25 Ebd., S. 94. Übersetzt von der Verfasserin.

26 Ebd., S. 94 f. Übersetzt von der Verfasserin.

Ehemann eigentlich sein Verhältnis mit dessen Frau beichten. Allerdings müsste die Frau, die er liebt, den Preis für diese Aufrichtigkeit zahlen, weshalb er schließlich zu dem Resultat kam, dass es unter den vorliegenden Umständen ausnahmsweise einmal besser sei, mit der Lüge weiterzuleben. Meiner Lesart zufolge hat Philosopher Two zunächst eine Zwischenphase 6 ½ des Zweifelns durchlaufen, in der er darüber nachgedacht hat, ob es richtig sein kann, um des Aufrichtigkeitsgebotes willen der Frau einen Schaden zuzufügen. Die Entscheidung, mit der Lüge weiterzuleben, war dann dem Prinzip des situativ begründeten Prinzipienverstoßes verpflichtet, womit Philosopher Two meinen Paradigmen zufolge zur Stufe 7 übergetreten ist.[27]

Entscheidend ist hier, dass solche Entscheidung für einen situativ begründeten Prinzipienverstoß ein metamoralisches fundamentum in re haben. Der monistische moralische Rationalismus hat nämlich tatsächlich eine interne Grenze darin, dass sich die möglichen kontingenten Umstände, unter denen seine Moralprinzipien zur Anwendung kommen müssen, in ihrer Komplexität von keiner menschlichen Rationalität jemals umfassend antizipieren lassen. Das bedeutet, dass man mit einer solchen Position vernünftigerweise immer mit moralischen Konflikten rechnen muss, in denen die rationalistischen Moralprinzipien eben nicht zu einer Entscheidung führen können, die er vor seinem Gewissen wirklich verantworten könnte. Das wiederum bedeutet, dass auch Kohlbergs teleologisches Stufenmodell einer monistisch-rationalistischen moralischen Entwicklung nur als vollständig gelten kann, wenn es um eine siebte Stufe der Moralentwicklung ergänzt wird, die erreicht ist, wenn ein moralischer Akteur ein Prinzip zur Anwendung bringen kann, welches ich das »Prinzip des situativ begründeten Prinzipienverstoßes« genannt habe.

Weil es mir um die Dilemma-Methode für den Ethik-Unterricht geht, ist hier für eine nähere moralphilosophische Charakterisierung des Prinzips des begründeten Prinzipienverstoßes ebenso wenig Raum wie für seine Verteidigung.[28] Es muss die knappe Bemerkung genügen, dass das Prinzip in Anlehnung an Richard Mervyn Hares Prinzip des Universalen Präskriptivismus[29] in seinem wesentlichen Kern besagt, dass man gegen ein etabliertes Moralprinzip verstoßen oder einem etablierten moralischen Verbot zuwiderhandeln sollte, wenn man unter Berücksichtigung der berechtigten Interessen aller Beteiligten und von der Entscheidung betroffenen aufrichtig wollen kann, dass ausnahmslos alle vernünftigen Wesen

---

27 Mögliche Einwände gegen diese Interpretation diskutiere ich in: Raters, a. a. O. (Anm. 1), S. 87–94.
28 Vgl. dazu ebd., S. 105–117.
29 Vgl. dazu Hare, a. a. O. (Anm. 23) sowie Richard Mervyn Hare, »Universal Prescriptivism«, in: Peter Singer (Hrsg.), *A Companion to Ethics*, Oxford 1991. Im Text zit. als Ders., »Zur Einführung. Universeller Präskriptivismus«, in: C. Fehige, G. Meggle (Hrsg.), *Zum moralischen Denken*, 2 Bde, Bd. 1., Frankfurt a.M. 1995, S. 31–54.

unter genau gleichen Umständen so handeln würden, wie man in der vorliegenden Situation meint, handeln zu sollen.[30]

Natürlich kann es in konkreten Anwendungsfällen schwierig sein, genau festzulegen, wer von einer Entscheidung betroffen ist und wer nicht, und was in einer anderen Situation der Fall sein muss, damit die Umstände »genau gleich« sind.[31] Beides kann ich ohne weiteres zugestehen, weil das Prinzip gar nicht beansprucht, auf unproblematischem Wege schematisch zur richtigen moralischen Entscheidung zu führen. Sein moralphilosophischer Gewinn liegt nicht in einer einfachen Anwendbarkeit, sondern vielmehr darin, dass es die kontraintuitiven moralischen Entscheidungen verhindert, zu denen ein strikt prinzipientreuer monistischer moralischer Rationalismus mit intrinsischer Zwangsläufigkeit führt.

So kommt Kants umstrittene Schrift *Über ein vermeintliches Recht, aus Menschenliebe zu lügen* durch die rigoristische Anwendung des Kategorischen Imperativs beispielsweise zu dem moralisch kontraintuitiven Resultat, dass man sogar dann noch eine Pflicht zur Aufrichtigkeit haben soll, wenn es darum geht, einem Mörder Auskunft über den Aufenthaltsort eines Freundes zu geben.[32] Würde man in dieser Situation hingegen das Prinzip des situativ begründeten Prinzipienverstoßes zur Anwendung bringen, käme man allem Gewicht des Lügenverbots zum Trotz zu dem Ergebnis, dass man eine Ausnahme vom Lügenverbot machen sollte, weil man vernünftigerweise wollen muss, dass jeder lügt, sobald ein Menschenleben auf dem Spiel steht.

4. Das Prinzip des situativ begründeten Prinzipienverstoßes im Ethik-Unterricht

Eine Unterrichtseinheit zum situativ begründeten Prinzipienverstoß muss zunächst eine Verunsicherung über die Reichweite der rationalen Prinzipien bewirken, durch welche die sechste und abschließende Stufe einer Moralentwicklung nach Kohlberg charakterisiert ist. In einem zweiten Schritt muss dann das Prinzip des situativ begründeten Prinzipienverstoßes eingeführt und etabliert werden. Die Unterrichtseinheit könnte insofern etwa folgendermaßen verlaufen.

Erste Phase: Weil das Prinzip des situativ begründeten Prinzipienverstoßes die Fähigkeit zur Anwendung rationalistischer Moralprinzipien im Sinne der 6. Stufe

---

30 Hare, a. a. O. (Anm. 23), S. 88 f. Vgl. im Detail dazu Marie-Luise Raters, *Das moralische Dilemma – Supergau der Praktischen Philosophie?*, Kapitel 4 insgesamt (im Erscheinen).
31 Zu den Grenzen des Prinzips des situativ begründeten Prinzipienverstoßes vgl. Raters, a. a. O. (Anm. 1), S. 117–124.
32 Kant, a. a. O. (Anm. 21).

von Kohlbergs Entwicklungsmodell voraussetzt, muss die Dilemma-Methode vorher schon in ihrer konventionellen Form zum Einsatz gekommen sein und entsprechende Resultate gezeigt haben. Insofern bietet sich zum Einstieg das didaktische Mittel der Wiederholung an. Falls das gute alte Heinz-Dilemma das Beispiel der vergangenen Unterrichtseinheit gewesen sein sollte, könnte die Lehrperson ein Arbeitsblatt herumgeben, in das die Schüler noch einmal die Urteilsbegründungen eintragen, die Kohlbergs sechsstufigem Modell zufolge für die sechs Stufen der Moralentwicklung kennzeichnend sein sollen.

Zweite Phase: In der zweiten Phase sollte ein moralischer Konflikt präsentiert werden, der zu einer moralisch kontraintuitiven Entscheidung führen würde, wenn man ein rationalistisches Prinzip wie den Kategorischen Imperativ beispielsweise ohne situationsspezifische Modifikation zur Anwendung bringen würde. Eignen würde sich beispielsweise eine Situation, die der Situation in Kants Schrift *Über ein vermeintliches Recht aus Menschenliebe zu lügen* nachempfunden ist: So könnte man die SchülerInnengruppe bitten, sich vorzustellen, sie lebten während der Nazi-Zeit in den Niederlanden und wüssten, dass die Nachbarn in ihrer Wohnung eine jüdische Familie aufgenommen haben. Zur Entscheidung stünde dann die Frage, ob man sein Wissen preisgeben muss, falls eines Tages SS-Leute vor der Tür stehen und fragen sollten, ob im Nachbarhaus Juden versteckt werden. Weil die siebente Stufe ja eine sehr fortgeschrittene Moralentwicklung voraussetzt, kann angenommen werden, dass die SchülerInnen sich im Geschichtsunterricht mit den Nazi-Verbrechen befasst und das *Tagebuch der Anne Frank* gelesen haben. Ansonsten sollte die Lehrperson entsprechende Informationen nachliefern.

Dritte Phase: Anschließend sollten die SchülerInnen (ganz der konventionellen Dilemma-Methode entsprechend) ein erstes moralisches Urteil fällen, welche die Lehrperson einschließlich ihrer Begründungen an der Tafel festhalten und eventuell mit Blick auf den nächsten Schritt schon einmal vorsortieren sollte.

Vierte Phase: Nach einer kurzen Diskussion der ersten Urteile sollten die Urteile im Klassenverband auf ihre Begründungsmuster hin analysiert und in Kohlbergs Stufenfolge eingeordnet werden.

Fünfte Phase: Damit die Schülergruppe nun eine Erfahrung der Verunsicherung machen können, sollte die Lehrperson in einer fünften Phase (allen berechtigten Zweifeln an »Scheinaufgaben« zum Trotz) den SchülerInnen die Aufgabe stellen, den Konflikt unter Zuhilfenahme von rationalistischen Moralprinzipien im Sinne der sechsten Stufe Kohlbergs eindeutig zu lösen. Dabei sollte die Lehrperson dafür Sorge tragen, dass der Kategorische Imperativ tatsächlich konsequent im Sinne Kants angewandt wird. Das könnte beispielsweise geschehen, indem sie den SchülerInnen die Aufgabe stellt, das zentrale Argument von Kants *Lügenschrift* in Kleingruppen zu rekonstruieren, demzufolge ich als moralischer Akteur nur für meine eigenen Handlungen und damit gegebenenfalls nur für eine eventuelle Lüge, aber nicht für den Mord verantwortlich bin. Das Resultat der Arbeit der fünften Phase sollte etwa folgendermaßen lauten:

Stufe	Begründungsmuster	Pro Aufrichtigkeit	Contra Aufrichtigkeit
1.	Strafe, Gehorsam, Autorität	Die SS würde mich bestrafen, wenn ich lügen würde.	Mein Vater hat gesagt, dass ich lügen soll, wenn die SS kommt.
2.	Belohnungen, individuelle Interessen im Austausch	Die SS würde mich belohnen. Vielleicht dürfte ich einmal auf dem Motorrad mitfahren.	Ich kann die Nachbarn um Schokolade erpressen, wenn ich sage, dass die Gestapo da war.
3.	Lob, Aufmerksamkeit, Anerkennung der sozialen Gruppe	Die Partei und der Führer wären stolz auf mich.	Wenn die Nachbarn erfahren, dass ich der Denunziant war, spricht niemand mehr mit mir.
4.	Pflichten der sozialen Gruppe	Es ist meine Pflicht als Deutscher, das Verstecken von Juden anzuzeigen.	Als Niederländer mache ich mit den Deutschen keine gemeinsame Sache.
5.	Anerkennung und Achtung vor dem Gesetz	Die SS-Leute sind Vertreter der Staatsmacht. Also muss ich kooperieren.	Die SS-Schergen sind als Vertreter der Besatzungsmacht nicht demokratisch legitimiert. Deshalb darf man sie nicht unterstützen.
6.	Orientierung an universalen moralphilosophischen Prinzipien	Man darf unter keinen Umständen lügen, und für den Tod der jüdischen Menschen wäre die SS verantwortlich.	

Sechste Phase: Das Ziel der fünften Phase ist erreicht, wenn die SchülerInnen in einer sechsten Phase Zweifel an der Entscheidung artikulieren, die ihnen durch die strikte Anwendung des Kategorischen Imperativs angesonnen wird. Mit solchen Zweifeln wäre die zentrale Gelenkstelle einer Unterrichtseinheit zum Prinzip des begründeten Regelbruchs im Sinne einer Zwischenstufe 6 ½ erreicht.

Siebte Phase: In einer siebten Phase sollen diese Zweifel rational fundiert und bekräftigt werden. Das könnte beispielsweise geschehen, indem die Lehrperson moralphilosophische Texte (beispielsweise von Schopenhauer oder Mill) einbringt, die ebenfalls Zweifel an den kontraintuitiven Resultaten einer zu strikten Abwendung rationalistischer Moralprinzipien artikulieren. Falls dazu die Zeit fehlt, könnte die SchülerInnengruppe aufgefordert werden, selbst Zweifelsgründe zu benennen.

Achte Phase: Aus der siebten Phase wird vermutlich ein einhelliger Konsens hervorgehen, dass man natürlich lügen müsse, wenn man nur so Menschenleben retten kann. Das universalistische Niveau der 6. Stufe soll nun durch die Unterrichtseinheit allerdings nicht schlicht negiert (oder gar wieder unterschritten), sondern tatsächlich im Sinne einer 7. Stufe transzendiert werden. Das bedeutet, dass der hohe Wert von universalen moralphilosophischen Prinzipien grundsätzlich anerkannt und betont wird, dass aber dennoch auf der Basis einer ausdrücklichen Anerkennung und Wertschätzung dieser Prinzipien begründet werden kann, warum mit Blick auf die konkret vorliegende Situation eine Ausnahme gemacht werden muss, wobei die Begründung beanspruchen können sollte, dass alle vernünftigen moralischen Akteure ihr unter genau ähnlichen Bedingungen zustimmen müssten. Deshalb ist nun eine achte Phase vonnöten, in welcher die SchülerInnen die Einsicht gewinnen, welchen Preis es hätte, wenn man die prinzipienmoralische Entscheidung in einer Situation wie der vorliegenden ignorieren würde.

Diese Einsicht könnte zum einen durch einen entsprechenden moralphilosophischen Text vermittelt werden. Sollte die Lehrperson ein Beispieldilemma konstruiert haben, dass Kants Lügenschrift nachempfunden ist, würden sich die Überlegungen anbieten, die Henry Sidgwick zu dieser Schrift in seinem Buch *The Methods of Ethics* von 1874 anstellt. Sidgwick hebt hier nämlich hervor, dass man die »schlechten Wirkungen des Beispiels selbst einer einzigen Unwahrhaftigkeit auf die Gewohnheit«[33] erwogen haben muss, ehe man sich entscheidet, gegen das Lügenverbot zu verstoßen.

Als Alternative zur philosophischen Lektüre bietet sich das einfache Mittel einer Spielrunde an, bei der den Spielern zugestanden wird, die Grundregeln des Spiels ihren situativen Interessen entsprechend ständig zu modifizieren. Die SchülerInnen werden sehr schnell zu der Einsicht gelangen, dass jedes Spielen durch das Einführen einer solchen Meta-Regel unmöglich wird.

Neunte Phase: In der achten Phase sind die SchülerInnen im Bestfall zu der Einsicht gelangt, dass jeder situativ begründete Prinzipienverstoß selbst wieder prinzipiellen Charakter haben muss, damit er nicht in bloße Willkür ausartet und das moralische Regelwerk insgesamt beliebig zur Disposition stellt. Damit ist der Grundstein gelegt, das Prinzip des situativ begründeten Prinzipienverstoßes zu etablieren, indem in einer neunten Phase das Kriterium der situationsspezifischen Universalisierung eingeführt wird. Das könnte methodisch durch eine kurze Rekapitulation dessen geschehen, was in der Unterrichtseinheit bis zu diesem Zeitpunkt schon erreicht wurde.

---

33 Sidgwick, *Methods of Ethics*, a. a. O. (Anm. 22), S. 226 f.

Nach den entsprechenden Vorbereitungen (Phasen 1–5) haben die SchülerInnen zunächst einmal die Erfahrung gemacht, dass es Situationen geben kann, in denen moralische Prinzipien zu Entscheidungen führen würden, die der moralisch sensible Akteur nicht verantworten will. Ausgehend von dieser Erfahrung sind sie zu dem Schluss gekommen, dass man wohl in einigen wenigen Ausnahmefällen doch von dem abweichen muss, was die Moralprinzipien bei strikter Anwendung vorschreiben würden, wenn man mit seinen eigenen moralischen Intuitionen im Einklang und mit seinem Gewissen im Reinen bleiben will (Phasen 6–7).

Dann aber haben die SchülerInnen die Erfahrung gemacht, dass sie die Prinzipien der Moral und das daraus resultierende moralische Regelwerk nicht per se in jeder moralisch brisanten Situation neu zur Disposition stellen wollen (Phase 8). Wenn alles so läuft, wie ich es mir vorstelle, würde spätestens jetzt von Seiten der SchülerInnen die fast ungeduldige Reaktion kommen, wo denn das Problem läge, weil man die Regeln der Moral ja schließlich nicht per se verletzen und über den Haufen werfen wolle, sondern nur in der vorliegenden Situation. Und das sei jawohl auch vom Standpunkt einer Prinzipienmoral aus zu rechtfertigen, insofern man aufrichtig der Überzeugung sein kann, dass jeder in der vorliegenden Situation so handeln solle – womit das Kriterium der situationsspezifischen Universalisierung in seinen wesentlichen Details benannt wäre.

Zehnte und elfte Phase: Der Etikettierung und Ausformulierung des Prinzips dient dann die zehnte Phase. Den Abschluss sollte eine Rekapitulation des ganzen Prozesses bilden, der in eine Prüfung der Stimmigkeit des nun gefällten moralischen Urteils einer situativ begründeten Abweichung vom Moralprinzip des Kategorischen Imperativs besteht.

Als Schema ließe sich die Unterrichtseinheit etwa so darstellen:

Phase	SchülerInnen	Aktion	Lehrerperson
1.	Wiederholung Heinz-Dilemma	Anschluss an das Lernergebnis der sechsstufigen Dilemma-Methode	Moderation und Erstellen eines Tafelbildes
2.	Erste intuitive Reaktion	Neues Dilemma	Präsentation eines Dilemmas, dessen strikt prinzipienorientierte Lösung kontraintuitiv wäre. Klärung von Begriffen und Situationsdetails.
3.	Formulierung und Begründung der eigenen Position (eventuell in Kleingruppen)	Festlegung einer ersten Position	Moderation und Tafelbild

4.	Diskussion der Begründungen im Klassenverband	Wiederholung der sechs Stufen des moralischen Begründens nach Kohlberg	Moderation und Einordnung der Antworten in Kohlbergs Schema an der Tafel[34]
5.	Herleitung eines strikt prinzipiengeleiteten moralischen Urteils (z. B. nach Kant)	Strikte Anwendung eines moralphilosophischen Prinzips im Sinne von Kohlbergs 6. Stufe	Formulierung der (Schein-) Aufgabe
6.	Artikulation von Zweifeln an der Entscheidung	Wecken erster Zweifel im Sinne eines Übergangsstadiums 6 ½	Moderation
7.	Diskussion oder Textrekonstruktion	Verfestigung der Zweifel durch rationale Begründungen	Moderation oder Hilfe bei der Textrekonstruktion
8.	Philosophische Textlektüre oder Spiel mit neuer Meta-Regel	Einsicht in die moralphilosophischen »Kosten« eines willkürlichen Prinzipienverstoßes	Hilfestellung bei der Lektüre oder Spielanleitung
9.	Entwickeln der Einsicht, dass man gegen ein etabliertes moralisches Prinzip nur verstoßen sollte, wenn man wollen kann, dass alle unter genau gleichen Bedingungen verstoßen würden.	Erste Charakterisierung des Kriteriums der situationsspezifischen Universalisierbarkeit als Rechtfertigung für einen situativ begründeten Prinzipienverstoß	Produktion einer kreativen Ungeduld
10.	Verteidigung und Verfestigung des Kriteriums der situationsspezifischen Universalisierbarkeit durch das Experiment der ausgetauschten Protagonisten	Versprachlichung und Etablierung des Kriteriums der situationsspezifischen Universalisierbarkeit	Anleitung zur Formalisierung und Versprachlichung
11.	Intuitives Nachspüren der Stimmigkeit der nun getroffenen (abweichenden) moralischen Entscheidung	Rekapitulation	Moderation

34 Vgl. dazu Raters, a. a. O. (Anm. 1), S. 83–87 sowie S. 117–124.

5. Die Möglichkeit unauflösbarer moralischer Dilemmata

Eine zweite Grenze von Kohlbergs monistischem moralischen Rationalismus besteht darin, dass er die Möglichkeit unauflösbarer moralischer Dilemmata nicht in Betracht zieht, obwohl die alltägliche moralische Praxis leider eben doch manchmal mit solchen Konflikten konfrontiert ist.[35]

So heißt es in Kohlbergs zusammen mit Candee verfasste Abhandlung *The Relationship of Moral Judgement to Action* von 1980, dass sich alle moralischen Konflikte mit Rückgriff auf die »teleologische Ethik« einerseits, »für die der utilitaristische Standpunkt beispielhaft ist«, und die »deontische Ethik« andererseits, »für die Kants Kategorischer Imperativ steht«[36], in eindeutiger und universell konsensfähiger Weise auflösen lassen können sollen. »Wenn Einigkeit über die Tatsachen des Falles herrscht«, kann es für Candee und Kohlberg nicht den Hauch eines Zweifels geben, dass sich vermittels der »Berücksichtigung eines Prinzips« auch ein Konsens »hinsichtlich der richtigen Lösung herstellen«[37] lässt.

Veranschaulicht wird das am Beispiel des Heinz-Dilemmas[38]: Den Autoren zufolge führen »beide Prinzipien« von Kant und Mill »zum selben Urteil«, dass »Stehlen richtig sei«[39]. Dagegen drängt sich zunächst einmal der Einwand auf, dass sich Kant vermutlich nicht für das Stehlen entschieden hätte: Wenn man nicht lügen darf, um seinen Freund zu retten, darf man auch nicht einbrechen, um seine Frau zu retten.

In meinen Augen wichtiger ist jedoch der Hinweis darauf, dass unsere alltägliche Praxis uns immer wieder mit moralischen Dilemmata konfrontiert, die sich selbst mit den ausgefeilten Moralprinzipien des monistischen moralischen Rationalismus nicht restlos auflösen lassen, weil sich der moralische Akteur mit beiden möglichen Handlungsoptionen, zwischen denen er sich entscheiden muss, schuldig machen würde. Das beste Beispiel ist Kohlbergs Jefferson-Dilemma: Eine totkranke und schwer leidende Patientin bittet Dr. Jefferson um eine tödliche Dosis Gift.[40]

---

35 Mit dieser Auffassung kann sich Kohlberg auf die moralphilosophische Autorität von Thomas von Aquin und Immanuel Kant stützen. Vgl. dazu: Thomas von Aquin, *Summa theologiae. Quaestiones 18–21*, 1266–1274. Im Text zitiert nach: Ders., *Über sittliches Handeln*, Rolf Schönberger (Hrsg. und Übers.), Einleitung v. Robert Spaemann, Stuttgart 2001, S. 99, S. 139; sowie Immanuel Kant, *Metaphysik der Sitten in zwey Theilen*, Königsberg 1797. Im Text zitiert nach: Ders., *Werke in zehn Bänden*, Bd. 7, Wilhelm Weischedel (Hrsg.), Darmstadt 1983, S. 330–334. Die Positionen werden rekonstruiert in Raters, a. a. O. (Anm. 1), S. 126–130.

36 Kohlberg, Candee, a. a. O. (Anm. 2), S. 490.

37 Ebd., S. 389 f.

38 Ebd., S. 495.

39 Ebd., S. 413 f. Dieselbe Auffassung wird vertreten in Lawrence Kohlberg, »From Is to Ought. How to Commit the naturalistic fallacy and get away with it in the study of moral development«, in: T. Mischel (Hrsg.), *Cognitive Development and Epistemology*, New York, London 1971, S. 151–235. Im Text zitiert nach Kohlberg, *Essays on Moral Development*, Bd. I., a. a. O. (Anm. 2), S. 101–189.

40 Kohlberg, *Die Psychologie der Moralentwicklung*, a. a. O. (Anm. 5), S. 499.

Zwar scheint es letztlich richtig zu sein, dass Dr. Jefferson ihre Bitte erfüllt. Das bedeutet aber ausdrücklich nicht, dass sich Dr. Jefferson nicht schuldig machen würde, wenn er ihr dieses Gift verabreicht! Immerhin würde er einen Menschen töten, und das ist eine der gravierendsten moralischen Verfehlung überhaupt.

Es gibt unauflösbare moralische Dilemmata, die man mit den rationalen Moralprinzipien der sechsten Stufe der Moralentwicklung vielleicht entscheiden, aber nicht restlos auflösen kann. Auch deshalb kann von einer ausgereiften moralischen Persönlichkeit innerhalb eines monistischen moralischen Rationalismus nur die Rede sein, wenn sie eine siebte Stufe der Moralentwicklung erreicht hat, die nicht nur durch die Fähigkeit zum situativ begründeten Prinzipienverstoß, sondern auch durch die Fähigkeit des adäquaten Umgangs mit der Möglichkeit unauflösbarer moralischer Dilemmata gekennzeichnet ist.

Man geht mit einem Dilemma, das sich nach ausreichender moralphilosophischer Reflexion als unlösbar erwiesen hat, nun zweifellos vor allem dann adäquat um, wenn man das Prinzip des situativ begründeten Prinzipienverstoßes zur Anwendung bringt und das Dilemma mit möglichst guten Gründen entscheidet. Tatsächlich geht die Fähigkeit zum adäquaten Umgang mit unauflösbaren moralischen Dilemmata jedoch über die Fähigkeit zur Entscheidung moralischer Konflikte unter Anwendung des Prinzips des situativ begründeten Prinzipienverstoßes hinaus, weil unauflösbare moralische Dilemmata handlungsunsicher machen können. Das ist aus zwei Gründen der Fall.

Zum einen macht ein unauflösbares moralisches Dilemma handlungsunsicher, weil auch nach einer noch so gut abgewogenen Entscheidung eines solchen Dilemmas Restzweifel bleiben müssen, ob man tatsächlich die richtige Entscheidung getroffen hat. Wenn Dr. Jefferson seiner Patientin das Gift gibt, werden Zweifel bleiben, ob es tatsächlich richtig war, einen Menschen zu töten. Wenn er ihr das Gift hingegen verweigert, werden Zweifel bleiben, ob es richtig ist, sie weiter leiden zu lassen. Solche Zweifel können dazu führen, dass man zögert, eine getroffene Entscheidung in Handlung umzusetzen.

Denselben Effekt kann es haben, wenn sich der moralische Akteur nicht darüber hinwegsetzen kann, dass er nach dem Umsetzen seiner Entscheidung in Handlung vermutlich Schuldgefühle haben wird, weil ein unauflösbares moralisches Dilemma schließlich dadurch gekennzeichnet ist, dass man mit jeder möglichen Handlungsoption gegen ein gewichtiges moralisches Gebot verstoßen bzw. einem gewichtigen moralischen Verbot zuwiderhandeln muss. So kann Dr. Jefferson das Leiden seiner Patientin nur lindern, wenn er sie tötet. Gleichzeitig muss er sie weiter leiden lassen, wenn er sie nicht tötet. Mit beiden Optionen würde er schwere Schuld auf sich laden, auch wenn er sich seine Entscheidung nicht leicht gemacht hat.

Weil reife moralische Akteure im Falle eines unauflösbaren moralischen Kon-

flikts schnell realisieren werden, dass sie sich mit jeder möglichen Handlungsoption schuldig machen würden, liegt es wiederum nahe, dass sie zögern, eine
getroffene Entscheidung in Handlung umzusetzen. Der Ethik-Unterricht soll nun
nicht primär Einsichten vermitteln, sondern handlungsfähig machen. Deshalb
muss eine Unterrichtseinheit zum echten moralischen Dilemma auch Strategien
zum adäquaten Umgang mit handlungshemmenden Restzweifeln und antizipier-
ten Schuldgefühlen entfalten.

Gegen eine Handlungshemmung durch Restzweifel könnte ein Argument ins
Feld geführt werden, das ich das »Pontius-Pilatus-Argument« genannt habe, weil
es sich an die biblische Figur des Pontius Pilatus anlehnt. Pontius Pilatus ist in die
Geschichte eingegangen als jemand, der die Entscheidung eines unauflösbaren
moralischen Dilemmas verweigert hat, obwohl er sich über die Tatsache im Klaren
sein musste, dass diese Verweigerung faktisch einer Entscheidung mit gravieren-
den Konsequenzen gleich kam. Als Statthalter Roms im besetzen Jerusalem war
er für die Entscheidungen über Hinrichtungen zuständig. An Jesus von Nazareth
konnte Pilatus keine Schuld finden. Wenn er seinen Gerechtigkeitsvorstellungen
entsprechend Jesus freigesprochen hätte, hätte er als Statthalter Roms jedoch einen
vom Hohen Rat angezettelten Aufstand riskiert. Wie die Bibel berichtet, verweigerte
Pilatus die Entscheidung mit einer Geste des Händewaschens. Deshalb wird er
von der Geschichte für seine Entscheidungsschwäche verachtet: Bis heute steht
die metaphorische Redeweise »seine Hände in Unschuld waschen« für hilflos-
erbärmliche Versuche des Abwälzens von Verantwortung.

Auf ganz andere Reaktionen stößt jedoch derjenige, der im Falle eines unauflösbaren Dilemmas der ganzen Tragweite seiner Entscheidung zum Trotz eben doch
bewusst und dezidiert eine Entscheidung trifft: Er wird in aller Regel zwar nicht
unbedingt auf Zustimmung, aber immerhin doch auf Respekt stoßen. Das hat nun
seinen guten Grund: Wer bewusst und überlegt eine Entscheidung fällt, kann diese
Entscheidung im Nachhinein rational begründen. Vor allem aber übernimmt er die
Verantwortung, welche die Situation an ihn stellt. Deshalb verdient er Respekt. Wer
Verantwortung übernimmt, verdient also zwar nicht unbedingt Zustimmung, aber
immerhin Respekt. Wer seiner Verantwortung hingegen ausweicht, kann weder
mit Zustimmung noch mit Respekt rechnen. Das könnte man den SchülerInnen
an der Figur des Pontius Pilatus veranschaulichen, um eine Haltung zu etablieren,
aus der heraus sie ihre Entscheidung eines unauflösbaren moralischen Dilemmas
trotz Restzweifeln in die Tat umsetzen können.

Damit bleibt das Problem der drohenden Schuldgefühle. Insofern man unter
einem »Schuldgefühl« das Gefühl versteht, welches das Wissen oder auch nur die
dunkle Ahnung begleitet, gegen eine gewichtige moralische Anforderung verstoßen zu haben, ist es nicht nur rational, sondern sogar höchst angemessen, wenn
der Akteur nach der Entscheidung eines als unlösbar identifizierten moralischen

Dilemmas Schuldgefühle empfindet, weil die Rede vom »unauflösbaren moralischen Dilemma« ja genau das impliziert, dass der Akteur nämlich mit welcher Entscheidung auch immer gegen eine gewichtige moralische Anforderung verstoßen muss. Weil die Schuldgefühle ein fundamentum in re haben, gibt es keine Möglichkeit, die Schuldgefühle zu beseitigen oder in ihrer handlungshemmenden Funktion zu neutralisieren.

Schuldgefühle lassen sich aber immerhin abmildern. Erfahrungsgemäß geschieht das am besten, indem man sich um Wiedergutmachung bemüht. Sollte das nicht möglich sein, hat es sich bewährt, den Geschädigten Respekt zu bekunden. An diese Erfahrung sollte die Dilemma-Methode anknüpfen. In dieser letzten Phase sollte der Ethik-Unterricht deshalb die Sphäre der moralischen Reflexion im engeren Sinne verlassen und ästhetisch kreativ werden, indem er die SchülerInnen anleitet, den Schuldgefühlen entsprechende Rituale der Wiedergutmachung, der Erinnerung oder der Respektbezeugung zu erfinden.

6. Eine Unterrichtseinheit zur Möglichkeit unauflösbarer moralischer Dilemmata

Eine Unterrichtseinheit, in der die erweiterte Dilemma-Methode in allen Etappen einschließlich der Phase der Erfindung von Ritualen eingesetzt wird, würde das didaktische Ziel verfolgen, die SchülerInnen auch dann zu einem Handeln aus moralisch guten Gründen zu befähigen, wenn eine moralische Entscheidung nicht ohne Restzweifel getroffen werden kann.

Erste Phase: In einer ersten Phase sollte ein moralisches Dilemma präsentiert werden, von dem die Lehrperson annimmt, dass es sich um ein unauflösbares moralisches Dilemma handelt.[41] So könnte man den Fall eines schwer geistig und körperlich behinderten Babys zur Diskussion stellen, das nur mit sehr schmerzhaften Operationen überleben würde.

Zweite Phase: In einem zweiten Schritt sollen die SchülerInnen dem Verfahren der konventionellen Dilemma-Methode entsprechend eine erste Entscheidung treffen und begründen, die dann im Klassenverband diskutiert werden sollte.

Dritte Phase: In der darauffolgenden Stufe sollte es um die Frage gehen, wie man den moralischen Konflikt auf Kohlbergs 6. Stufe prinzipiengeleitet lösen müsste. Die SchülerInnen werden relativ bald zu dem Resultat kommen, dass die verschiedenen Prinzipien der Philosophie zu unterschiedlichen Handlungen

---

41 Dass ein moralisches Dilemma in einem objektiven Sinne tatsächlich nicht aufzulösen ist, kann man nicht behaupten, weil es ja immer sein kann, dass man die eine richtige Lösung nicht gefunden hat.

führen würden. Würde man mit Thomas von Aquin naturrechtlich argumentieren, müssten die Babys am Leben erhalten werden. Schopenhauers Mitleidsmoral würde hingegen wohl ebenso zu schmerzfreiem Töten anweisen wie verschiedene Varianten utilitaristischer Moralprinzipien.

Vierte Phase: In einer nächsten Phase der Unterrichtseinheit sollte der Eindruck der Heterogenität der Positionen, die in der professionellen Moralphilosophie mit dem Anspruch auf Universalisierbarkeit vertreten werden, verstärkt und bestätigt werden. Dazu könnten einschlägige moralphilosophische Texte von den SchülerInnen in Kleingruppen rekonstruiert und erarbeitet werden.[42]

Fünfte Phase: Wenn deutlich geworden ist, dass die etablierten rationalistischen Entscheidungsverfahren zu keiner eindeutigen Lösung führen, sollten die Schüler in einer fünften Phase versuchen, das Dilemma unter Anwendung des Prinzips des situativ begründeten Prinzipienverstoßes selbst zu entscheiden.

Sechste Phase: In einem sechsten Schritt muss es um die Plausibilisierung des pragmatischen Unterschiedes zwischen der zweifelsfreien und restlosen Auflösung eines moralischen Dilemmas im Gegensatz zu einer bloßen Entscheidung des Dilemmas als die entscheidende Gelenkstelle der Unterrichtseinheit gehen. Zwei Wege dazu sind denkbar.

Die Kleingruppen könnten einmal aufgefordert werden, selbst Einwände gegen ihre eigene Position zu formulieren. Je besser ihnen das gelingt, desto stärker werden ihre Zweifel an der Eindeutigkeit ihrer Entscheidung sein.

Es besteht auch die Möglichkeit, im Zuge von Rollenspielen die Situation der Eltern nach der Entscheidung zu antizipieren. Dazu könnten die SchülerInnen aufgefordert werden, in die Rolle der Eltern zu schlüpfen und einen Tagebucheintrag zu verfassen, der eine Woche nach der Umsetzung der Entscheidung in Handlung datiert sein könnte. Das intendierte Ziel der siebten Phase ist erreicht, wenn die SchülerInnen realisieren, dass jede mögliche Entscheidung die Eltern mit Restzweifeln und Schuld belasten würde.

Siebte Phase: Dann ist der Zeitpunkt für das Pontius-Pilatus-Argument gekommen. Zur Etablierung könnte die Lehrperson die SchülerInnen auffordern, die Situation zu beschreiben, die entstünde, wenn die Eltern ihre Entscheidung hinauszögern oder gar ganz verweigern würden. Es würde vermutlich relativ schnell deutlich, dass im Falle des Säuglingsdilemmas unter realen Bedingungen jedes

---

42 Folgende Texte bieten sich zum vorliegenden Thema an. Helga Kuhse, Peter Singer, *Should the Baby live?* Oxford, Melbourne 1985. Im Text zitiert nach: Dies., *Muss dieses Kind am Leben bleiben?*, von der Autorin und dem Autor überarbeitete und erweiterte deutsche Ausgabe, übers. v. J. Schust, Erlangen 1993; sowie: Adrian Holderegger, »Zur Euthanasie-Diskussion in den USA«, in: Ders. (Hrsg.), *Das medizinisch assistierte Sterben*, Fribourg (Schweiz) 1999, S. 123–137; sowie John Harris, »Ethical Problems in Management of Some Severely Handicapped Children«, in: *Journal of Medical Ethics* 7, 1981, S. 107–120; Ders, »Ethische Probleme beim Behandeln einiger schwergeschädigter Kinder«, in: Anton Leist (Hrsg.), *Um Leben und Tod*, Frankfurt a. M. 1992, S. 349–360

Herauszögern und erst recht ein Verweigern der Entscheidung durch die verantwortlichen Eltern einer Entscheidung für ein qualvolles Sterbenlassen gleich käme. Wenn sich den SchülerInnen die Verächtlichkeit einer solchen Strategie im Zuge ihrer Überlegungen zu ihren Folgen nicht sowieso schon erschlossen hat, könnte die Lehrperson historische Figuren wie Pontius Pilatus beispielsweise ins Spiel bringen, die bis heute verachtet werden, weil sie sich vor einer Dilemma-Entscheidung feige zu drücken versucht haben.

Achte Phase: Im besten Fall haben die SchülerInnen bis zum Eintritt in die vorletzte achte Phase gelernt, dass die moralphilosophische Praxis auch mit unauflösbaren moralischen Dilemmata konfrontieren kann, und dass man in einem solchen Falle als reifer moralischer Akteur eine Entscheidung treffen und diese auch in Handlung umsetzen muss, obwohl man weiß, dass Schuldgefühle drohen, die ein fundamentum in re haben, weil man ja tatsächlich gegen eine gewichtige moralische Anforderung verstoßen muss. Weil Schuldgefühle allerdings auch dann eine große Belastung für den moralischen Akteur sind, wenn er erstens weiß, dass er nicht anders handeln konnte, weil die Situation keine anderen Optionen offen gelassen hat, und wenn er zweitens auch weiß, dass er nach den situativ besten moralischen Gründen entschieden und sich seine Entscheidung wohl überlegt und alles andere als leicht gemacht hat, sollte die Unterrichtseinheit in eine Phase der Rituale eintreten, durch welche die Schuldgefühle zwar nicht wirklich zum Verschwinden gebracht, aber immerhin doch gemildert werden können, indem man ihnen einen adäquaten Ausdruck gibt.

Die Rituale sollten natürlich der Situation und insbesondere den Opfern der Entscheidung mit Takt und Einfühlungsvermögen angepasst sein. In diese Richtung sollte die Lehrperson die SchülerInnen gegebenenfalls lenken. Ansonsten aber bietet die Phase die Möglichkeit, den künstlerischen Begabungen der SchülerInnen freien Lauf zu lassen. Rituale können die Form eines Gedichts annehmen, oder auch die eines Liedes oder ein Gedenkstein, aber natürlich auch die Form eines Rituals im engeren Sinne eines immer wiederkehrenden Handlungsablaufs. Die diesbezüglichen Möglichkeiten sind vielfältig, zumal sich auch die Möglichkeit bietet, in dieser Phase interdisziplinär zu arbeiten und beispielsweise den Kunst- oder Musikunterricht mit einzubeziehen.

Neunte Phase: Eine letzte Phase sollte schließlich der Vorführung der gefundenen Rituale vor dem Klassenverband und einem gemeinsamen Nachspüren der Stimmigkeit des gesamten Prozesses gewidmet sein.

Graphisch dargestellt, könnte die Unterrichts-Einheit in folgenden Etappen verlaufen:

SchülerInnen	Aktion	Lehrerperson
Erste intuitive Reaktion	1. Präsentation eines Dilemmas	Präsentation eines Dilemmas, das als Kandidat für ein unauflösbares moralisches Dilemma gelten kann; eventuell Klärung
Formulierung der Position mit Begründung (eventuell in Gruppen)	2. Festlegung einer ersten Position	Moderation
Versuch der Lösung des Dilemmas durch ein moralphilosophisches Prinzip in Gruppenarbeit	3. Infragestellung der Reichweite von rationalistischen Prinzipien	Moderation und Tafelbild zur Gegenüberstellung der Lösungsmuster
Textlektüre und Textrekonstruktion; anschließend Diskussion der Positionen im Klassenverband	4. Verfestigung der Zweifel an der eindeutigen Auflösbarkeit des Dilemmas	Präsentation mehrerer moralphilosophischer Lösungsvorschläge, die jeweils den Anspruch situationsunspezifischer Allgemeinheit vertreten; eventuell Hilfestellung bei der Textrekonstruktion; anschließend Moderation
Suche nach einer situativ angemessenen moralischen Entscheidung des Dilemmas in Kleingruppen	5. Anwendung des Prinzips des situativ begründeten Prinzipienverstoßes	Organisation der Kleingruppen und ggf. Hilfestellung
Rollenspiel; fiktives Tagebuch nach der Entscheidung etc.	6. Plausibilisierung des Unterschieds zwischen der eindeutigen Auflösung und der gut begründeten situativen Entscheidung eines Dilemmas	Hilfestellung bei der Herstellung einer fiktiven Situation, die von den Konsequenzen der Entscheidung geprägt wäre
Die SchülerInnen malen ein Bild aus der Sicht des Babys oder verfassen einen Tagebucheintrag	7. Handlungsentscheidung aufgrund des Pontius-Pilatus-Arguments	Moderation und pro- und contra Tabelle an der Tafel
Kreatives Erfinden von situationsadäquaten Ritualen der Erinnerung und Wiedergutmachung	8. Auffinden von Ritualen	Hilfestellung und ggfs. Korrektur; Ausweitung des Ethik-Unterrichts in die ästhetischen Bereiche Musik, Kunst, Theater etc.
Ausführen der Rituale vor dem Klassenverband und intuitives Nachspüren der Stimmigkeit des gesamten Prozesses	9. Konsolidierung	Rekapitulation und Auswertung u.a. unter Einbeziehung von außermoralischen Kriterien wie Takt z. B.

7. Leistungen und Grenzen der erweiterten Dilemma-Methode

Natürlich hat auch die erweiterte Dilemma-Methode ihre Grenzen, wobei ich hier leider nur auf ihr wichtigstes Problem eingehen kann.[43]

So muss zweifellos eingeräumt werden, dass das Konzept einer 7. Stufe des situativ begründeten Prinzipienverstoßes moralphilosophisch sehr voraussetzungsreich und intellektuell ausgesprochen anspruchsvoll ist. Tatsächlich stellt sich die Frage einer Erweiterung von Kohlbergs ursprünglicher Stufenfolge um eine solche Stufe ja erst, wenn die SchülerInnen die sechste Stufe von Kohlbergs ursprünglichem Stufenmodell schon erreicht haben. Damit drängt sich jetzt natürlich die empirisch ungemein wichtige Frage auf, ob das siebente Stadium im Schulalter überhaupt erreicht werden kann, oder ob es sich charakteristischerweise um ein postadulentes Stadium der moralischen Entwicklung handelt, das erst lange nach der Pubertät im frühen Erwachsenenalter erreicht wird.[44]

Meinen eigenen Erfahrungen zufolge gibt es durchaus eine Chance, mit OberstufenschülerInnen die 6. Stufe im Zuge eines entsprechenden Ethik-Unterrichts zu erreichen. Insofern eine entsprechende Vorbereitung im Ethik-Unterricht stattfindet, bin ich also durchaus zuversichtlich, dass die Basis für die Anwendung der um die 7. Stufe erweiterten Dilemma-Methode noch während der Schulzeit gelegt sein kann. Vermutlich ist der adäquate Ort der Hinführung zur siebenten Stufe jedoch ein dezidiert moralphilosophisch ausgerichteter Ethik- bzw. Werteunterricht in der Oberstufe und vielleicht sogar erst das Universitätsstudium der angehenden Ethik-Lehrer.

Verteidigen möchte ich die erweiterte Dilemma-Methode mit dem Hinweis darauf, dass sie weniger kulturabhängig ist als die konventionelle Dilemma-Methode. Jürgen Habermas hebt zurecht hervor, dass die Grundannahmen der konventionel-

---

43 Vgl. ausführlicher: Raters, a. a. O. (Anm. 1), S. 169–175.
44 Kohlbergs diesbezügliche empirische Untersuchungen sind nicht eindeutig.
(1) In dem zusammen mit Kramer verfassten Essay von 1969 wird die Auffassung vertreten, dass »ein Anstieg in den Antworten auf Stufe 6« insgesamt relativ selten sei. Wenn er stattfinde, dann frühestens »im Alter zwischen 16 und 25 Jahren«. Das deuten Kohlberg und Kramer als »Hinweise darauf«, dass »Stufe-6-Denken erst nach der Schulzeit auftauchen kann oder sich wenigstens erst dann stabilisiert«, während das prinzipienorientierte Urteilsvermögen des Typs, den Stufe 5 repräsentiert, gegen Ende der High School recht vollständig entwickelt sei. Kohlberg, Kramer, *Continuities and Discontinuities*, a. a. O. (Anm. 15), S. 57 f.
(2) In Kohlbergs Essay *Continuities in Childhood and Adult Moral Development Revisited* von 1973 heißt es dann, dass »kein Proband in unserer Längsschnittuntersuchung unter 23 Jahren echtes Stufe-5-Denken« aufgewiesen habe. Weiter heißt es hier sogar, dass »auch im Alter von 30 Jahren« noch keiner die 6. Stufe erreicht habe, womit jedoch »nicht gesagt sein« soll, dass »niemand die Stufe 6 je erreichen« kann. Kohlberg, *Continuities*, a. a. O. (Anm. 15), S. 101 ff.
(3) 1986 ist dann jedoch ganz selbstverständlich wieder von »Adoleszenten der Stufe 6« die Rede, bei denen »longitudinale Analysen« gezeigt hätten, dass sie »aus dem Gleichgewicht« geraten und »für eine extrem relativistische Infragestellung anfällig« geworden seien. Kohlberg, Boyd, Levine, *Die Wiederkehr der sechsten Stufe*, a. a. O. (Anm. 16), S. 206.

len Dilemma-Methode einer »spezifischen, vor allem in angelsächsischen Ländern verbreiteten Traditionen«[45] verpflichtet und Produkte unserer durch die Aufklärung geprägten westlichen Kultur seien. Mit dem Prinzip des situativ begründeten Prinzipienverstoßes lassen sich moralische Entscheidungen auch in heterogenen Gruppen rechtfertigen und kommunizieren. Und falls sich über einen Konflikt überhaupt kein Konsens herstellen lässt, kann es hilfreich sein, ihn als unauflösbares moralisches Dilemma auszubuchstabieren und entsprechend zu behandeln.

Verteidigen würde ich die erweiterte Dilemma-Methode aber vor allem deshalb, weil ich fest davon überzeugt bin, dass mit der erweiterten Dilemma-Methode gegenüber der konventionellen Dilemma-Methode noch einmal eine »Anhebung des Niveaus der Urteilsbildung«[46] im Sinne von Franzen erreicht werden kann: Es stellt in meinen Augen eine ganz wichtige Erweiterung der moralischen Kompetenzen dar, wenn ein moralischer Akteur moralphilosophische Prinzipien situativ bedingt modifizieren und mit der Möglichkeit unauflösbarer moralischer Dilemmata umgehen lernt, so dass er nicht mehr im Sinne von Kohlbergs konventioneller Dilemma-Methode schlicht blind darauf vertrauen muss, mit moralphilosophischen Prinzipien quasi automatisch die eine richtige Lösung jedes moralischen Problems finden zu können.

---

45 Habermas, a. a. O. (Anm. 3), S. 185.
46 Winfried Franzen, »Ethikunterricht«, in: Heiner Hastedt, Ekkehard Martens (Hrsg.), *Ethik. Ein Grundkurs*, Hamburg 1994, S. 301–323, hier: S. 315.

Teil III
Kanonbildung

Vanessa Albus

(K)ein Kanon philosophischer Bildung?

Untersuchungen zur Kanonformation im Philosophieunterricht

Das Problem der Auswahl von Lehrmitteln erwächst aus der alltäglichen Unterrichtspraxis und erhält durch die flächendeckende Einführung des Zentralabiturs, durch die bildungspolitische Forderung nach einheitlichen Standards und durch die behördliche Fixierung von Kanones besondere Brisanz. Die Analyse der einstmals etablierten Kanones im schulischen Philosophieunterricht und die kritische Prüfung der schon ausgetauschten Argumente im Selektionsprozess der historischen Kanonbildungen sind die Bedingungen für die Möglichkeit eines problembewussten Umgangs mit gegenwärtigen Kanonbildungen. Damit die Wissenschaft fundierte Orientierungshilfen für die Praxis geben kann, ist es lohnenswert, die Geschichte der Kanonbildung zu beleuchten. Im Folgenden werden entsprechend dieser Zielsetzung acht Orientierungshilfen in Form von Thesen oder präskriptiven Sätzen aufgestellt, die auf der Basis von Erkenntnissen aus der historischen Kanonforschung erläutert werden. Die Ermittlung der historischen Kanones erfolgt in Anschluss an die empirische Kanonforschung. Erforscht wird dar Kanon auf der Basis einer Korpusanalyse, die Lehrpläne, Leselisten, Schulordnungen, Abiturdokumentationen, Schulbibliothekskataloge, bildungspolitische und pädagogische Debatten sowie Erfahrungsberichte von Lehrenden und Lernenden umfasst.

1. **Ein fixierter und weitgehend anerkannter Kanon festigt die Position der Philosophie im Fächerverbund. Aporien oder Beliebigkeit in der Kanonformation schwächen den Philosophieunterricht im Fächerkanon.**

In der Geschichte des Philosophieunterrichts lässt sich gleich zweimal zeigen, wie auf eine Phase des fixierten Kanons und einer Blüte des Unterrichtsfaches eine Zeit der Desorientierung in der Kanonfrage und eine Zurückdrängung des Faches aus den Stundenplänen folgte. Die beiden Krisen fanden am Ende des Renaissance-Humanismus und der Aufklärungsbewegung statt.

Im protestantischen Schulwesen des 16. Jahrhunderts erweist sich Melanchthons Dialektiklehrbuch als stabiles Element im Kanon.[1] Das Stundendeputat der philosophischen Fächer konnte zu dieser Zeit auf Empfehlung der philippischen Didaktiker insofern aufgestockt werden, als dass zur Ergänzung des Dialektikunterrichts, in dem es um die wissensorientierte Vermittlung der aristotelischen Logik ging, zusätzlich ein Ethikunterricht eingeführt wurde, welcher der Anwendung der logischen Regeln im Prozess des Philosophierens und Disputierens gewidmet war.[2] Anfang des 17. Jahrhunderts setzte die Dekanonisierung der philippischen Lehrmittel ein, weil sie die neuesten Auseinandersetzungen der konkurrierenden logischen Schulrichtungen auf esoterischer Ebene nicht berücksichtigten und daher als veraltet galten.[3] Mit der Dekanonisierung der philippischen Lehrmittel am Ende des Renaissance-Humanismus entstand nur ein provisorischer Behelfskanon, der das Fortbestehen des Ethikunterrichts kostete und mit der Kürzung des Stundendeputats für den Logikunterricht einherging.[4]

Der Kanon des 18. Jahrhunderts wurde von der Leibniz-Wolffschen Philosophie beherrscht. Die didaktischen Transformationen des Leibniz-Wolffschen Systems von Ludwig Philipp Thümmig, Johann Christoph Gottsched, Friedrich Christian Baumeister, Joachim Georg Darjes, Johann Georg Sulzer und Julius Erduin Koch waren am schulischen Lernort, an dem der Philosophieunterricht insgesamt fest verankert und für die Bildung des aufgeklärten Bürgers als nützlich galt, allgegenwärtig.[5] Nach der Zertrümmerung der Leibniz-Wolffschen »Schulphilosophie« von Seiten der esoterischen Philosophie entstand im Philosophieunterricht des 19. Jahrhunderts eine Krise, in der die Aporien in der Kanonfrage mit Abschaffung des Philosophieunterrichts korrelierten.[6]

1 Friedrich Koldewey, *Braunschweigische Schulordnungen von den ältesten Zeiten bis zum Jahre 1828. Monumenta Germaniae Paedagogica*, Bd. 1, Berlin 1886, S. 34, 50, 103, 127, 157, 161; Reinhold Vormbaum, *Die evangelischen Schulordnungen des sechzehnten, siebzehnten und achtzehnten Jahrhunderts*, 3 Bde., Gütersloh 1860–1864, hier: Bd. 1, S. 36, 217, 244, 311, 406, 416, 529 ff., 555, 612, 637.

2 Ebd., S. 174, 202 f., 311, 409, 416, 479, 507, 518, 548, 632.

3 Theodor Gärtner, *Quellenbuch zur Geschichte des Gymnasiums in Zittau*, Bd. 1, Leipzig 1905, S. 70 f., 85.

4 Karl J. Löschke, *Die religiöse Bildung der Jugend und der sittliche Status der Schulen im sechzehnten Jahrhundert. Ein Beitrag zur Geschichte der Pädagogik*, Breslau 1846, S. 118.

5 Die Vielzahl der Einzelbelege finden sich in: Vanessa Albus, *Kanonbildung im Philosophieunterricht. Lösungsmöglichkeiten und Aporien*, Kap. 4.5 (im Erscheinen).

6 Zur Krise des Philosophieunterrichts im 19. Jahrhundert vgl. ebd., Kap. 5 sowie: Günther Klemm, »Geschichte des deutschen Philosophieunterrichts«, in: Eduard Fey (Hrsg.), *Beiträge zum Philosophieunterricht in europäischen Ländern. Ein Integrationsversuch*, Münster 1978, S. 58–104; Ingrid Stiegler, »Philosophiedidaktik von ca. 1800 bis 1972 – Findung, Konsolidierung und Modifikation ihrer pädagogisierten Identität«, in: Wulf D. Rehfus, Horst Becker, *Handbuch des Philosophieunterrichts*, Düsseldorf 1986, S. 20–37; Dies., *Philosophie und Pädagogik. Der Weg der Philosophie zum gymnasialen Unterrichtsfach*, Duisburg 1983; Dies., »Philosophieunterricht im 19. Jahrhundert«, in: Peter Vogel, Ingrid Stiegler, *Bibliographisches Handbuch zum Philosophieunterricht. Einführung in die philosophiedidaktische*

2. Systemkanones verhindern philosophische Bildung. Philosophie lebt von der Kritik und dem Streit gegensätzlicher Denker. Die Festlegung auf eine bestimmte »Schulphilosophie« ist für philosophische Bildungsprozesse inadäquat.

Ein philosophisches System ist eine Zusammenstellung von philosophischen Lehrsätzen aus verschiedenen philosophischen Disziplinen, die so aufeinander bezogen sind, dass sie in ihrer Wechselwirkung eine autarke Gesamtheit bilden. Wenn ein bestimmtes philosophisches System als verbindliche und einzig wahre Weltanschauung Breitenwirkung entfaltet, sprechen wir von einem »Systemkanon«. Ein Systemkanon beansprucht, in allen philosophischen Fragen endgültige Gewissheit erlangt zu haben und ignoriert folglich alle Philosophien, die sich nicht in das System integrieren lassen. Die Etablierung von Christian Wolffs System als einzig wahre »Schulphilosophie« hinterließ bei den Lernenden den Eindruck, dass es in der Philosophie nur gesichertes Wissen gebe, das von denjenigen auswendig gelernt werden müsse, die gute Philosophen werden wollten. Den Lernenden war vielmals gar nicht klar, dass es sich bei diesem vermeintlich sicheren Wissen um die Philosophie von Wolff und Leibniz handelte, und dass es Kritiker gab, die diese Philosophie in Frage stellten. Der feste Glaube an die ewig sichere Wahrheit der »Schulphilosophie« führte bei den Lernenden zur unkritischen Überführung dieser Philosophie in die eigene Weltanschauung. Derartige Engführungen sind heute weder mit dem Begriff der Philosophie noch mit pluralistischen und multikulturellen Lerngruppen vereinbar.

3. Authentische Texte haben gegenüber Deutungskanones erster Ordnung Vorrang. Deutungskanones mehrfacher Ordnung sind aufgrund der Gefahren von sachlicher Verzerrung und Manipulation zu verwerfen. Für philosophische Bildungsprozesse taugen Lese- und Arbeitsbücher mehr als deutungskanonische Lehrbücher.

Ein Deutungskanon erster Ordnung ist ein Kanon von Interpretationen kanonischer Texte, aufgrund derer ein maßgebliches Textverständnis der kanonischen Schriften entsteht. Oftmals wird ein Kanon gar nicht in Form von Primärquellen zur Kenntnis genommen, sondern nur noch in Form von Interpretationen. Ein Deutungskanon zweiter Ordnung ist ein Kanon von Interpretationen eines Deutungskanons erster Ordnung. Die Autoren eines Deutungskanons zweiter

Diskussion und systematischer Literaturnachweis 1800 bis 1979, Lüneburg 1980, S. 17–38; Dies., »Zur Geschichte der Legitimation von Philosophieunterricht am Gymnasium«, in: *Zeitschrift für Pädagogik* 1, 1983, S. 101–115.

Ordnung beziehen ihr Wissen über die kanonischen Texte nicht primär aus den kanonischen Texten, sondern nur noch aus den Interpretationen der kanonischen Texte.[7]

Das Manipulationspotential deutungskanonischer Unterrichtsmaterialien, wie sie im Rahmen des Staatsbürgerkundeunterrichts der DDR und im westlichen Philosophieunterricht der fünfziger Jahre Verwendung fanden, ist nicht zu unterschätzen. Die Zuspitzung des Marxismus-Leninismus auf die aktuelle SED-Parteilinie erfolgte auf der Basis eines Deutungskanons zweiter und dritter Ordnung.[8] In den unter katholischer Federführung im Westen entstandenen deutungskanonischen Philosophielehrbüchern der fünfziger Jahre zeichnen sich im Zuge dogmatisch-missionarischer Erziehungsziele philosophiehistorische Verzerrungen im Umgang mit Nihilismus, Gottesbeweisen und religionsphilosophischen Fragen ab.[9] Werden, im Gegensatz dazu, den Lernenden anhand von exemplarisch ausgewählten authentischen Texten hermeneutische Kompetenzen vermittelt, können die Lernenden sich zeitlebens beliebige Texte der Philosophie eigenständig erschließen und kritisch beurteilen.

---

7 Zur Verwendung des Begriffs »Deutungskanon« in der Kanonforschung siehe: Renate von Heydebrand, »Kanon Macht Kultur – Versuch einer Zusammenfassung«, in: Ders. (Hrsg.), *Kanon Macht Kultur. Theoretische, historische und soziale Aspekte ästhetischer Kanonbildungen*, Stuttgart 1989, S. 612–625, hier: S. 613; Anna Babka, »*Sich in der Vorläufigkeit einrichten* oder *In-side-out*. Postkoloniale Theorie und Queertheorie im Theorie- und Deutungskanon der Germanistischen Literaturwissenschaft«, in: Jürgen Struger (Hrsg.), *Der Kanon. Perspektiven, Erweiterungen und Revisionen*, Wien 2008, S. 163–176.
8 Dies geschieht z. B. in: Heinz Karras, Rudolf Hellborn, Ingrid Mittenzwei, Manfred Nussbaum, Siegfried Thomas, *Staatsbürgerkunde 1. Weg und Ziel des Sozialismus in der Deutschen Demokratischen Republik*, Berlin 1967; Wolfram Neubert, Herman Brinkmann, Rudolf Bauer, Alfred Lemmnitz, Werner Wippold, Karl D. Mollnau, Alfred Händel, Jürgen Schmollak, Johannes Zelt, *Staatsbürgerkunde 2. Der umfassende Aufbau des Sozialismus*, Berlin 1967; Bernd Bittighöfer, Erich Hahn, Hubert Leitko, Harald Meixner, Karl Reißing, Günter Steltner, Peter Ruben, Karl-Friedrich Wessel, Dieter Wittich, *Staatsbürgerkunde 3. Die sozialistische Weltanschauung*, Berlin 1968.
9 Vgl. Arnold Rump, *Grundfragen des Lebens. Einführung in die Philosophie*, Münster 1947; Hermann Joseph Ody, *Grundlegung der Philosophie. Hilfsbuch für den philosophischen Unterricht an höheren Schulen*, Bonn 1955.

4. Exemplakanones sollen auf der einen Seite zur Vermeidung einer impliziten Ideologisierung in Bezug auf philosophische Richtungen und kulturelle Traditionen breit gestreut sein und paradigmatische Texte beinhalten. Auf der anderen Seite ist aber auch eine in »Texthuberei« und Orientierungslosigkeit führende Überfrachtung von Exemplakanones nicht ratsam.

In einem Exemplakanon stehen vorbildliche Autoren als Stellvertreter einer bestimmten Epoche, Schule oder geistigen Richtung.[10] Als in den philosophischen Arbeitsgemeinschaften nach der Richertschen Reform in den zwanziger Jahren des zwanzigsten Jahrhunderts erstmals der Typus des Exemplakanons in der Kanonformation des Philosophieunterrichts hervortrat, zeichnete sich der Exemplakanon jedoch nicht durch einen wertneutralen Pluralismus aus, sondern bildete zielführend und weltbildmonistisch auf den deutschen Idealismus hin. Der philosophische Weltanschauungsunterricht richtete sich am Idealismus aus, indem der Schüler die Bildung des »Volksgeistes« durch die Lektüre der großen Denker nachvollziehen sollte. Der Philosophieunterricht ist für Richert der Lernort, an dem der deutsche Geist in seiner höchsten Einheit zu sich kommt und den Schülern erscheint. Das Ich der Schüler geht nach Richert im Volksgeist auf, wenn es die grandiosen Gedanken der deutschen Philosophen nachvollzieht. Sowohl die individuellen Weltanschauungen der Schüler als auch die der Philosophen sind Richert zufolge Wesenszüge des einen Geistes, der sich als das Gemeinsame in allem Einzelnen zeigt. Auf dem Boden einer idealistischen Philosophiedidaktik konnte mittels Exemplakanon ein nationalistischer Wertekodex vorbereitet werden.[11]

Als weiteres Beispiel für eine unangemessene und ebenfalls manipulative Gestaltung von Exemplakanones dürften die unter missionarischem Eifer zusammengetragenen Textsammlungen der fünfziger Jahre sein, an denen sich die schon erwähnten (siehe These 3) deutungskanonischen Lehrbücher orientierten. Diese

---

10 Den Begriff »Exemplakanon« prägt vor allem Herrlitz. Vgl. Elisabeth Stuck, *Kanon und Literaturstudium. Theoretische, historische und empirische Untersuchungen zum akademischen Umgang mit Lektüre-Empfehlungen*, Paderborn 2004, S. 119; Hans-Georg Herrlitz, »Johann Gottfried Herders Beitrag zur Didaktik der Schullektüre«, in: Ders., *Auf dem Weg zur historischen Bildungsforschung. Studien über Schule und Erziehungswissenschaft aus siebenunddreißig Jahren*, Weinheim 2001, S. 19-32. Zur weiteren Verwendung des Begriffs siehe: Helmut Fuhrmann, *Die Furie des Verschwindens. Literaturunterricht und Literaturtradition*, Würzburg 1993, S. 74; Gerd Ueding, »Von der Rhetorik zur Ästhetik. Winkelmanns Begriff des Schönen«, in: Gérard Roulet (Hrsg.), *Von der Rhetorik zur Ästhetik*, Paris 1995, S. 41-66, hier: S. 45; Carsten Zelle, »Europäischer Kanon im Zeitalter der Aufklärung? Versuch einer Zusammenfassung in sechs Thesen«, in: Anett Lütteken, Mathias Weishaupt, Carsten Zelle (Hrsg.), *Der Kanon im Zeitalter der Aufklärung. Beiträge zur historischen Kanonforschung*, Göttingen 2009, S. 229-231, hier: S. 230.
11 Vgl. Hans Richert, *Die deutsche Bildungseinheit und die höhere Schule. Ein Buch von deutscher Nationalerziehung*, Tübingen 1920, S. VII.

Textsammlungen hatten richtlinienkonform einen Schwerpunkt in der Scholastik und Neoscholastik.[12]

Wenn im Gegensatz dazu aber ein Exemplakanon zur Vermeidung von Einseitigkeit sehr umfangreich ist oder aus einem großen Pool kanonischer Texte beliebig ausgewählt wird, besteht die Gefahr der Reduzierung des Philosophieunterrichts auf die Lektüre von Textauszügen. Nicht zufällig fällt die Entstehung der legendären Metapher der »hermeneutischen Krankheit« des Philosophieunterrichts in eine Zeit, in der eine Kanonautorinflation erkennbar ist.[13]

5. Als Gegengewicht und Ergänzung zum textlastigen Exemplakanon empfiehlt sich ein multimedialer Hybridkanon.

Ein Hybridkanon ist ein Kanon, der aus einer Zusammenstellung von Medien aus unterschiedlichen Gattungen besteht.[14] Im Zuge der Marginalisierung von philosophischen Texten kann ein Hybridkanon z. B. aus Bildern, Filmen, Musikvideos, Comics usw. bestehen. Der Hybridkanon ist im Philosophieunterricht ein recht junges Phänomen. Er ermöglicht jedermann eine lebensweltlich ansetzende Schulung des Philosophierens und hat zudem die Beförderung von Medienkompetenzen im Blick.

---

12 Johannes Wagner (Hrsg.), *Vom Ursprung und Sinn des philosophischen Fragens*, Braunschweig 1950; Ders., *Was ist der Mensch?*, Braunschweig 1950; Ders., *Was soll ich tun?*, Braunschweig 1953; Ders., *Was kann ich wissen?*, Braunschweig 1961. Zu den Richtlinien siehe: Westfalen, Übergangslehrpläne für die Höheren Schulen der Provinz Westfalen. Mädchenschulen. Aufgrund des Runderlasses des Oberpräsidenten der Provinz Westfalen Abteilung für Höheres Schulwesen OP II 2 d Gen. U 1/§ - vom 21. Dezember 1945, Münster 1945. Die Bedeutung der christlichen Philosophie für den Philosophieunterricht wird auch in den fachdidaktischen Aufsätzen und Zeitschriftenbeiträgen, in denen Vorschläge zur Unterrichtsgestaltung erarbeitet werden, deutlich. Denker des Mittelalters, wie Thomas von Aquin und Augustinus, werden in den fünfziger Jahren verstärkt in den Kanonvorschlägen der Fachzeitschriften berücksichtigt. Vgl.: Wilhelm Schreckenberg, »Die Behandlung ethischer Probleme im Philosophieunterricht«, in: *Die Pädagogische Provinz* 11, 1957, S. 31–42; Hans Hamacher, »Das materialistische und das abendländisch-christliche Bild vom Aufbau der Wirklichkeit«, in: *Die Pädagogische Provinz* 12, 1958, S. 116 f. Erich Heck, »Die Analogie des Seins«, in: Helmut Stoffer, *Aufgabe und Gestaltung des Philosophie-Unterrichts*, Frankfurt a.M. 1959, S. 198–207; Robert Hornung, »Die Lektüre von Augustinus: *De Civitate Dei* im Unterricht«, in: *Anregung* 5, 1959, S. 226–230.
13 Herbert Schnädelbach, »Morbus hermeneuticus – Thesen über eine philosophische Krankheit«, in: ZDP 1/81, S. 3–6. Zur Kanonautorinflation vgl.: Albus, a. a. O. (Anm. 5), Kap. 6.7.3.2.
14 Zur Verwendung des Begriffs »Hybridkanon« siehe: Hermann Korte (Hrsg.), *Der deutsche Lektürekanon an höheren Schulen Westfalens von 1820 bis 1870*, Frankfurt a.M. 2007, S. 14.

6. Die Kanonformation von Kern- und mehrstufigem Randkanon ermöglicht höchste Flexibilität und Schülerorientierung bei hoher Stabilität. Je höherstufig der Randkanon ist, desto mehr Wahlfreiheit lässt er zu. Das Stufenmodell garantiert latente Kanonisierungsprozesse »von unten«. Da das Paradigmatische nur ex post feststellbar ist, gehören in den Kernkanon keine Texte zeitgenössischer Denker. Der inhaltlich sehr überschaubare Kernkanon soll von Experten und behördlichen Kanoninstanzen »von oben« fixiert werden.

Ein Kernkanon repräsentiert, im Kontrast zum Randkanon, die sehr langlebige und mächtige Tradition mustergültiger Werke. Er ist konstant und normsetzend. Ein Randkanon ist, im Vergleich zum Kernkanon, ein Kanon mit geringerer Reichweite des Geltungsanspruchs und der Wirkmächtigkeit. Die Reichweite des Geltungsanspruchs ist beim Randkanon erster Frequenzstufe größer als beim Randkanon zweiter Frequenzstufe.[15]

Nimmt man die Schülerorientierung, das Mitgestaltungsprinzip der Lernenden im Lernprozess und die Demokratisierung von Lehr- und Lernprozessen ernst, können nicht, wie im historischen Philosophieunterricht, alle Lehrmittel und Methoden behördlich vorgeschrieben werden. Lediglich bei der Ausgestaltung eines überschaubaren Kernkanons, der kanontektonisch als Exemplakanon zu konstruieren ist, empfehlen sich enge Vorgaben.

Im Hinblick auf die konkrete Ausgestaltung des exemplarischen Kernkanons können wir aus der Geschichte der Kanonbildung Folgendes lernen: Mit historischem Abstand lassen sich die Fehlgriffe bei dem Versuch einer Zusammenstellung von Exemplakanones mit zeitgenössischen Denkern leicht identifizieren. Zwei Fälle sollen hier zur Exemplifizierung genügen.

Erstens zögerten Kants Zeitgenossen Johannes Gurlitt und Anton Friedrich Büsching, Kant in einen Autorenkanon für den schulischen Lernort aufzunehmen. Sie erahnten zwar bereits die Bedeutsamkeit seiner Werke, doch konnten sie auf exoterischer Ebene handelnd nicht abschätzen, ob Kants Philosophie der esoterischen Kritik langfristig standhalten würde. Kants zukünftige Bedeutungslosigkeit in der Philosophie war für Gurlitt und Büsching durchaus vorstellbar, und so entschieden sie sich, Kant den Kanonstatus ganz abzusprechen oder ihn nur beiläufig zu erwähnen.[16]

Zweitens versuchte Frischeisen-Köhler im ersten Viertel des 20. Jahrhunderts

15 Zu den Begriffen »Kernkanon« und »Randkanon« vgl.: Hermann Korte, »K wie Kanon und Kultur. Kleines Kanonglossar in 25 Stichwörtern«, in: Heinz Ludwig Arnold (Hrsg.), *Literarische Kanonbildung*, München 2002, S. 25–38, hier: S. 34 f.; Ders., *Der deutsche Lektürekanon*, a. a. O. (Anm. 14), S. 85 ff.
16 Johannes Gurlitt, *Abriß der Geschichte der Philosophie. Zum Gebrauch der Lehrvorträge*, Leipzig 1786,

einen Exemplakanon von zeitgenössischen Philosophen zusammenzustellen, von denen er annahm, dass sie große Denker würden und einst in einem Atemzug mit Platon, Kant & Co genannt werden könnten. Positiv selektiert wurden Eugen Dühring, Rudolf Lehmann, Wilhelm Rein, Carl Stumpf und Christoph von Sigwart.[17] Welcher Philosoph unter den gegenwärtigen Denkern eine paradigmatische Leistung vollbringt, wird man erst am Ende und nicht im Prozess einer geistigen Entwicklung mit Gewissheit feststellen können.

7. Auf einen Kompetenzkanon ist nicht zu verzichten. Wie im Exemplakanon, ist auch in dieser Dimension der Kanonformation das Pluralismuspostulat berechtigt. Zur Erreichung einer stabilen Kanonformation muss der Kompetenzkanon substantiell in Einklang stehen mit den anderen Elementen der Kanonformation.

Die Dekanonisierung eines am Argumentieren und Philosophieren orientierten Kompetenzkanons im 19. Jahrhundert führte das Unterrichtsfach in eine schwere Krise, in der die totale Entfernung der Philosophie aus dem Fächerkanon entweder drohte oder gar zeitweilig umgesetzt wurde. Die damalige Kanonformation erweist sich auch deshalb als instabil, weil der aristotelische Kernkanon zwar theoretisch das Instrumentarium des Philosophierens thematisierte, aber gleichzeitig keine Räume innerhalb eines Kompetenzkanons geschaffen wurden, in denen das Instrumentarium des Philosophierens von den Schülern angewendet und erprobt werden konnte. Im reproduktionsorientierten Philosophieunterricht gab es keine Gelegenheit, das eigenständige Philosophieren zu üben.[18]

Im Gegensatz dazu blühte der philosophische Fächerverbund im Renaissance-Humanismus, als noch der aristotelische Kernkanon mit einem entsprechenden Kompetenzkanon in harmonischer Verbindung stand. In den letzten Jahren hat die Philosophiedidaktik bekanntlich mit Erfolg die Arbeit am Kom-

S. 260; Anton Friedrich Büsching, *Grundriß einer Geschichte der Philosophie und einiger wichtigsten Lehrsätze derselben*, 2 Bde., Berlin 1744, 1772, hier: Bd. 2, S. 687.

17 Max Frischeisen-Köhler, *Moderne Philosophie. Ein Lesebuch zur Einführung in ihre Standpunkte und Probleme*, Stuttgart 1907.

18 Vgl. Karl Püllen, *Die Problematik des Philosophieunterrichts an höheren Schulen. Ein Beitrag zum Verhältnis von Philosophie und Bildung*, Düsseldorf 1957; Eduard von Perger, *Geschichte des Philosophieunterrichts und der philosophischen Lehramtsprüfung im neunzehnten und beginnenden zwanzigsten Jahrhundert in Bayern und Preußen*, München 1959; Klemm, a.a.O (Anm. 6); Norbert Rath, »Philosophieunterricht im politisch-sozialen Kontext des 19. und 20. Jahrhunderts«, in: Anneliese Mannzmann (Hrsg.), *Geschichte der Unterrichtsfächer*, Bd. 2, München 1983, S. 177–199; Peter Vogel, »Die Geschichte des gymnasialen Philosophieunterrichts in Deutschland«, in: ZDP 4/80, S. 252–256; Stiegler, *Philosophie und Pädagogik*, a.a.O (Anm. 6). Dies., »Zur Geschichte der Legitimation«, a.a.O (Anm. 6); Dies., »Philosophieunterricht im 19. Jahrhundert«, a.a.O (Anm. 6).

petenzkanon aufgenommen und im Einklang mit dem Pluralismuspostulat alle Richtungen und Schulen der esoterischen Philosophie berücksichtigt.[19]

8. **Philosophieunterricht findet nie unter wertfreien Bedingungen statt, sondern auf der Folie eines gesellschaftlich und kulturell verankerten Wertesystems. In heterogenen Lerngruppen kann aber weniger die Vermittlung bestehender Wertekanones das Ziel sein, sondern vielmehr eine fundierte philosophische Reflexion auf Werte sowie eine Werteentwicklung im philosophischen Diskurs. Dies kann nur in Verbindung mit einem kritikorientierten Kompetenzkanon und einem philosophisch gespeisten materialen Kanon gelingen.**

Der Philosophieunterricht im 18. Jahrhundert ist insofern ein Beispiel für die unreflektierte, vom operationalen Kanon entbundene Wertevermittlung, als dass den Schülern zum Auswendiglernen bestimmte Werte in Form von Regeln und Merksätzen autoritär von den Lehrbuchautoren vorgegeben wurden. Die Autoren und Herausgeber bildeten die Schüler zur Gehorsamspflicht sowie zu Frauen- und Fremdenfeindlichkeit.[20] Der reproduktionsorientierte Kompetenzkanon festigte im 18. Jahrhundert nicht nur das angestrebte Wertesystem, sondern auch die Kanonformation insgesamt. In unserer multikulturellen und pluralistischen Gesellschaft steht der Wertekanon dagegen auf dem Boden einer

---

19 Vgl. Ekkehard Martens, *Methodik des Ethik- und Philosophieunterrichts. Philosophieren als Kulturtechnik*, Hannover 2003; Ders., »Werkzeugkasten und Schatztruhe.‹ Ein Ausbildungskonzept für das Philosophieren mit Kindern und Jugendlichen«, in: *Studia Philosophica. Jahrbuch der Schweizerischen Philosophischen Gesellschaft*, Vol. 65, Stuttgart 2006, S. 71–89; Ders., »Wozu Philosophie in der Schule?«, in: Kirsten Meyer (Hrsg.), *Texte zur Didaktik der Philosophie*, Stuttgart 2010, S. 156–172; Johannes Rohbeck (Hrsg.), *Methoden des Philosophierens*. Jahrbuch für Didaktik der Philosophie und Ethik, Bd. 1, Dresden 2000; Ders., »Methoden des Philosophie- und Ethikunterrichts«, in: Ders. (Hrsg.), *Methoden des Philosophierens*. Jahrbuch für Didaktik der Philosophie und Ethik, Dresden 2000, S. 146–174; Ders. (Hrsg.), *Philosophische Denkrichtungen*. Jahrbuch für Didaktik der Philosophie und Ethik, Dresden 2001; Ders., »Philosophische Methoden«, in: Kirsten Meyer, *Texte zur Didaktik der Philosophie*, Stuttgart 2010, S. 237–251; Volker Steenblock, *Philosophische Bildung. Einführung in die Philosophiedidaktik und Handbuch: Praktische Philosophie*, Münster 2009, S. 125 ff.

20 Vgl.: Johann Jacob Ebert, *Unterweisung in den Anfangsgründen der vornehmsten Theile der practischen Philosophie*, Leipzig 1784, S. 149 f., 161, 306; Johann Georg Sulzer, *Kurzer Begrif der Wissenschaften: zum Gebrauch der Kinder von sechs bis zwölf Jahren*, Mainz 1774; Johann Christoph Adelung, *Unterweisung in den vornehmsten Künsten und Wissenschaften zum Nutzen der Schulen*, Leipzig 1785, S. 94 f., 266 ff.; dazu ausführlicher: Vanessa Albus, »Wissen ohne Bildung. Adelungs Enzyklopädie im Philosophieunterricht des 18. Jahrhunderts«, in: Ekkehard Martens, Christian Gefert, Volker Steenblock (Hrsg.), *Philosophie und Bildung. Beiträge zur Philosophiedidaktik*, Münster 2005, S. 9–22.

demokratischen Ordnung, in der das Philosophieren zu Recht als »Kulturtechnik« begriffen wird.[21]

Damit kann abschließend die im Titel aufgeworfene Frage nach der Notwendigkeit eines Kanons im Philosophieunterricht eindeutig bejaht werden.

---

21 Zum Philosophieren als Kulturtechnik vgl.: Martens, *Methodik*, a. a. O. (Anm. 19); Ders., »Philosophieren mit Kindern als elementare Kulturtechnik«, in: Hans-Joachim Müller, Silke Pfeiffer (Hrsg.), *Denken als didaktische Zielkompetenz – Philosophieren mit Kindern in der Grundschule*, Hohengehren 2004, S. 7–18.

Andreas Groch

Vorschlag für einen Kanon philosophischer Werke für den Unterricht im Fach Ethik bzw. Philosophie in der Oberstufe des Gymnasiums

Als vor bald zwei Jahren mein akademischer Lehrer nach langer und schwerer Krankheit starb, erinnerte ich mich, während ich in der Kapelle auf dem Marburger Friedhof an seinem Totenamt teilnahm, der langen Studienjahre, in denen ich mich unter seiner Lenkung habe ausbilden können.

Geradezu uninformiert über Formalien wie Studien- bzw. Prüfungsordnungen, unwissend über Historie und Systematik dieser alten Fakultät saß ich genauso unsicher wie ängstlich in der Veranstaltung »Einführung in die Philosophie«, die ich mir aus dem Vorlesungsverzeichnis herausgesucht hatte, um mir »irgendwie« eine Art Tür, eben einen Zugang zur Philosophie zu eröffnen. Abrupt brach das Stimmengewirr ab, denn der Professor betrat den Hörsaal, schritt mit seiner ledernen Aktentasche nach vorne zum Katheder, sah sich nach einem Stück Kreide um, das er – bald fündig geworden – in den folgenden neunzig Minuten nahezu gänzlich in Buchstaben verwandelte, und begann nach kurzer Begrüßung mit den Worten:

> Meine Damen und Herren, die Philosophiegeschichte ist kein Wachsfigurenkabinett!

Nachdem der Professor seine Vorlesung, die er mit einer professionellen Selbstverständlichkeit frei und in verständlichem Deutsch hielt, beendigt hatte, wies er auf die Studenten des ersten Semesters und hieß uns zu bleiben. Nachträglich bin ich mir sicher, dass wir alle das Gefühl hatten, nun ginge es uns an den Kragen, weil wir irgendetwas falsch gemacht hätten. Was wie ein Befehl klang, war im Grunde nichts anderes als der Beginn einer bald schon väterlichen Sorge um unsere solide und kontinuierliche Ausbildung. Als dieser damals schon betagte Mann das »Symposion«, den »Organon«, die »Grundlegung zur Metaphysik der Sitten« und die

»Phänomenologie des Geistes« wieder in seiner Tasche verstaut hatte, zückte er Taschenkalender und Kugelschreiber, schlug den folgenden Donnerstag auf und gab jedem von uns Vieren bei Eintrag unserer Namen einen separaten Termin für seine Sprechstunde. Bis zu diesem Tag sollten wir alle die »Zweite Vorrede zur Kritik der reinen Vernunft« vollständig und mindestens zehn Male gelesen haben.

Er übte eine derartig natürliche Autorität aus, dass ich beides unternahm: Das Eine führte mich geschwind an meine Grenzen (Kants Vorrede), das Zweite (der Termin) in eine nervöse Grundstimmung. »Dann wollen wir einmal sehen, ob wir aus Ihnen nicht ein brauchbares Subjekt machen können«, war seine Einlassung, als ich das Büro in seinem Lehrstuhl betrat. Anschließend teilte er mir mit, welche Vorlesungen und Seminare ich im laufenden Semester besuchen sollte und versah jede mit klarer Anweisung und einer ebenso klaren Begründung. Als der Semesterplan fertig war, deutete er auf die Tafel und ließ mich die klassische Systematik der Philosophie aus der »Vorrede« Kants referieren. Wie oft er mich unterbrach und korrigierte, unterschlage ich an dieser Stelle.

So ging das jedes der nachfolgenden fünf Semester. Dann schickte er mich nach Münster, dann nach Bonn, nach Freiburg und nach Wien zu ausgewählten Professoren, die mich – gemäß seiner Absprache – unter ihre »Fittiche« nahmen. Dabei galt die Regel, die sich in der Praxis begründete: Pro Woche zwei Vorlesungen und zwei Seminare innerhalb der philosophischen Fakultät. Die Werke zu lesen, zu analysieren und zu reflektieren erfordert Zeit und Muße, eben den nötigen Raum für das Denken und Nachdenken.

Schließlich kehrte ich wieder zu meinem Ausgangsort zurück, und er ließ mich die obligatorischen Prüfungen absolvieren. Über die Jahre und wechselnden Studienorte hatte ich durch seine Lenkung nahezu alle wesentlichen Philosophen und Philosophinnen, die großen Epochen, die psychologischen und soziologischen Dimensionen und damit die bedeutenden Lehren bzw. Theoriebildungen der Philosophiegeschichte kennen, schätzen und reflektieren gelernt.

Seither sind viele Jahre ins Land gezogen. Obgleich ich nicht in Allem seiner Auffassung gewesen bin, nenne ich ihn mit Stolz und großem Respekt meinen akademischen Lehrer, der mir im Verlaufe des Studiums beigebracht hat *zu philosophieren* auf der Grundlage bzw. Kenntnis der klassischen Philosophiegeschichte und philosophischen Systematik.

Dieses, aus der Erinnerung gezeichnete Bild eines Professors der Philosophie mutet womöglich geradezu idealtypisch und romantisch an, als gehöre es eher in das neunzehnte Jahrhundert als in das Einundzwanzigste. Wie sollte indes ein junger Mensch, der zwar die Motivation zur Philosophie hegt, eigenständig und ohne Anleitung den riesigen Berg der über 2500-jährigen Lehrtradition, ohne in eine unbändige Verwirrung zu geraten, bewerkstelligen?

Insofern liegt der Schluss nahe, dass ein in der Sache Kundiger Lenkung, Leitung, ja Führung übernehmen solle. Soweit diese Art von Beeinflussung auf die Entwicklung einer Urteilskraft und nicht auf stumpfe Heteronomie gerichtet ist, wird an dieser Stelle wohl kaum jemand einen grundsätzlich ernstzunehmenden Einwand erheben. Da wundert es insofern keineswegs, dass sich Fakultäten wie Luzern oder auch Hildesheim dazu entschlossen, ihren Studierenden einen so genannten »Philosophenkanon« anheim zu stellen, ihnen also Werke von Philosophen aufzulisten, die sie zu Beginn und während ihres Studiums gelesen und bearbeitet haben sollten.

Beide »Philosophenkanones« seien exemplarisch zur näheren Kenntnisnahme aufgeführt:

1. Universität Luzern[1]

1.1 Antike Philosophie

Vorsokratiker	In: Die Vorsokratiker. Auswahl der Fragmente.
	Übersetzt und erläutert von J. Mansfeld, Stuttgart 1987.
Platon	Politeia
	Symposion
	Theaetet oder Gorgias
Aristoteles	Nikomachische Ethik
	Metaphysik
Sextus Empiricus	Grundriss der pyrrhonischen Skepsis
oder	
Epikur	Brief an Menoikeus

(7)

1.2 Spätantike und Mittelalter

Boethius	Trost der Philosophie
oder	
Augustinus	Bekenntnisse
Anselm von Canterbury	Proslogion
Thomas von Aquin	Von der Wahrheit

(3)

---

1 Online abrufbar auf: http://www.unilu.ch/files/Lektuereempfehlungen__25-07-08_.pdf (letzter Zugriff am 22.12.2011).

1.3 Renaissance und Neuzeit

Montaigne	Essays
oder	
Pico della Mirandola	Rede über die Würde des Menschen
Machiavelli	Der Fürst
Nicolaus Cusanus	Die belehrte Unwissenheit oder Compendium
oder	
Lorenzo Valla	Über den freien Willen
Descartes	Meditationen über die Grundlagen der Philosophie
	Abhandlung über die Methode
Spinoza	Ethik in geometrischer Ordnung dargestellt
oder	
Leibniz	Monadologie oder Metaphysische Abhandlung
	oder
	Neue Abhandlung über den menschlichen Verstand
Hobbes	Leviathan
oder	
Rousseau	Vom Gesellschaftsvertrag oder Diskurs über die Ungleichheit
Locke	Versuch über den menschlichen Verstand
oder	
Berkeley	Eine Abhandlung über die Prinzipien der menschlichen Erkenntnis
Hume	Eine Untersuchung über den menschlichen Verstand
Kant	Grundlegung zur Metaphysik der Sitten
	Kritik der reinen Vernunft
	oder
	Kritik der Urteilskraft
Fichte	Grundlage der gesamten Wissenschaftslehre
oder	
Schelling	Über das Wesen der menschlichen Freiheit
	oder
	System des transzendentalen Idealismus
oder	
Hegel	Phänomenologie des Geistes
Schopenhauer	Die Welt als Wille und Vorstellung
oder	
Nietzsche	Zur Genealogie der Moral
	oder
	Jenseits von Gut und Böse

(14)

1.4 20. Jahrhundert und Gegenwart

Husserl	Cartesianische Meditationen
	oder

	Die Krisis der europäischen Wissenschaften und die transzendentale Phänomenologie
oder	
Heidegger	Sein und Zeit
oder	
Sartre	Das Sein und das Nichts
Scheler	Der Formalismus in der Ethik und die materiale Werteethik
oder	
Plessner	Die Stufen des Organischen und der Mensch
Wittgenstein	Tractatus logico-philosophicus
oder	
Frege	Funktion, Begriff, Bedeutung
Quine	Zwei Dogmen des Empirismus
oder	
Kuhn	Die Struktur wissenschaftlicher Revolutionen
Feigl	The »Mental« and the »Physical«
oder	
Sellars	Der Empirismus und die Philosophie des Geistes
oder	
Chalmers	The Conscious Mind, Kap. 1–4
James	Pragmatismus: Ein neuer Name für einige alte Denkweisen
oder	
Peirce	Von der Klarheit unserer Gedanken
oder	
Rorty	Der Spiegel der Natur: Eine Kritik der Philosophie
Dilthey	Einleitung in die Geisteswissenschaften
oder	
Cassirer	Philosophie der symbolischen Formen
oder	
Gadamer	Wahrheit und Methode Teil I: Erfahrung der Kunst
oder	
	Teil II: Verstehen in den Geisteswissenschaften
Horkheimer/Adorno	Dialektik der Aufklärung
oder	
Habermas	Faktizität und Geltung
Derrida	Ausgewählte Texte (Ausgewählte Texte, hrsg. von P. Engelmann, Stuttgart 2004.)
oder	
Foucault	Die Ordnung der Dinge
Rawls	Eine Theorie der Gerechtigkeit
oder	
Taylor	Das Unbehagen in der Moderne
Goodman	Weisen der Welterzeugung
oder	
Danto	Die Verklärung des Gewöhnlichen

(7)

Summe: 33

2. Universität Hildesheim[2]

33 Augenblicke des Glücks

Platon	Symposion
	Phaidros
Aristoteles	Nikomachische Ethik
	Poetik
Plotin	Enneade I,6: Vom Schönen
Aurelius Augustinus	Bekenntnisse
Nikolaus Cusanus	Die belehrte Unwissenheit
Giovanni Pico della Mirandola	Rede über die Würde des Menschen
Michel Eyquem de Montaigne	Essays
Francis Bacon	Novum Organum
Rene Descartes	Meditationen über die Grundlagen der Philosophie
Thomas Hobbes	Leviathan
David Hume	Eine Untersuchung über den menschlichen Verstand
Jean-Jacques Rousseau	Abhandlung über die Frage: Hat der Wiederaufstieg der Wissenschaften und Künste etwas zur Läuterung der Sitten beigetragen?
Johann Gottfried Herder	Abhandlung über den Ursprung der Sprache
Immanuel Kant	Grundlegung zur Metaphysik der Sitten
Immanuel Kant	Kritik der Urteilskraft
Friedrich Schiller	Briefe über die ästhetische Erziehung des Menschen
Georg Wilhelm Friedrich Hegel	Phänomenologie des Geistes
Wilhelm von Humboldt	Über die Verschiedenheit des menschlichen Sprachbaus
Sören Kierkegaard	Entweder/Oder
Friedrich Nietzsche	Zur Genealogie der Moral
Martin Heidegger	Sein und Zeit
John Dewey	Kunst als Erfahrung
Ludwig Wittgenstein	Philosophische Untersuchungen
Walter Benjamin	Das Kunstwerk im Zeitalter seiner technischen Reproduzierbarkeit
Maurice Merleau-Ponty	Phänomenologie der Wahrnehmung
Hannah Arendt	Vita Activa oder Vom tätigen Leben
Lohn Langshaw Austin	Zur Theorie der Sprechakte
Michel Foucault	Die Ordnung der Dinge

2 Online abrufbar auf: http://www.uni-hildesheim.de/media/fb2/philosophie/33_Augenblicke_des_Gluecks.pdf (letzter Zugriff am 22.12.2011)

Jacques Derrida	Die Schrift über die Differenz
Theodor W. Adorno	Ästhetische Theorie
Jean-Francois Lyotard	Der Widerstreit

Beide Kanones sind historisch ausgerichtet, sie lassen keine Epoche der diskursiven Ideengeschichte des griechisch-hellenistischen Kulturkreises aus und unterscheiden sich auch nicht in der Anzahl der Quellen. Zwar enthält der Luzerner Kanon wesentlich mehr Empfehlungen, doch sollen die meisten Titel und Autoren als Optionen verstanden werden. Tatsächlich sind beide Kanones auf 33 Titel beschränkt.

Zwar ignoriert der Hildesheimer Kanon die Vorsokratiker/Naturphilosophen und vernachlässigt auch wesentliche philosophisch-theologische Aussagen der Scholastik, insbesondere Werke von Albertus Magnus und Thomas von Aquin werden nicht benannt, doch mit die Aufnahme von »Die belehrte Unwissenheit« wird deutlich, dass auch dieser Kanon die Geschichte der Philosophie als »Fortschrittsgeschichte« im Denken auffasst, im Vergleich zum Luzerner Kanon mit allerdings zum Teil doch deutlich unterschiedlicher Gewichtung der philosophischen Disziplinen.

Nun wäre es sicherlich nicht nur interessant, sondern auch in wissenschaftlicher Absicht opportun, beide Kanones einer Feinanalyse zu unterziehen und auch andere vorliegende, wie den bekannten *Tübinger Kanon*, in den Vergleich zu integrieren, um anschließend eine argumentative Betrachtung darüber anzustellen, von welcher grundlegenden philosophischen Prämissenlegung jeweils ausgegangen worden ist. So sinnvoll eine solche Arbeit wäre – schon allein deshalb, um im Weiteren über Anspruch und Wirklichkeit des Philosophiestudiums einige dezidierte Aussagen treffen zu können –, das Thema dieses Aufsatzes besteht in einer prinzipiellen Auseinandersetzung mit der Frage, ob ein Kanon philosophischer Werke im Ethik- bzw. Philosophieunterricht der Schulen obligatorisch sein sollte.

3. Zur Funktion des Kanons

Die zur Verfügung stehenden Kanones, die sich an die Studierenden der philosophischen Fakultät richten, listen eine Riege von Werken auf, die im Verlaufe des Studiums gelesen und, gegebenenfalls mit seminarischer Anleitung bzw. Unterstützung, bearbeitet werden sollten. Jeder Kanon legt Schwerpunkte in Bezug auf die Auswahl der Werke. Insofern ist die Bezeichnung »Philosophenkanon« irreführend und sollte durch die Bezeichnung »Kanon philosophischer Werke« ersetzt werden. Würden nur Philosophennamen aufgeführt, wäre der Studierende ja, soweit er den Kanon ernstnimmt, genötigt, jeweils die Werkausgabe zu studieren. Das aber würde ihn eindeutig und entschieden überfordern und in Widerspruch zur Absicht des »Kanons« stehen.

Weiterhin stellt sich die Frage, ob ein »Kanon philosophischer Werke« prinzipiell sinnvoll ist. Eine Auswahl philosophischer Werke als Grundlegung für ein genuin universales Studium festzulegen, ist nicht frei von möglichen Einwänden. Denn Auswahl bedeutet Einschränkung, und Einschränkung kann bereits negativ wirkende Manipulation, wenn nicht gar Ideologisierung sein. Vollständig kann der Einwand nicht entkräftet werden, das ist sicher wahr. Eine Entkräftung ist allerdings insofern möglich, als dass jeder philosophischen Fakultät grundsätzlich ein guter Wille zu unterstellen ist, die Studierenden mit den Hinweisen des jeweiligen Kanons mittelfristig zur philosophischen Meisterschaft zu verhelfen. Das erste Indiz für dieses vorauszusetzende Anliegen ist die philosophiehistorische Ausrichtung des jeweiligen Kanons. Nach wie vor wird Wert auf die Kenntnis eines möglichst breiten Spektrums der philosophischen Lehrtradition gelegt. Wären negative Manipulation, ja Ideologisierungstendenzen Primat der Werkzusammenstellung, fände sich in dieser Hinsicht bereits eine Selektion, die von den Kennern rasch erkannt und sicherlich öffentlich kritisiert werden würde.

Grundlegend obliegen also die universitären Kanones der offensichtlichen Intention, den Studierenden eine Unterstützung zu gewähren, die ihnen ermöglicht, sich mit diesem »roten Faden« anhand so genannter *philosophischer Grundtexte* in der über 2500-jährigen Geschichte der Philosophie zu orientieren. Sieht man dabei noch der universitären Realität ungeschönt in die Augen, muss eben eingeräumt werden, dass solche, wie eingangs beschriebenen Professoren, die ihre Studentinnen und Studenten in die Philosophie *führen*, als seltene Exemplare, mithin als Dinosaurier zu bezeichnen sind. Dieser Umstand ist einerseits sicherlich dem anonymisierenden universitären System der Gegenwart geschuldet, andererseits scheint es auch in einem veränderten Ethos vieler Professoren, die ihr Primat eher in der Forschung denn in der Lehre sehen, begründet zu liegen. Insofern liegt es auf der Hand, einen Kanon philosophischer Werke zu befürworten. Indes wird jeder Studierende spätestens nach dem dritten Semester feststellen, wie erforderlich es ist, weitere philosophische Quellen zu Rate zu ziehen, um die Philosophiegeschichte systematisch begreifen zu können.

Wenn nun einem *Kanon philosophischer Werke* im Bereich der Universität zugestimmt wird, tritt für die Schulausbildung im Fach Ethik bzw. Philosophie dieselbe Frage auf den Plan. Aus welchen Werken soll ein Abiturient, der den Ethik- und Philosophieunterricht am Gymnasium in der Oberstufe besuchte, gelesen haben?

Es mag Lehrerinnen und Lehrer des Faches geben, die die Auswahl philosophischer Quellen in die pädagogisch-fachliche Verantwortung des Einzelnen gelegt wissen möchten, weil sie aus ihrer gesamten beruflichen Haltung heraus den Unterricht am jeweiligen Schülerklientel ausrichten möchten, um möglichst große und gleichsam gute Lernerfolge erzielen zu können. Dieser Sichtweise sei an dieser Stelle ausdrücklich Respekt gezollt, denn Subjekt des Unterrichtes muss stets der jeweilige Schüler sein. Wenn ein Kanon philosophischer Werke gelten soll, dann kann er nur als Instrument zur Unterstützung und nicht aus Gründen einer Dominierung des Unterrichts implementiert werden. So gesehen sollte ein Kanon einen *Orientierungsrahmen* für Lernende und Lehrende darstellen, eben nicht Maßgabe zentralistischer Vorgaben, die dann schlichtweg abgearbeitet werden. Denn eine solche, in diesem Sinne entschieden abzulehnende zentralistische Haltung würde bedeuten, die Philosophen in der Historie dann doch als »Wachsfigurenkabinett mit wechselnden Ausstellungsorten« zu begreifen. Das mag für manch andere geisteswissenschaftliche Fächer machbar sein, im Fach Ethik bzw. Philosophie bietet sich eine solche Vorgabe nicht an. Beispielsweise trifft das Sächsische Staatsministerium für Kultus in jedem zweiten Schuljahr für die Grund- und Leistungskurse des Faches Deutsch die Entscheidung, welche Literaturtitel zentral, d. h. in allen Gymnasien des Freistaates gelesen werden müssen. Mindestens eines der drei zur Wahl stehenden Prüfungsthemen soll in der Abiturprüfung an den Literaturtiteln des Kanons ausgerichtet sein. Wer im Rahmen der Bildungspolitik Leistungen vergleichen möchte, benötigt Standards, um eine Messbarkeit zu erwirken. Grundlage für die Standards bilden notwendig gewisse Konstanten, die ihrerseits gemessen weit gefasst sind, so dass eine historische Engführung verhindert wird. Die zentrale Vorgabe von Literaturtiteln im Fach Deutsch der Oberstufe bildet in dieser Hinsicht ein durchaus probates Instrument.

Der Ansatz einer solchen Regelung ließe sich in gewisser Weise auch im Fach Ethik bzw. Philosophie der Oberstufe am Gymnasium umsetzen, allerdings sollten einige Modifikationen Berücksichtigung finden.

Der sächsische Kanon literarischer Werke im Fach Deutsch geht vom Prinzip der Lektüre von »Ganzschriften« aus, wofür das in der Bundesrepublik Deutschland im Durchschnitt vorgesehene Stundendeputat im Fach Ethik bzw. Philosophie (das sind etwa fünfzig Stunden pro Halbjahr) nicht ausgerichtet ist. Angenommen, Kants etwa einhundert-seitige »Grundlegung zur Metaphysik der Sitten« würde als Ganzschrift obligatorisch im Unterricht des Faches Ethik bzw. Philosophie, der in der Regel mit zwei Wochenstunden versehen ist, gelesen, dann wären die ersten fünfzig Unterrichtsstunden des ersten Halbjahres der Jahrgangsstufe 11 mehr als verplant. Der Unterricht wäre schlicht in Bezug auf die moralphilosophische Beschäftigung eindimensional und würde wegen des beschränkten Zeitquantums zumindest den Blick auf andere relevante Moralkonzeptionen verhindern. Folglich ist das Kalkül eines *Kanons philosophischer Werke* über den Gedanken der Lektüre von »Ganzschriften« nicht empfehlenswert und muss sich insofern auf die Behandlung von Auszügen reduzieren.

Selbstverständlich kann ein *Kanon philosophischer Werke* keine Sammlung von Textauszügen der jeweiligen Quellen bereitstellen; diese Aufgabe obliegt nach wie vor der Verantwortlichkeit bzw. pädagogischen Kompetenz des jeweils Lehrenden (zumal einige Schulbuchverlage in dieser Hinsicht unterstützende Angebote machen).

Weiterhin muss die gesamte Ausrichtung eines *Kanons philosophischer Werke* an der philosophiehistorischen Lehrtradition orientiert sein, damit eine tatsächliche »Schüler-Orientierung«, auch im Sinne der allgemeinen Hochschulreife, die mit dem Abitur belegbar werden soll, ermöglicht wird.

Schließlich soll ein *Kanon philosophischer Werke* die bedeutenden und ausschlaggebenden Denkmodelle in ihrer Systematik enthalten, allerdings unter Berücksichtigung des Kriteriums ihrer Verständlichkeit (Kant in der Oberstufe zu lesen, ist sicher schwer, mit Schülerinnen und Schülern Auszüge aus Hegels »Phänomenologie des Geistes« zu behandeln, ist mithin eine Grenzerfahrung).

Geleitet von diesen drei Kriterien wird nun nachfolgend ein in der Praxis evaluierter *Vorschlag für einen Kanon philosophischer Werke* angeführt, der seit 2006 an fünfzehn Gymnasien im Freistaat Sachsen mit der Absicht einer überregionalen Vergleichbarkeit getestet worden ist.

4. Kanon philosophischer Werke für die gymnasiale Oberstufe im Fach Ethik bzw. Philosophie in Sachsen

Philosophen	Quellenvorschläge (Literatur)
Platon	(Höhlen-, Linien-, Sonnenanalogie, Ideenlehre)
	Politeia
Aristoteles	(zoon politikon, Glück, Mesoteslehre)
	Nikomachische Ethik
	Politik
Cicero	Vom pflichtgemässen Handeln
Seneca	Briefe an Lucilius
Hobbes	(Anthropologie, Begründung der Rechts- und Staatsphilosophie)
	Leviathan
	Vom Bürger
Locke	(Erziehungsphilosophie, Erkenntnislehre, ggf. Staatsphilosophie)
	Gedanken über Erziehung
	Versuch über den menschlichen Verstand

Rousseau	(Anthropologie, Erziehungsphilosophie, Staatsphiloso-phie)
	Emile oder Über die Erziehung
	Vom Gesellschaftsvertrag
Kant	(Anthropologie, Erziehungsphilosophie, Ethik, Rechts- und Staatsphilosophie)
	Idee zu einer allgemeinen Geschichte in weltbürgerlicher Absicht
	Über Pädagogik
	Grundlegung zur Metaphysik der Sitten
	Über den Gemeinspruch: Das mag in der Theorie richtig sein, taugt aber nicht für die Praxis
	Zum ewigen Frieden
Bentham	(Ethik)
	Prinzipien der Moral und Gesetzgebung
Schopenhauer	(Erkenntnislehre [auch Anthropologie], Ethik)
	Die Welt als Wille und Vorstellung
	Preisschrift über die Grundlage der Moral
Mill	(Ethik)
	Der Utilitarismus
Nietzsche	(Erkenntnislehre [auch Anthropologie])
	Über Lüge und Wahrheit im außermoralischen Sinne
Hans Jonas	(Ethik)
	Das Prinzip Verantwortung
	Technik, Medizin und Ethik. Zur Praxis des Prinzips Ver-antwortung.
Sartre	(Ethik)
	Der Existenzialismus ist ein Humanismus
Camus	(Ethik)
	Der Fremde
	Der Mythos von Sisyphos
Habermas	(Ethik [Diskursethik])
	Moralbewusstsein und kommunikatives Handeln
Singer	(Ethik [Utilitarismus])
	Praktische Ethik

5. Erläuterung des *Kanons philosophischer Werke*

Neben dem eigenen systematischen Nachdenken, dem Philosophieren, begegnen
die Schülerinnen und Schüler der Oberstufe den Quellen der großen Denker der
Philosophiegeschichte. Über die Gedanken der Großen zu lesen, ist natürlich nur
dann sinnvoll und im weiteren Sinne wissenschaftlich, wenn die Quellen selbst
zur Kenntnis genommen worden sind, denn nur auf diesem Wege ist ein echtes
Urteil möglich.

Am Beginn des Oberstufenunterrichtes sollte die Erörterung der *klassischen
Menschenbilder* auf dem Hintergrund der Anthropologie als Lehre vom Menschen
stehen. Dazu sind Auszüge von Aristoteles, Hobbes, Rousseau und Kant philosophisch hilfreich:

- der Grundgedanke des Aristoteles, der Mensch sei ein *zoon politikon* und,
  wie die gesamte Natur, teleologisch konstituiert (Literatur: Politik)
- Hobbes, der den egozentrischen Zug des Menschen (*homo homini lupus*)
  betont (Literatur: Leviathan)
- Rousseau hingegen als Vertreter der Auffassung, der Mensch sei von Grund
  auf als »gut« zu bezeichnen (Literatur: Vom Gesellschaftsvertrag)
- Kant, der den Menschen als *antagonistisches Wesen* markiert hat (Literatur:
  Idee zu einer allgemeinen Geschichte in weltbürgerlicher Absicht)

Über die Behandlung der Menschenbilder stellt sich unweigerlich die Frage nach
der Willens- und Handlungsfreiheit. Der Mensch hat sich schon immer als sehr
vielfältig wahrgenommen: er sucht, er fragt, er fühlt, er liebt, er lacht, er weint, er
zweifelt, er entscheidet, er ängstigt sich, er forscht usw. Sein beobachtbares Verhalten bzw. Handeln deutet darauf hin, dass er sich aus einer schier unbegrenzten
Fülle von Möglichkeiten immer wieder neu entscheiden kann, etwas zu tun oder
zu unterlassen. Sein Wille scheint frei zu sein, der Mensch scheint der Urheber
dessen zu sein, was er tut. Immanuel Kant unternimmt in diesem Zusammenhang
die wohl entscheidende *Beweisführung zur Freiheit des Willens* (Literatur: Grundlegung zur Metaphysik der Sitten).

Allerdings ist es auch beobachtbar, dass bestimmtes Verhalten bzw. Handeln,
unabhängig von der Individualität des Menschen, mit einer Regelmäßigkeit wie-
derkehrt, so dass die Frage berechtigt ist, ob die angenommene Willensfreiheit des
Menschen nicht beschränkt, vielleicht ja sogar reine Fiktion ist. Dazu ist es sicher
bereichernd, die Gedankenführung Schopenhauers zur Kenntnis zu nehmen (Literatur: Die Welt als Wille und Vorstellung).

Der Indeterminismus und der Determinismus sind die beiden bedeutenden

Denkrichtungen, die die Frage nach der Willensfreiheit des Menschen als zentral anthropologische Fragestellung zu beantworten suchen.

Die Beschäftigung mit den Wesensmerkmalen des Menschen, die zugleich immer auch eine Frage nach der Freiheit ist, führt bei entsprechender Intensität regelmäßig zu den weiterführenden Fragen, warum, wie und mit welchen Mitteln der Mensch erzogen werden soll. Exemplarisch sei im Rahmen dieser *erziehungsphilosophischen* Behandlung auf John Locke (Literatur: Gedanken über Erziehung), auf Rousseau (Literatur: Emile oder über Erziehung) und Kant (Literatur: Über Pädagogik) verwiesen. Insofern wird von den anthropologischen Merkmalen über die Bestimmung der Willensfreiheit bis hin zur Erziehung des Menschen ein Bogen gespannt, woraus sich insgesamt verdeutlicht, wie konkret philosophisches Interesse ausgerichtet ist.

In den vielfältigen Kulturen auf dieser Erde haben sich unterschiedliche Verhaltensmuster herausgebildet, die das Zusammenleben der Menschen regeln. Diese Konventionen werden als Moral oder auch Moralvorstellungen bezeichnet (lat. *mores*: Sitten). Die Ethik (gr. *ethos*: Gewohnheit, Sitte, Charakter) als Disziplin der Philosophie versteht sich als Wissenschaft vom moralischen Handeln. Insofern thematisiert sie bestehende Moralvorstellungen und überprüft sie auf ihre Allgemeingültigkeit. Diese Prüfungsabsicht setzt einen Maßstab voraus, anhand dessen sich ethisch-moralisches Handeln beurteilen lässt. In der Geschichte und Lehrtradition der Philosophie des griechisch-hellenistischen Kulturkreises sind verschiedene ethisch-moralische Konzepte entstanden. Eine Auswahl bedeutender Philosophen, die für die einzelnen Konzepte stehen, wird im Folgenden empfohlen und erläutert:

Platon behauptet in seiner Ideenlehre die Idee des Guten als oberstes Gut (summum bonum) für Moralität. Wer das Gute rational bzw. intellektuell erkannt hat, handelt moralisch; in den zu interpretierenden Analogien von der Höhle, der Linie und der Sonne bietet sich eine gute Möglichkeit, tief in das Denken des Platon einzutauchen (Politeia).

- Aristoteles verbindet die *Glückseligkeit* (eudaimonia) als dem oberste Gut ethisch mit einer *Tugendlehre* und setzt sie als höchste Orientierung für Moralität voraus (Nikomachische Ethik).
- Cicero und Seneca lehren das vernunftgemäße Leben in stoischer Tradition (Cicero: Vom pflichtgemässen Handeln; Seneca: Briefe an Lucilius).
- Immanuel Kant hat mit seinem Kategorischen Imperativ (unbedingter Befehl) ein rein formales Gesetz zur Beurteilung von Moralität entdeckt (Grundlegung zur Metaphysik der Sitten; Kritik der praktischen Vernunft).
- Jeremy Bentham und John Stuart Mill sehen im Kriterium der Nützlichkeit (Utilitarismus) die Möglichkeit für moralische Billigung (Bentham: Prinzi-

pien der Moral und Gesetzgebung; Mill: Utilitarismus). Als moderne Spielart
sollte weiterhin Peter Singers *präferenzutilitaristischer Ansatz* behandelt
werden (Praktische Ethik).

- Arthur Schopenhauer stellt das nachempfundene *Mitleid* ins Zentrum seiner
  ethischen Konzeption (Preisschrift über die Grundlage der Moral).
- Friedrich Nietzsche leugnet den Wahrheitsgehalt und Geltungsanspruch der
  Ethik und zwingt damit zur eigenen Rechtfertigung (Über Lüge und Wahrheit
  im außermoralischen Sinne).
- Der französische Existenzialismus mit seinen Hauptvertretern Camus und
  Sartre sieht unter Negierung jeglicher Metaphysik den Menschen zunächst
  auf seine bloße Existenz reduziert; der Mensch als ein in die Welt geworfener
  wählt sich selbst als Lebender permanent und schöpft aus dieser Entscheidung die Verantwortung sowohl für sich als auch alle anderen Menschen
  dieser Erde (Camus: Der Fremde, Der Mythos von Sisyphos; Literatur von
  Sartre: Der Existenzialismus ist ein Humanismus).
- In der langen platonischen Tradition entwickelte Jürgen Habermas ein Verfahren der argumentativ-dialogischen Prüfung von Behauptungen mit dem
  Ziel, einen universalen, d. h. einen für alle vernünftig Argumentierende gül-
  tigen Konsens zu erwirken; Dieser Ansatz von Habermas ermöglicht auch
  eine Reflexion der formalen Ethik Kants (Moralbewusstsein und kommunikatives Handeln).
- Das Gleiche gilt schließlich für die auch zukunftsweisenden Erläuterungen
  des Denkers Hans Jonas, der aus der Gegenwart heraus zukunftsweisende
  Aussagen über das »Prinzip Verantwortung« trifft (Das Prinzip Verantwortung; Technik, Medizin und Ethik. Zur Praxis des Prinzips Verantwortung).

Wer der Frage: Was soll *ich* tun?, die ja als Leitfrage der Ethik gilt, nachgeht, gelangt
zu der Frage, wie das Handeln innerhalb von Gemeinschaften gestaltet sein soll,
weil der Mensch im Plural vorkommt und Gesellschaften gebildet hat.

Der Mensch wird in eine Gemeinschaft von Menschen hineingeboren und trifft
neben einer Vielzahl von Konventionen auf geltende Gesetze, die Handlungen
erlauben bzw. verbieten und die insgesamt als *positives Recht* bezeichnet werden.
Dem gegenüber steht das so genannte *Naturrecht* als philosophisch allerdings pro-
blematischer Rechtsbegriff. Das *Naturrecht* besteht darin, ein allgemein gültiges
und unwandelbares Recht zu begründen, das über dem gesetzten, dem *positiven
Recht* steht und diesem als Maßstab und Orientierung dienen soll. Das positive
Recht ist insofern veränderbar, das Naturrecht nicht.

Geltende Gesetze sollen gerecht sein. Gerechtigkeit aber ist ein Begriff mit
vielen Bedeutungen, er ist subjektiv geprägt und steht damit unter einem hohen
Abstraktionsniveau, so dass sich vor allem die klassisch-antiken Philosophen mit

der Erläuterung dessen, was Gerechtigkeit ist, befasst haben. Das Ziel hat darin bestanden, begründet ableiten zu können, wie ein Staat als Gemeinschaft von Menschen verfasst sein soll und welches positive Recht bestehen möge. So folgert Platon zum Beispiel, dass der Staat von Philosophen geleitet werden solle, um Gerechtigkeit zu gewähren (Politeia).

In der Neuzeit hat Thomas Hobbes eine Staatslehre entwickelt, die einen Staat vertragstheoretisch begründet (Vom Bürger; Leviathan). Jean-Jacques Rousseau (Der Gesellschaftsvertrag) und Immanuel Kant haben diesen Gedanken des Gesellschaftsvertrages aufgegriffen und daraus alternative und in der Folgezeit konkurrierende Staatslehren entwickelt. Insbesondere Kant hat sich in seinem philosophischen Tun nicht nur auf eine Staatslehre beschränkt, sondern darüber hinaus seinen Entwurf für das Völkerrecht (die rechtlichen Verhältnisse der Staaten untereinander betreffend) und das Weltbürgerrecht (die rechtlichen Verhältnisse derjenigen Menschen betreffend, die keinem Staat angehören) geleistet (Beantwortung der Frage: Was ist Aufklärung?; Über den Gemeinspruch; Zum ewigen Frieden).

Das Streben nach einer vernünftigen Erläuterung des Gerechtigkeitsbegriffs und die Suche nach der Antwort auf die Frage, ob das geltende, das *positive Recht* allgemeine Gültigkeit nach Maßgabe der Vernunft, hier des *Naturrechtes* aufweist, ist das Beschäftigungsfeld der *Rechts- und Staatsphilosophie.*

Dieser Vorschlag eines *Kanons philosophischer Werke* war und ist als Orientierungsrahmen zu verstehen. Er hat insofern einen Empfehlungscharakter, d. h. er soll nicht bevormunden oder die pädagogisch-fachliche Tätigkeit der Lehrenden behindern, sondern vielmehr zielführend unterstützen bzw. fördern. In Zeiten vermeintlicher Überbürokratisierung und Technokratisierung ist ein solcher, auch rechtfertigender Hinweis sicherlich angebracht.

Allerdings – und darin herrscht womöglich eine große Einhelligkeit – bedarf es, insbesondere in dieser sich permanent beschleunigenden Zeit auch einer pädagogischen Verantwortlichkeit, die eine Fahne für alle diejenigen Philosophen hochhält, die mit ihren Grundgedanken wegweisend, ja »klassisch« geworden sind.

Ein solcher Kanon philosophischer Werke liegt also auch im Forderungsinteresse des Philosophierenden, denn wer die Denker der Vergangenheit versteht, wird das Denken der Gegenwart erklären und damit die Zukunft gestalten können.

Zu den Autorinnen und Autoren

Gisela Raupach-Strey studierte in Bonn, Tübingen und Heidelberg; 1973 zweites Staatsexamen in den Fächern Philosophie und Mathematik in Hannover. Es folgten diverse Lehraufträge zur Philosophie und ihrer Didaktik an unterschiedlichen Hochschulen, u. a. an der FU und der HU Berlin. Seit 1998 ist sie wissenschaftliche Mitarbeiterin für Didaktik des Philosophie- und Ethik-Unterrichts am Seminar für Philosophie der Martin-Luther-Universität Halle. Sie ist Mitbegründerin der Zeitschrift für Didaktik der Philosophie, Verfasserin von Schulbüchern für den Philosophie-Unterricht und leitet regelmäßig sokratische Gespräche. Arbeiten zum dialogischen Ansatz in der Philosophiedidaktik und zu Konzeptionsfragen des Philosophie- und Ethik-Unterrichts. Veröffentlichungen u. a.: *Sokratische Didaktik. Die didaktische Bedeutung der Sokratischen Methode in der Tradition von Leonard Nelson und Gustav Heckmann* (Dissertation, Münster 2002, 2. Aufl. 2012); *Bildung zwischen Widerspruch und Anspruch* (in: Geschichte – Kultur – Bildung. Philosophische Denkrichtungen. Hrsg. von P. Breitenstein, V. Steenblock und J. Siebert, Hannover 2007).

Markus Tiedemann studierte Philosophie, Psychologie, Geschichte und Erziehungswissenschaft in Hagen und in Hamburg und promovierte dort 2004 bei Ekkehard Martens. Er war Lehrer an einer Hamburger Gesamtschule, Fachseminarleiter und Fortbilder für die Fächer Philosophie und Ethik am Hamburger Landesinstitut für Lehrerbildung sowie Professor an der Johannes Gutenberg-Universität Mainz. Seit 2010 hat er die Professur für Didaktik des Ethik- und Philosophieunterrichts am Institut für Vergleichende Ethik der Freien Universität Berlin inne. Er ist Mitherausgeber der Zeitschrift für Didaktik der Philosophie und Ethik (ZDPE) und Vorsitzender des Forums für Didaktik der Philosophie und Ethik innerhalb der Deutschen Gesellschaft für Philosophie (zusammen mit Volker Steenblock). Zu seinen Forschungsschwerpunkten gehören die Philosophiedidaktik und die empirische Bildungsforschung, ethische Orientierung von Jugendlichen, Auswirkungen des Ethik- und Philosophieunterrichts auf kulturell heterogene Lerngruppen sowie das Philosophieren mit Kindern. Veröffentlichungen u. a.: *Ethische Orientierung für Jugendliche. Eine theoretische und empirische Untersuchung zu den Möglichkeiten der praktischen Philosophie als Unterrichtsfach in der Sekundarstufe I* (Münster 2004); *Philosophiedidaktik und empirische Bildungsforschung. Möglichkeiten und Grenzen* (Münster 2011).

Christa Runtenberg war von 1995 bis 2000 als Wissenschaftliche Mitarbeiterin am Philosophischen Seminar der Westfälischen Wilhelms-Universität Münster und anschließend am Institut für Philosophie der Universität Rostock. Sie promovierte bei Kurt Bayertz und Ekkehard Martens. Sie ist seit 2005 Wissenschaftliche Mitarbeiterin am Philosophischen Seminar der WWU in Münster. Zu ihren Arbeitsschwerpunkten zählen Praktische Philosophie, Angewandte Philosophie, Didaktik der Philosophie und das Philosophieren mit Kindern. Veröffentlichungen u. a.: *Didaktische Ansätze einer Ethik der Gentechnik. Produktionsorientierte Verfahren im Unterricht über die ethischen Probleme der Gentechnik* (Freiburg im Breisgau 2001); *Bioethik: Disziplin und Diskurs. Zur Selbstaufklärung angewandter Ethik* (zusammen mit J. S. Ach; Frankfurt a. M., New York 2002).

Franz Zeder ist Privatdozent am Institut für Philosophie der Karl-Franzens-Universität Graz. Zudem Tätigkeit als Lehrer an einem Gymnasium in Deutschlandsberg. Zu seinen Forschungsschwerpunkten gehören die Philosophiedidaktik; hierbei u. a. Fragen des Schreibens und Bewertens von philosophischen Essays an der interdisziplinären Schnittstelle zwischen Philosophie und Deutsch. Veröffentlichungen u. a.: *Was ist ein philosophischer Essay?* (in: Analysen, Argumente, Ansätze. Beiträge zum 8. Kongress der ÖGP in Graz, Frankfurt, Lancaster 2008. Hrsg. v. M. Fürst, W. L. Gombocz, C. Hiebaum); *Philosophie(ren) lernen. Vom lehrendengesteuerten Lernen über den Funken des Verstehens auf den Zauberweg des philosophischen Wissens* (im Erscheinen).

Markus Bohlmann studierte Physik, Philosophie und Geschichtswissenschaft an der Westfälischen Wilhelms-Universität Münster und ist dort seit 2012 Wissenschaftlicher Mitarbeiter am Institut für Erziehungswissenschaft. Zu seinen philosophischen und wissenschaftlichen Tätigkeitsfeldern gehören die Wissenschaftstheorie und die Wissenschaftsgeschichte, die Didaktik der Naturwissenschaft, die Beschäftigung mit Philosophie und Geschichte im Naturwissenschaftlichen Unterricht sowie Kritische Theorie und Materialismus. Seit 2010 interdisziplinäres Promotionsprojekt zu dem Thema »Die Didaktik der Naturwissenschaft«. Veröffentlichungen u. a.: *Hegel in Zeiten der Kompetenz. Die Paragraphen zur Gewohnheit in Hegels Anthropologie und ihre didaktischen Implikationen* (erscheint in: ZDPE 2013); *Natur, Naturwissenschaft und philosophische Gegenstände in Rousseaus Émile* (erscheint in: ZDPE 2013).

Volker Haase ist Lehrer am Grimmelshausen-Gymnasium in Offenburg und ständiger Mitarbeiter der Zeitschrift für Didaktik der Philosophie und Ethik. Zahlreiche Forschungsarbeiten und Publikationen zu Problemstellungen der Didaktik des Philosophie- und Ethik-Unterrichtes. Veröffentlichungen u. a.: *Selbstkompetenz und autobiografische Narration. Theoretische Fundierung eines Zusammenhangs und zehn praktische Übungen für den Unterricht* (in: ZDPE 2, 2010); *Essays im Philosophie- und Ethikunterricht bewerten* (in: Maß nehmen – Maß geben. Leitungsbewertung im Philosophieunterricht und im Ethikunterricht. Hrsg. v. J. Rohbeck u. a., Dresden 2011).

Ralf Lutz studierte katholische Theologie und Psychologie in Tübingen und ist seit 2008 Wissenschaftlicher Assistent am Lehrstuhl für Moraltheologie an der Katholisch-Theologischen Fakultät der Eberhard-Karls-Universität Tübingen. Seit 2009 ist er zudem Wissenschaftlicher Koordinator des Graduiertenkollegs »Bioethik – Zur Selbstgestaltung des Menschen durch Biotechniken« am Internationalen Zentrum für Ethik in den Wissenschaften (IZEW). Weiterhin ist er Mitglied im Ethikforum der Diözese Rottenburg Stuttgart. Dissertation zum Thema einer interdisziplinären Fundierung der Hoffnungskategorie und einer Ethik der Hoffnung. Aktuell Habilitation zur Problematik der moralischen Motivation. Veröffentlichungen u. a.: *Kann ethische Theorie die ethische Wahrnehmungskompetenz steigern? Eine Pilotstudie zur empirischen Unterrichtsforschung* (zusammen mit J. Dietrich, R. Lutz, M. Hilscher, M. Dhusenti, S. Schweitzer, A. Bellows, in: ZDPE 2, 2011); *Der hoffende Mensch. Anthropologie und Ethik menschlicher Sinnsuche* (Tübingen 2012).

Julia Dietrich studierte Philosophie, Neuere Deutsche Literaturwissenschaft und Politikwissenschaft in Bonn und München. Seit 1996 ist sie Wissenschaftliche Mitarbeiterin am Internationalen Zentrum für Ethik in den Wissenschaften (IZEW) der Eberhard Karls Universität Tübingen: Bis 1999 im Forschungsprojekt »Schule Ethik Technologie«, seit 2000 ist sie Koordinatorin des Arbeitsbereichs Ethik und Bildung am IZEW und seit 2001 Koordinatorin des Ethisch-Philosophischen Grundlagenstudiums für die Lehramtsstudiengänge an der Eberhard Karls Universität Tübingen. 2008 Promotion an der Technischen Universität Dresden bei Johannes Rohbeck zur Theorie ethischer Urteilsbildung und Grundbildung. Neben ihren Arbeiten zur Philosophie- und Ethikdidaktik, zur ethischen Grundbildung und zur empirischen Unterrichtsforschung beschäftigt sie sich mit den Methoden des Philosophierens, mit den Themen Schmerz, Körpertheorie und Gesundheit und mit allgemeiner und angewandter Ethik. Veröffentlichungen u. a.: *Was ist ethische Kompetenz? Ein philosophischer Versuch einer Systematisierung und Konkretion* (in: Wertloses Wissen? Fachunterricht als Ort ethischer Reflexion. Hrsg. v. R. Ammicht Quinn u. a., Bad Heilbrunn 2007); *Ethische Urteilsbildung. Zu Methode und Vermittlung Angewandter Ethik* (im Erscheinen).

Lieske Voget-Kleschin studierte Landschaftsökologie an der Ernst-Moritz-Arndt-Universität Greifswald und promoviert dort im Fach Philosophie zu einem umweltethischen Thema. Sie arbeitete u. a. in einem Forschungsprojekt über Diskurse an Schulen und Hochschulen zum Einsatz moderner Biotechnologien in Medizin und Landwirtschaft an der Hochschule für Wirtschaft und Umwelt Nürtingen-Geislingen. Seit September 2010 ist sie Wissenschaftliche Mitarbeiterin im Projekt »Landnahmen und Nachhaltige Entwicklung« der Arbeitsgruppe Umweltethik am Institut für Botanik und Landschaftsökologie an der Ernst-Moritz-Arndt-Universität Greifswald. Arbeiten zu dem Themenbereich ökologische Ethik, Konsumethik, Nachhaltigkeit und Ernährung. Veröffentlichungen u. a.: *Food Ethics oder: Die Entwicklung eines Instruments zur Messung des Beitrags ethischer Theorie zur Steigerung ethischer Sensibilität* (zusammen mit J. Dietrich, R. Lutz, M. Hilscher, M. Dhusenti, S. Schweitzer, A. Bellows; in: ZDPE 2, 2011).

Torsten Hitz ist Lehrkraft für besondere Aufgaben am Philosophischen Seminar der Universität Münster sowie Lehrer für Philosophie und Englisch. Veröffentlichungen u. a.: *Zur didaktischen Wirksamkeit der Sprache am Beispiel des Philosophierens mit Migrantenkindern* (in: Crossing Borders. Hrsg. von A. Dunshirn u. a., Wien 2012; abrufbar über http://phaidra.univie.ac.at/o:128384); *Mal was und rede darüber! Zu Sprache und nicht-sprachlichen Medien im Philosophieunterricht* (in: ZDPE 4, 2011).

Marie-Luise Raters studierte Philosophie, Germanistik und Pädagogik an der Universität Hamburg sowie Musik an der Musikhochschule Hamburg. 1991 Promotion über die pragmatistische Ästhetik John Deweys. Im Zeitraum von 1992 bis 2002 Lehraufträge an der Universität Münster, der Humboldt-Universität Berlin, der Universität Potsdam, der Universität Hamburg und der Universität Magdeburg sowie Gastwissenschaftlerin an der University of Chicago und an der Loyola University Chicago. Seit 2004 ist sie Wissenschaftliche Mitarbeiterin am Lehrstuhl für Angewandte Ethik des Instituts für Philosophie an der Universität Potsdam. Forschungsarbeiten u. a. zu den Themenfeldern Pragmatismus, Geschichte der angelsächsischen und deutschen Philosophie der Neuzeit, Religionsphilosophie, Moralphilosophie, Metamoral, Didaktik der Ethik und Angewandte Ethik. Veröffentlichungen u. a.: *Das moralische Dilemma im Ethik-Unterricht. Moralphilosophische Überlegungen zur Dilemma-Methode von Lawrence Kohlberg* (Dresden 2011); *Will ich diese Person sein, die Ich ist? Die autobiographische Narration als Mittel zur Objektivierung des eigenen moralischen Standpunktes nach Thomas Nagel* (in: ZDPE 2, 2012).

Vanessa Albus studierte Philosophie und Anglistik an der Ruhr-Universität Bochum und promovierte dort 2000 im Fach Philosophie. Sie war Mitarbeiterin am Institut für Philosophie an der Ruhr-Universität Bochum und Studienrätin am Berufskolleg Iserlohn; es folgte ein Lehrauftrag für Didaktik der Philosophie an der TU

Dortmund. Sie ist seit 2005 Wissenschaftliche Mitarbeiterin am Institut für Philosophie der Universität Duisburg-Essen. Zu ihren Arbeitsgebieten gehören die Didaktik der Philosophie, die Geschichte der Philosophie, die Kulturphilosophie, die Metaphorologie und die Philosophie des 18. Jahrhunderts. Veröffentlichungen u. a.: *Kanonbildung im Philosophieunterricht. Lösungsmöglichkeiten und Aporien* (Dresden 2012); *Methoden und Medien des autobiographischen Philosophierens* (in: ZDPE 2, 2012).

Andreas Groch studierte Philosophie und Germanistik in Freiburg, Duisburg, Essen, Bonn und Wien. Er unterrichtet am Augustum-Annen-Gymnasium Görlitz und ist Fachberater für Philosophie/Ethik bei der Sächsischen Bildungsagentur.

Jörg Tremmel
**Eine Theorie
der Generationengerechtigkeit**

Der Bezug auf »unsere Pflichten gegenüber künftigen Generationen« ist eines
der kraftvollsten, emotionalsten und
effektivsten Argumente, das Politikern
und Bürgern zur Verfügung steht. Die
exakte Art und der Umfang dieser
Pflichten sind allerdings unklar. Sind wir
kommenden Generationen überhaupt
etwas schuldig? Wenn ja, wie groß ist
der Umfang unserer Pflichten? Und auf
welche Ressourcen oder Güter beziehen sie sich? Dieses Buch kommt zur
rechten Zeit: Es liefert die bisher genau-
este ethische Landkarte für die immer
wichtiger werdende Zukunfts- bzw.
Generationenethik. Obwohl von bisher
unerreichter Tiefe und Bandbreite –
das Literaturverzeichnis umfasst die
gesamte relevante Literatur zu diesem
Thema –, macht Tremmels klarer Stil
das Buch zu einer leicht lesbaren und
abwechslungsreichen Lektüre. Im Ergebnis schlägt dieses Buch eine Theorie
der Generationengerechtigkeit vor, die
nicht nur für die philosophische, sondern auch die politische Debatte neue
Impulse bringen wird.

2012. 341 S., kart., EUR 48,-
ISBN 978-3-89785-706-3

»*Tremmels zweite Dissertation muss als ein interdisziplinäres Meisterstück
betrachtet werden, das
kunstvoll Praktische Philosophie, Rechtswissenschaft,
Ökonomie und Sozialwis-
senschaft verbindet. Eine
Pflichtliteratur für jeden,
der sich mit Zukunftsethik
beschäftigt!*«
Prof. Ernst Ulrich von Weizsäcker, Mitglied des Club of
Rome

»*Eine gründliche,
umfassende, geradezu
souveräne Studie.*«
Prof. Otfried Höffe,
Universität Tübingen

mentis Verlag Münster | www.mentis.de

Vanessa Albus

Kanonbildung im Philosophieunterricht

Lösungsmöglichkeiten und Aporien

In ihrer hier als Buchpublikation vorliegenden Habilitationsschrift untersuchte Vanessa Albus im historischen Rückblick Kanones im Philosophieunterricht und entwickelte auf der Basis der daraus gewonnenen Erkenntnisse einen zukunftsweisenden Vorschlag, wie Kanones in philosophischen Bildungsprozessen neu formuliert werden können.

Nicht zufällig erscheint dieses Buch zu einem Zeitpunkt, an dem – auch bedingt durch die flächendeckende Einführung des Zentralabiturs – die bildungspolitische Forderung laut wird, Kanones von behördlichen Kanoninstanzen nach einheitlichen Standards fixieren zu lassen. Vanessa Albus analysiert hier grundlegend die einstmals etablierten Kanones im schulischen Philosophieunterricht und prüft – darauf aufbauend – kritisch die schon ausgetauschten Argumente im Selektionsprozess der historischen Kanonbildungen. Dies macht ihre Arbeit nicht nur für die Grundlagenforschung der Philosophiedidaktik wesentlich, sondern zugleich unverzichtbar, um Möglichkeiten eines problembewussten Umgangs mit gegenwärtigen Kanonbildungen zu entwickeln.

Thelem 2013. Kt., ca. 16 x 23 cm, 630 S., zahlr. Tabellen, Grafiken und Abb.,
59,00 € [D]
ISBN 978-3-942411-65-3

Vanessa Albus studierte an der Ruhruniversität Bochum Philosophie und Anglistik und promovierte im Fach Philosophie. Nach Stationen im gymnasialen Schuldienst und an verschiedenen deutschen Universitäten ist sie heute Oberstudienrätin i. H. an der Universität Duisburg-Essen. Ihre Arbeitsschwerpunkte sind Didaktik der Philosophie, Geschichte der Philosophie, Kulturphilosophie, Metaphorologie und die Philosophie des 18. Jahrhunderts.

Erhältlich in Ihrer (Online-) Buchhandlung oder direkt beim Verlag:
THELEM | Bergstr. 70 | D-01069 Dresden | Tel. +49 351 4721463 |
Fax: +49 351 4721465 | mail@thelem.de | **www.thelem.de**

Jahrbuch für Didaktik der Philosophie und Ethik

Herausgegeben von Johannes Rohbeck

Preis pro Heft: 19,– € [D], im Fortsetzungsbezug 20% Rabatt. Erhältlich in Ihrer (Online-) Buchhandlung oder beim
Verlag: THELEM | Bergstr. 70 | D-01069 Dresden | Tel. +49 351 4721463 | Fax: +49 351 4721465 | mail@thelem.de
www.thelem.de